中国石油产业发展路径：寡占竞争与规制

王 丹 著

中国社会科学出版社

图书在版编目（CIP）数据

中国石油产业发展路径：寡占竞争与规制/王丹著.
北京：中国社会科学出版社，2007.5
　ISBN 978 – 7 – 5004 – 6188 – 3

　Ⅰ. 中... 　Ⅱ. 王... 　Ⅲ. 石油工业—经济发展—
研究—中国 　Ⅳ. F426.22

中国版本图书馆 CIP 数据核字（2007）第 068452 号

策划编辑　卢小生（E – mail：georgelu@ vip. sina. com）
责任编辑　卢小生
责任校对　石春梅
封面设计　李芳芳
技术编辑　李　建

出版发行　中国社会科学出版社
社　　址　北京鼓楼西大街甲 158 号　　　　邮　编　100720
电　　话　010 – 84029450（邮购）
网　　址　http：//www. csspw. cn
经　　销　新华书店
印　　刷　北京新魏印刷厂　　　　　　　　装　订　丰华装订厂
版　　次　2007 年 5 月第 1 版　　　　　　印　次　2007 年 5 月第 1 次印刷
开　　本　710×980　1/16　　　　　　　　插　页　2
印　　张　13.75　　　　　　　　　　　　印　数　1—6000 册
字　　数　228 千字
定　　价　26.00 元

序

　　石油，既是一种极其重要的战略资源，也是一种具有重要价值的特殊商品。如何结合石油资源、石油产品特点，以及石油产业技术经济特性，设计出一种符合中国国情的规制框架，形成一种适宜的产业组织体系，提高石油产业经济绩效，不仅是理论研究者关注的一个领域，也是政策制定者极为关切的一个焦点。改革开放以来，从传统体制下的政府统一治理，到逐步放松规制，引入竞争，再到 1998 年石油行业大重组，中国石油产业发展模式和规制体系一直处于不断地探索之中。通过组建上下游、内外贸和产供销一体化的石油公司，显著提高国际竞争力，已经成为中国石油产业发展的重要方向。

　　在攻读博士学位期间，王丹依托其工作单位辽宁石油化工大学的学科优势，以及多年从事石油经济领域教学与研究的积累，探索并发挥石油化工与经济学的学科交叉优势，围绕中国石油产业经济问题进行了大量的深入研究，产生了不少有新意、有影响的成果。与以往研究不同的是，王丹博士没有单纯地沿着价格、国家安全等传统思路进行分析，而是将目光转向了石油这个特殊产业的内部组织结构以及结构与规制之间的关系，试图寻找到一条与中国资源禀赋与制度条件相适应的产业发展路径。正是基于此，王丹在她的博士学位论文基础上，修改完成了这部专著《中国石油产业发展路径：寡占竞争与规制》。这是中国石油产业经济领域一部有新意、有价值的学术著作。作者在系统分析中国石油产业组织结构演变和管理体制变革的基础上，继承现有研究成果，结合石油产业技术经济特性，认为寡占竞争的市场结构以及与此相对称的规制安排，是中国石油产业发展的重要方向。这种判断和结论具有重要的政策寓意。

　　作为中国石油产业经济领域的一部新作，《中国石油产业发展路径：寡占竞争与规制》一书具有如下特色：

其一，通过对寡头间策略性行为的内在机理分析及产业组织结构与规制的匹配性研究，将结构调整与政府规制纳入到分析框架，揭示了基于产业特点的寡占市场失灵及规制失灵，界定了市场和政府的作用空间。

其二，运用现代博弈论、信息经济学、制度变迁等理论和方法，剖析了中国石油产业组织的演进过程和产业规制改革的特殊性，揭示了中国石油产业制度变迁的静态效率和动态效率。

其三，认为中国石油产业组织运行取决于政府规制与产业组织结构之间相互调适的过程，而该过程的实现，必须同时依赖于寡占基础上的产业竞争机制和相应的政府规制。作者还认为，中国石油产业市场化改革的关键，在于竞争性的市场结构调整及与此相匹配的规制改革并举。

在开放的市场环境下，如何建立一个合理的市场结构，如何依照合理的市场竞争结构标准设计并实施产业组织政策，促进中国石油产业竞争结构的高度化，提高中国石油产业的国际竞争力，王丹博士在其著作中给出了一个富有启发意义的答案。作为王丹的博士生导师，我希望她能够继续保持对石油产业组织研究的执著、热忱和理性，有更多的研究成果问世，有更大的学术发展。

唐晓华

2007 年 3 月 17 日

目　录

图 表 目 录

表目录

第一章 导论

1.1 问题的提出

石油，是人类社会赖以生存和发展的重要能源，被称为工业的"血液"，是人类现代文明的基础。中国经济从 2002 年起重新进入经济周期的扩张阶段。2003 年，中国需求管理政策坚持扩大国内需求方针和继续实施积极财政政策，适当强化稳健货币政策的扩张倾向，有效地启动投资需求与消费需求对经济增长的全面拉动作用。2004 年，中国经济继续保持高经济增长与低通货膨胀的良好配合格局，在将 CPI 指数上涨率控制在 3. 5% 左右的同时，实现了 9% 以上的实际 GDP 增长速度，最终完成从经济萧条到经济繁荣的经济周期形态转换。自 2004 年以来，随着我国国民经济的高速增长，一方面，冶金、建材和化工等高耗能产业迅速扩张，带动了石油需求的持续扩大，石油供给难以满足日益增长的需求，"瓶颈"约束造成石油短缺和价格上涨。我国从 2003 年第四季度开始一直延续到 2004 年的油运紧张局面，就是这一矛盾的集中体现。其主要体现在：油价上涨直接影响运输成本，使本来已经十分吃紧的运力不堪重负，而运力不足又加剧了煤电供应的紧张局势。另一方面，受资源等条件约束，我国对石油进口依赖程度较大，国际市场原油价格的起伏动荡，会迅速波及我国油品市场的供求平衡。近期国际市场油价的大幅度攀升，就直接冲击了我国的原油供、销链条。在国内石油需求量增加和国际原油价格大幅度上涨的作用下，国家有关部门相应地调高了成品油价格。

石油，作为社会经济发展的重要战略物资，其消费量变化以及价格的波动几乎影响了国民经济的各个行业。由于短期内石油在国民经济发展所必需的能源结构中具有不可替代的特殊地位，所以，国家经济规模的大小、国民经济增长速度的高低、国民经济发展所依赖的能源需求结构等决定着一个国家对石油消费需求的强度。首先，国家经济规模的大小是决定该国对石油消费需求强度的首要因素。因为，当国家经济规模较小时，国民经济体系中的产业门类并不十分齐全，具体产业的规模也处于较低水平，此时，国家的经济发展对石油的消费需求强度也比较低下。然而，随着国家经济规模的逐渐扩大，国家经济发展对石油的消费需求日益强劲。其次，国民经济增长速度对该国的石油消费需求强度产生着重要的影响作用。因为随着国民经济增长速度的逐渐提高，工业生产速度提高、运输业务总量增加、相关服务产业发展，导致对支持国民经济发展所必需的石油消费需求强度加大。

石油消费，作为能源消费的重要组成部分，受到国民经济增长、国家产业发展政策和产业结构演变、能源消费结构变化、人口数量及结构变动、交通运输业的发展趋势、家庭汽车拥有量等因素的影响。目前，中国经济发展已经带来了中国汽车消费的"超高速"增长，私家车拥有量不断攀升，平均每年仅私家车消费的汽油就达 1700 万吨，中国在 20 年内将会成为世界最大的汽车消费市场。然而，汽车文化发展不仅仅是人民生活水平提高、民族经济发展和国家地位上升的标志。汽车文化，是与石油这种极为普通而又极其重要的战略商品紧密相连的，是建立在坚实的石油供应安全和合理的价格承受水平基础之上的。2005 年，在高油价滞后影响、全球进入加息周期以及非传统安全等因素的影响下，世界经济出现了适度回调。但从总体上看，世界经济仍将保持较快的增长速度，经济增长对全球能源需求依然旺盛。目前，我国经济已经步入工业化中期快速增长阶段，城市化和工业化将带动产业的变迁和居民消费结构的不断升级，从而拉动经济持续快速增长。尽管 2004 年以来，国家出台了一系列宏观调控政策，抑制投资领域的过度非理性膨胀，对部分过热行业造成了一定的冲击。然而，随着我国经济自主增长机制的进一步增强和投融资体制的改革与完善，经济主体自主增长动力依然强劲。宏观调控及时控制了某些领域过度发展对国民经济整体运行造成的严重不良后果，避免了今后经济出现大幅度的振荡和调整，为经济长期协调平稳发展奠定了基础。因此，2005年，中国经济仍保持快速增长势头，经济的持续快速增长，意味着能源需求持续升温，能源领域仍承受较大的供给压力。

自 1993 年中国由一个石油净出口国变成了净进口国之后，中国石油进口量有增无减，中国的石油安全问题日益凸显。从这个意义上说，中国石油产业结构无论怎样调整，都脱离不开政府的绝对控制，单纯的"反垄断"改革并不适用于石油产业。对于世界石油产业来说，由于石油资源地理分布的不均性、石油产品的标准性和石油产业资金、技术和风险的高度密集性，使得跨国公司在整个石油产业中的地位尤为重要。由于国际市场油价长期走低，跨国石油公司在本土和其他国家的勘探发现减少，较高的开发成本和较低的石油价格使一些石油公司的利润大减，于是，一股猛烈的兼并重组之风贯穿 20 世纪 80 年代，并在 20 世纪 90 年代后愈演愈烈。仅 1998~2000 年，世界石油公司大规模的兼并就有 8 次，总金额达到 3058 亿美元。经过一系列的兼并重组，基本形成了埃克森美孚、英国石油公司（BP）、英荷壳牌等超巨型公司垄断世界石油市场的新格局。目前，以世界五大石油公司为主的跨国公司控制了世界石油工业产值的30%，并拥有 80% 以上的世界石油化工先进技术，世界石油工业的竞争主要表现在这些巨型跨国石油公司之间的抗争。随着经济全球化进程的加快，国际竞争越来越演化为各国的大公司、大集团相互之间的竞争。

从实践的角度看，中国石油产业组织运行过程中存在以下问题：

其一，中国石油产业内部有效竞争的市场格局并未真正建立起来。市场经济本质上是一种竞争经济，高效率的竞争应是将竞争活力与规模经济两者有效地协调起来，从而形成有利于长期均衡的竞争格局。中国石油产业的现状是垄断与规模不经济并存，一方面，1998 年，石油产业大重组后新建的中国石油天然气总公司（简称"中石油"）、中国石油化工集团公司（简称"中石化"）以及原有的中国海洋石油总公司（简称"中海油"）都是国家石油公司，而且在地域上分出陆上的北方、南方和海上，实行国家垄断、地域分割，即东北、西北地区及内蒙古、四川、西藏等11 个省、区内的石油和石化生产企业，原油、成品油运输管道和地方石油公司及其加油站，划归石油天然气集团公司；华东、中南地区及云南、贵州、广西等 15 个省、区内的油气田和石化生产企业，原油、成品油运输管道和地方石油公司及其加油站，划归石油化工集团公司；中国海洋石油总公司依然保持原有功能和地位不变，专营海上油气资源的勘探及开发。虽然从表面上看三大石油公司内部产业链是完整的，三家公司各自在石油勘探、开采、炼化、销售方面都均占有一定的市场份额，但是，中国石油天然气集团公司侧重于产业链的上游，对上游市场形成了一定程度的垄断；中国石油化工集团侧重于产业链的下游，对下游市场形成了垄断；中国海洋石油公司则对海上油气资源形成了垄断。因此，中国石油产业实际上并不是真正意义上的寡头竞争市场结构，而是一种寡头垄断的市场格局。企业之间的竞争地位不平等，产业内的竞争表现为一定程度的非理性，石油产业内竞争并未达到有效竞争。另外，行政性垄断使中国石油产业经济集中性垄断不足，规模不经济问题较为严重。产业做大并不等于做强，产业重组应以效率为目标，这就要求我们结合中国石油产业的特点，从产业组织运行机制优化的角度对促进有效竞争的产业组织结构进行系统分析，为制定中国石油产业组织政策提供理论依据。

其二，重组后的中国石油产业绩效并未得到预期的改善。特别是在经济全球化的外部条件下，石油产业的国际性特点得到了更充分的体现，石油产业已不可能游离于国际石油市场之外，因此，考察中国石油产业的绩效必须将中国石油产业的国际竞争力纳入分析框架内，这就更凸显了这次行政性产业重组的弊端。在开放的市场环境下，国际石油巨头凭借资金实力、技术优势和丰富的市场营销手段以及全球化配置资源和生产要素的巨大规模，正在加紧向全球扩张。在这样的背景下，面对严峻的石油资源形势和国际石油公司跨国兼并的巨大压力，中国石油产业从适应全球竞争的需要，对产业组织运行机制进行优化整合是中国石油产业的当务之急。我国的石油产业是长期受政府传统规制方式控制的行业，虽然三大石油公司被分别赋予了某个区域的垄断权力，但仍缺乏作为一个企业应有的经营自主权，而且由于政府对产业链中的自然垄断环节缺乏有效的规制，使这些领域中占有市场优势的企业有可能滥用其垄断权力。同时，由于产业规制部门缺位，导致我国石油产业规制权力分散，在这种情况下，中国石油工业大重组的初衷很难实现。

综上所述，中国石油产业组织运行机制优化应是在对上述问题进行深入地分析之后的一个求解过程，而不仅仅是简单的反垄断话题。从构建中国石油产业有效竞争机制的客观需要出发，对中国石油产业结构进行调整，同时深化中国石油产业规制改革，优化中国石油产业组织运行机制，对于这一系列的问题从产业组织角度寻找答案比任何时候都更加迫切。本书从产业组织运行机制角度，对中国石油产业进行研究，对 1998 年中国石油产业大重组之后形成的中国石油产业结构、石油企业行为及产业绩效进行了阐述，揭示出中国石油产业组织运行机制优化的内在动因；通过对石油产业特性的剖析，说明石油产业绩效目标的经济效率和政治效率的双重性，在产业绩效双重目标约束下，运用产业组织原理和规制经济学理论，论证中国石油产业寡头竞争结构优化目标及中国石油产业规制模式改革的必然性，通过对寡头间策略性行为内在机理的描述与分析和通过产业组织结构类型与规制的匹配性研究，将产业组织结构与政府规制纳入一个统一的理论分析框架，指出基于产业特点的寡占竞争机理与市场失灵以及政府的规制与失灵，揭示石油产业中市场和政府的作用空间及互动联系，为有效率的政府规制政策的制定和调整提供理论建议；证明中国石油产业组织运行机制优化，必须同时依靠竞争性的市场机制和相应的产业规制，中国石油产业市场化改革必须是竞争性的结构调整及与其相匹配的规制改革并举。

1.2 文献综述

1.2.1 石油属性及安全

当前，在如何看待石油资源属性方面，我国学者持有不同的观点。这些观点大致可以被归纳为以下两种：

第一种观点为张抗（2004）所主张的石油应该回归其本来的商品属性的观点。他认为，当前世界多极化的格局为油气资源的可获得性提供了进一步保障，在石油安全问题上，核大国间还不可能直接以军事冲突导致石油供应中断，因此，国际石油市场日趋成熟，石油应该被放回到市场经济中看待，其作为战略物资的侧面应该被淡化，而作为商品的本质得到了进一步显现。

邓郁松（2003）认为，石油供应中断风险性趋于降低，但不排除局部的、暂时的中断风险。因为就石油生产国而言，石油出口状况都直接关系到其国民经济特别是财政收入状况，一旦石油出口收入减少，绝大多数产油大国的政治、经济局势都将承受很大的压力，甚至可能发生危机。从现实来看，确实出现了油气从作为国际政治斗争的"武器"向作为商品回归的趋势。

第二种观点强调当前石油在国际石油市场上的政治属性。认为石油安全需要考虑类似禁运、突发事件、国际政治关系等战略因素保证石油消费国稳定地、价格合理地、不受中断地获得足量的石油。不可否认存在某些大国利用控制世界主要石油产地来控制世界的经济命脉和遏制他国的发展，从而达到自己在世界上霸权的目的。

石油，作为一种稀缺性的自然资源，在时空分布上具有不均衡性，一些国家对石油的消费能力上也存在时空上的差异。正是由于石油在生产和消费上时空的错位，使得研究石油的地缘政治显得非常必要。徐小杰（1998）借鉴麦金德的"心脏地带"地缘政治理论，提出了油气安全地缘政治学说，把北非、中东、中亚、西伯利亚等主要石油供应地区划分为"大油气心脏地带"，把西欧、中欧地区、东亚地区和南亚地区等油气消费量的地区划分在"内新月形油气需求地带"。

余际从等（2003）对美国、加拿大、日本、俄罗斯、中亚、北非、中东及中国等国家和地区进行石油地缘政治的研究。认为石油的地缘政治并非仅限于石油消费国与石油出口国之间的地缘政治格局和相互关系，还包括石油出口国之间、石油消费国之间的石油合作与竞争关系。

杨中强（2001）对中亚各国石油的储量和中国石油短缺现状及影响中亚石油前景的因素进行分析，提出中国—中亚石油合作的重要意义。类似的研究还包括对里海地区和俄罗斯等石油资源丰富的周边国家和地区，继续发展和保持中东进口石油的现状和把非洲和东南亚等周边国家间的石油作为我国石油进口的重要补充。

2002年，我国石油净进口量占石油消费量的30%左右，国内石油的安全供给引起了政府的高度关注。2003年5月，中国可持续发展油气战略研究在北京正式启动，虽然起步比较晚，但对石油的可持续发展的起点一开始就定得很高。以何贤杰（1994，1998）为代表的一些学者强调资源、环境应与经济社会的协调发展，中国需要在可持续发展思想指导下制定油气战略（李连仲，2004）。朱训（2000）认为，解决好资源的持续利用问题是全面贯彻实施可持续发展战略的要求。除此之外，石油资源的持续利用应是可持续发展的基础。石油企业可持续发展是油气工业实现可持续发展的基石（赵文智，2003）。

李小地（2003）提出，油气资源的可持续发展应是在现有经济技术条件下，采用合理的开发方案，尽可能地延续石油枯竭的时间，同时把石油资源利用到其他资源难以替代的最佳用途上，才能保持国内石油的供给持续维持在石油安全供给的最低界限之上，延长子孙后代享有石油安全的时间。也有些学者认为，减少石油的需求和提高节能效率等途径有助于石油的可持续发展和增强石油安全能力。

李树芳等（2004）把日本的石油政策分为三个演进阶段：第二次世界大战后到石油危机前（1973 年以前）、石油危机（1973～1989 年）后的综合石油政策及近代的石油规章制度缓和的石油政策。并对第二次世界大战后日本的石油政策的特征进行分析，从而认为，我国建立和完善石油政策体系的启示和借鉴有：一是完善和健全有关石油的政策法规。二是完善和健全石油勘探开发及石油储备的投融资体制。三是引入竞争机制，提高中国跨国石油公司的国际竞争力是长远解决石油安全问题措施。四是随国内外经济环境的变化而调整石油政策，以减少我国石油政策的滞后及延期带来的无效率。

石油储备是保障能源安全的最有效手段。王桂英（2003）运用回归模型对中国的石油供给需求进行预测，提出建立石油政府储备的必要性。王礼茂（2003）指出，石油储备在保障石油的稳定供应、稳定石油的价格、对可能的石油禁运起威慑作用以及在必要时作为政府财政资金的重要来源方面的作用是不言而喻的。王礼茂对世界主要国家和国际组织的石油储备状况进行比较和分析，并结合中国的实际情况和国外的成功做法提出具体的实施措施：一是我国石油政府储备体系的三个阶段。二是石油储备资金的筹措。三是储备规模的确定。四是储备所采取的形式。五是储备主体的选择等。

1.2.2　石油价格

石油是一种重要的战略资源，它的价格波动与其他商品的价格波动和经济发展有着密切的关系。常和江（2000）利用 1980～1999 年期间中国原油出厂价格指数和中国 GDP 数据进行了格兰杰因果关系检验，得出的分析结果是，国内油价（原油出厂价指数）上升对中国 GDP 和通货膨胀率有着正向的影响，而世界油价波动对中国 GDP 没有统计上的影响显著。但是，这一方法是值得怀疑的：第一，该分析没有考虑中国价格体系的复杂性，而直接应用出厂价格指数进行因果关系检验，结论只能表明所采用数据的数量关系，是否反映了真实的因果关系还是不能确定的。第二，分析采用的时期没有把净出口国和净进口国的角色分开，在 1993 年之前，中国还是一个石油净出口国，上述结论很可能是正确的，但是，当中国成为石油净进口国之后，尤其是当中国石油进口依存度越来越高之后，这一结论就很可能是有问题的。[①]

王建认为（2003），世界石油价格对中国经济的影响首先从石油部门开始，由于中国生产石油的成本高于世界上其他主要产油国，因此，当世界油价高于中国的边际生产成本时，中国生产石油就是合算的；当世界油价低于中国的边际生产成本时，中国生产石油就不再合算，走私石油产品的活动就会增加。因此，世界油价上涨对中国石油工业的效应是正的，而对经济总体的效应则取决于石油部门和非石油部门的关系和石油部门在经济中的地位。

梁建敏（2001）分析了因油价波动对原油开采、成品油贸易、炼油、石油化工、航空、运输等相关行业产生的影响。

李优树（2000）对当前国际石油价格波动的原因进行分析，指出了国际油价波动对我国经济领域所产生的影响：一是出口受抑制。二是推动工业品涨价。三是对国内企业效益的不同影响。最后，提出了我国石油安全战略的构想，主要包括石油供给国际化，建立以期货交易为主要手段的风险采购屏障，建立能够模拟国际市场运行成本的生产基地和国家石油储备体系等。

于渤等（2002）利用投入产出模型研究了石油价格波动对国民经济的影响，模型计算结果表明，石油价格的上涨对于石油加工、交通运输有很大的影响，尤其是对于成品油市场。

何晓群和魏涛远（2002）建立了一个基于中国宏观经济数据的一般均衡模型，并对世界油价上涨对中国经济的影响进行剖析，定量研究了在

---

① 笔者在第五章关于中国石油产业战略性计量检验的回归分析中，充分考虑到了这一点，选取指标截止 1994 年，即中国成为石油净进口国后的第一年的相关数据。

我国油价实现与世界油价完全接轨时我国经济的变化情况，研究结果表明，总体上看来，在所模拟的情况下，世界油价上涨都会给我国经济增长带来损害。一般来说，仅世界油价每上涨 10%，将使我国 GDP 总量下降约 0.1%，同时能源消费总量将有所下降。

刘希宋和陈蕊（2004）研究了石油价格对宏观经济均衡的影响，利用供求曲线的移动，解释了石油价格大幅度上涨导致通货膨胀、失业率上升；经过投入产出模型的测算认为，原油提价受冲击较大的部门是石油加工及炼焦业、旅客运输业、电力及供应业、货物运输业。

张钦安、王金洲（1999）介绍了国际石油期货贸易的产生与发展，石油期货交易已经成为国际石油贸易业的重要组成部分。石油期货市场具有套期保值、价格发现和投机功能。

杨振勇（2000）认为，石油市场中对价格起主导作用的因素有 OPEC、跨国公司、国际投机资本等，石油价格的波动给企业经营、百姓生活和经济发展都带来相当的风险，建设石油储备和在期货市场上套期保值都是应对石油价格波动风险需要考虑的方式。

吴秋南（2001）认为，由于影响石油价格波动的因素很多，很难准确地预测石油价格波动，但可以通过远期合同、期货合约、互换协议等金融衍生产品管理石油价格波动风险，企业必须根据自身风险管理的特点，选择合适的市场价格波动风险管理措施。

国内也有人认为，中国应建立石油期货市场。李振祥（2003）和秦军（2003）对石油风险管理问题进行了研究，他们都认为，通过石油期货进行套期保值是规避石油现货价格风险的必然选择。

杨炳华（2003）认为，无论是为了政治还是为了经济，中国都应建立合理的原油储备制度并积极参与原油期货交易。

陈中涛（2003）对中国石油期货交易所设立的可行性及选址、石油期货市场的首选品种都做了研究。他认为，在上海建立石油合约的条件比较成熟，石油期货市场的首选品种是燃料油。

范秋芳和马扬（2004）从理论上分析了石油期货市场的功能，认为面对剧烈波动的石油价格，参与国际石油期货交易是化解风险的最有力的措施之一。中国应迅速推出石油期货，加快与国际期货市场的接轨，建立健全油价风险防范机制。

冯连勇（1996）提出，通过定性和定量相结合的方法预测油价，并给出了计算公式，他提出的应用层次分析法来预测价格，实践起来要求具备的条件较多，较难实现。

刘云清（1998）介绍了市场基的方法，市场基的价格预测方法是一种以市场的供需变化为基础的价格预测方法，它主要由需求预测、供应预测、价格压力分析和价格预测几个步骤组成，在实际的分析预测中，取得了较为可靠的结论。这种方法适合做中长期预测，但要求预测者掌握的信息较多。

于民（1999）分析了1987～1999年近12年原油市场的走势。他认为，石油市场在需求方面的影响主要有三类：一是世界经济发展周期的影响。二是世界科技，首先是石油科技的发展，包括对石油新用途的开发、能效的提高、新能源的发现和应用，以及各种环保要求的提出，等等。三是一些短期因素的作用，如当年的气候情况，世界和各地区的石油库存状况，一些突发性军事、政治或其他事件造成的石油需求的突然增减，乃至人们对市场前景的预期和投机活动等。供应方面的影响因素主要有两类：一是进入国际市场的原油或石油产品的增加。其中，一种是由于新油源的开采和投入，另一种是产油国出口的增加。在以上两种情况中，最经常发生和危害最大的是后一种情况，尤其是OPEC各成员国不顾市场需求限度的超产活动。二是主要由于各种政治、军事等原因造成的供应突然减少甚至中断。

赵声振（1999）认为，影响石油价格短期波动的因素包括近期世界经济景气情况和与此相对应的石油需求情况；石油产量和石油需求的对比情况；库容量和库存量的对比情况；库存量增减变化情况；可能出现的寒冬或暖冬情况；OPEC会议决定提高产量限额或限产的情况；非OPEC国家与OPEC国家为石油市场份额进行争夺和妥协情况；对石油生产能力高的国家如伊拉克实行的国际石油禁运的情况；重要产油地区或国家可能爆发战争或重大灾害的情况等。

何素娟（2000）结合石油市场的实际情况，从多方面分析了石油期货价格对现货价格的影响，指出，随着中国进口原油数量的大幅度增加，要捕捉和利用期货市场给现货市场产生的各种机会，降低现货交易风险。

朱起煌（2000）研究了非OPEC产油国的生产能力及其与油价走势

的关系。他认为非 OPEC 产油国生产能力的升降，在很大程度上受制于国际石油价格的周期性波动，而其对油价的影响只是一种有限的市场效应，其主要作用是抑制 OPEC 哄抬油价，但非 OPEC 产油国生产能力大幅度上升的机会减少。

何瑞延（2000）分析了 1999~2000 年来国内外油品市场价格变化和相关决定及影响因素，对油品市场价格走势规律进行了分析。

李优树（2000）在考察国际石油价格波动的历史阶段基础上，从理论上分析了国际石油价格波动的规律，提出了影响国际石油价格波动的六个不确定性因素。一是石油资源量和可采储量的不确定性。二是没有一种天然资源能够直接替代石油。三是外在力量干预世界石油市场，使优先开采顺序理论遭到破坏。四是石油资源控制主体目标各异，使国际石油市场行为不可能循规蹈矩。五是石油工业投资中沉没成本概念，造成传统投资理论失效。六是各国政府对石油市场的干预问题。

李明东（2001）分析了如何更有的放矢地关注、收集最能影响原油期货市场价格的诸多信息，借此来分析、判断原油期货市场价格的走势。

赵农（2001）在假设 OPEC 为石油价格制定者、其他石油生产国为油价接受者的基础上，构建了一个两期动态理论模型，通过石油产量的调控将油价稳定在给定区间内，考察 OPEC 定价策略的可行性与有效性。

王磊（2002）研究了世界原油库存与石油价格波动的关系。他认为，石油库存可以分为非任意库存和任意库存。非任意库存是保持世界原油供应系统正常操作的库存，主要由最低操作库存、海上库存、政府储备库存和安全义务库存构成。任意库存即可用商业库存，是高出安全义务库存量的部分。非任意库存虽然对价格有影响，但任意库存决定着价格。

1.2.3 石油市场结构

朱起煌（1998）对国外石油公司并购活动的特点与趋势进行了研究，针对不同类型的石油公司所采取的并购方法，认为跨国大公司多从自身的总体发展战略出发来选择并购策略；中型一体化公司的并购倾向于剥离上游资产，发展核心业务；独立石油公司是最活跃的并购方法，常采用多种多样的并购力量；油田服务公司的并购活动也很活跃，主要动因是保持竞争优势和扩大服务范围。

石油化工产业结构调整研究组（1998）对关于调整中国石油化工产业结构问题进行了探讨，通过研究得出了我国石油化工企业层面的组织结构不合理、集中度低的结论。

邵德刚（1999）从产业组织理论的角度，对中国石油产业重组进行了研究，他从现代产业组织理论的 SCP 循环角度，充分肯定了在我国市场经济机制还不完善和国际石油工业竞争日趋激烈的条件下，以政府为主导的中国石油产业调整，但随着市场机制的进一步完善，为了保证 SCP 循环的畅通，政府主导必须让位于市场主导，让企业在市场中健康成长。邵德刚的研究对中国石油产业组织运行机制优化问题起了奠基作用，但是，他的研究缺乏系统性和必要的量化分析。

王才良（1999）对世界石油史上的垄断和反垄断问题进行了相关的研究。他的研究表明，世界石油工业 140 年的发展历程充满了垄断与反垄断，垄断是竞争发展到一定阶段的产物，从总体上看，历史上石油工业的垄断在很大程度上促进了生产力的发展。他的研究对中国石油产业组织运行机制优化的目标模式有一定的借鉴价值。

夏大慰（2000）运用 SCP 分析框架对中国的石油产业组织进行了研究 。他的研究表明，由于管理体制、产业结构的制约、市场行为不规范等诸多因素的影响，我国石油产业的发展未能取得更好的市场绩效。他的研究揭示了中国石油产业重组之后的绩效水平，在一定程度上说明了中国石油产业组织运行机制优化的内在动因。

汪丽清（2001）运用新制度经济学的方法分析了中国石油企业的重组改制。他认为，中国石油产业重组改制是强制性制度变迁的行为，为实现经济体制转轨，石油企业必须建立现代企业制度，变强制性制度变迁为诱致性制度变迁。他的研究对中国石油产业组织运行机制优化的路径选择有一定的指导性。

彭庆（2001）在《后石油工业重组》一文中，重点讨论了两个问题：一是石油监管体制改革的方向。二是上市石油公司的联合与未来。

吕薇（2001）在《也谈石油行业的竞争与重组》一文中指出，判断垄断与否不能仅根据企业规模和市场份额指标，他对中国石油产业的重组问题、政府规制问题做了详细分析，提出了中国石油产业的再重组应进一步明确的几个相关问题，包括石油企业的改制和石油市场制度的建设，强调健全石油工业管理体制和有序引入竞争是今后我国石油行业改革的重点。

庞雅君（2001）从中国石油行业协会的角度，对中国石油产业的规制问题进行了研究，文章主要针对中国石油行业协会管理存在的问题及如何解决这些问题进行了定性研究。

陈立（2001）对中国石油产业的结构调整和行业的规制改革进行了研究，建议在石油产业链的各环节中，区别自然垄断和非自然垄断领域，对非自然垄断领域采取逐步放松规制、鼓励竞争的政策，规制的重点是建立公平竞争的市场环境，建议在我国建立现代规制框架应采取渐进的方式。

李晓东（2001）通过对阿根廷石油天然气行业改革的研究，建议我国在参考和借鉴国外经验的同时，应当充分注意与对照国的差异，慎重考虑国家能源安全、资源长期开发利用、经济可持续发展、保障国家经济利益、增强国内企业生存竞争能力等关于国家发展前途的重大问题。

宦国渝（2002）对我国石油天然气行业立法进行了研究，指出了我国在石油天然气行业立法中存在的问题，并提出了我国石油天然气立法的相关政策建议。他的研究对我国石油产业规制方式改革提供了一个法律框架。

李润生（2002）系统地研究了加拿大的能源规制机构的构成、业务范围、工作方式和经费来源情况。对我国石油产业的政府规制改革有一定的借鉴和参考作用。

尹强（2002）对国内外加油站相关数据的对比分析，论证了目前中国成品油销售终端的现实竞争态势，建议中石油和中石化应积极配合国家开展加油站整治工作。他的研究从一个侧面反映了中国石油产业的竞争现状，对中国石油产业引入有效竞争提供了实证依据。

曹晓曦（2002）认为，中国石油产业处于寡头垄断下的有限竞争状态，国家在制定反垄断政策时应充分考虑国内市场国际化的新形势和提高我国石油产业国际竞争力的现实，对中国石油产业重组进行恰当的引导。他的研究表明，提升中国石油产业的国际竞争力是中国石油产业组织运行机制优化的目的之一。

白雪峰（2003）从产业组织角度对开放条件下的中国石油产业集中

度问题进行了研究，提出了如何测定在开放经济条件下的产业集中度问题，以及根据集中度指标对垄断企业实行政府规制。依据他的研究得出了开放条件下的石油产业集中度与封闭条件下的石油产业集中度相差很大的结论。他的研究启发人们重新认识中国石油产业结构类型，并据此对中国石油产业组织进行优化调整。

钱伯章（2003）对中国石油产业的绩效和竞争能力进行了研究。从跨国经营程度、企业经营效益、企业规模、加油站营销水平等方面与国外进行了对比研究，揭示了我国石油产业发展中存在的问题并提出了部分政策建议。从另外一个角度说明了中国石油产业绩效低下的问题，揭示了中国石油产业组织运行机制优化的动因。

鲁晓东（2004）以新西兰成品油市场为例，对后规制时期石油产业的市场结构进行了较为系统的分析。主要从石油产业的性质、石油市场集中度、纵向一体化和进入壁垒四个方面考察了新西兰在放松石油规制之后石油市场结构的深层次变化，客观地反映了放松规制对新西兰石油产业带来的重大影响，他的研究对中国石油产业组织的优化和政府规制改革具有很强的指导价值。

宦国渝（2005）对近 20 年来 OPEC 国家的石油产业从政府干预向现代规制转变的过程进行了分析，依据他的研究，说明中国石油产业的市场化是大势所趋，独立规制是较为成功的规制模式，但并不存在普遍适用的最佳模式。

刘文革（2005）从反行政垄断入手，剖析了石油产业的垄断现实，论述了石油垄断的必要性，并进一步提出要打破石油产业垄断格局，不仅要放开竞争，完善市场体制，还需要出台有效的反垄断法来遏制垄断势力的扩张。

盛洪（2006）针对国内学者对油荒事件的各种评论，用经济学原理对事件的深层次原因进行了剖析，从市场效率和公共责任两方面探讨了中国石油垄断体制存在的弊端。

邓郁松（2006）基于国内石油价格不断上涨的事实，提出了中国石油价格体制改革的设想，提出中国石油价格与国际接轨的必要性及实施步骤。

1.2.4 国外学者相关研究

从 1859 年世界石油工业兴起，国外学者关于石油产业组织的研究一直没有中断。最早对石油产业组织进行系统理论研究的是产业组织理论的先驱——贝恩。1944～1947 年间，贝恩先后发表了三卷本的《太平洋沿岸的石油工业经济》。贝恩在该书中先后论述了石油产业的市场结构（第一卷）、价格行为和竞争（第二卷）和关于价格信号与竞争的公共政策（第三卷）等问题，从石油产业的市场结构、市场行为和公共政策三方面对石油产业组织进行了系统的研究。贝恩之后，学者们对石油产业组织的研究更注重于具体问题的实证分析，并且大多数研究都是与对其他产业的研究共同展开的。对石油产业组织研究做出重要贡献的两位学者是施蒂格勒和钱德勒。

著名经济学家美国芝加哥大学教授施蒂格勒 1958 年在《法与经济学》杂志上发表的《规模经济》一文中，用生存法对美国炼油企业规模变化的情况进行统计分析后得出结论：如果逐渐向最佳经济规模逼近的厂商是垂直一体化的，并且反之则相反的话，那么，我们就能推断，垂直一体化是该产业最佳厂商的必备条件。施蒂格勒的结论表明，石油产业实施上下游一体化经营能够获得最佳规模经济效益。1971 年施蒂格勒又在《贝尔经济学和管理学》杂志（*Bell Journal of Economics and Management Science*）上发表了论文《经济规制论》。在这篇文章中，施蒂格勒对石油进口限额进行深入研究后发现，被规制的产业根本没有达到规制者当初制定的规制政策目标。于是，施蒂格勒得出结论，这是一个规律，具有强大政治影响力的石油产业是一个获得了很多政治利益的产业，这种利益是石油产业争取政府的规制而获得的，其目的是控制新的竞争对手进入本行业。在施蒂格勒对石油产业的政府规制提出了质疑之后，米德（Mead）也对政府能源规制的绩效问题做了研究；而奈杰尔（Nigel, 2000）则对英国石油产业的规制的效率和效果问题进行了相关的研究。

另外，对石油产业组织研究有所建树的是美国著名经济学家小艾尔弗雷德·D. 钱德勒。在其《看得见的手》及《企业规模经济与范围经济》等著作中，钱德勒用历史的观点，详细分析了美国石油产业从独占发展到寡头垄断的演变过程，向我们展示了以标准石油公司为领头企业的现代石油企业开创及成长的历史。[①] 钱德勒指出，美国石油工业的领头羊企业是通过法律上的合并、集中控制以及在炼油销售和管理上的持续大量的投资来巩固其地位的。而那些敢于向领头羊企业挑战并取得成功的石油企业是通过前向和后向一体化降低交易成本来保护其原始投资的。当石油过剩出现后，石油企业为争夺市场份额和利润而相互竞争，改善服务措施，加强同交易商的联系等手段来增大其市场份额；通过改进生产流程，加强流通的有效协调以及有效控制操作来降低成本、提高利润，而这些利润又有利于持续增长。

施蒂格勒和钱德勒对美国石油工业规模经济、政府规制及兼并重组的实证分析对当今中国石油产业组织调整有一定的借鉴作用。应该说，在对石油产业组织研究的国外文献资料的检索过程中发现，贝恩、施蒂格勒和钱德勒的研究成果与笔者所要研究领域的相关性很大，另外一些国外的研究成果大致可以归纳为两大类：一类是基于世界石油市场的态势分析、石油价格预测和有关一国石油安全的研究；另一类就是关于 OPEC 组织的研究。现就一些具有代表性的研究成果归纳如下：

肖卡特·哈莫德和维伯哈斯·马登（Shawkat Hammoudeh & Vibhas Madan，1995）借用在汇率市场应用的目标区间模型研究了 OPEC 对石油价格控制的效果，同时考虑了石油需求变化和市场期望变化因素，在此基础上，他们还分析了石油价格波动的敏感性。林休·唐和肖卡特·哈莫德（Linghui Tang & Shawkat Hammoudeh，2002）再次利用这个目标区间模型研究了 1988～1999 年的石油价格波动。他们发现，如果 OPEC 不明确声明按照价格区间理论采取措施，目标区间效应就比较小。塞莱蒂斯（Serletis，1991）应用变量分解方法研究了能源期货价格和能源现货价格之间的关系。穆萨和海洛哈尼（Moosa & HaiLoughani，1994）发现，用石油期货价格来预测现货价格既不是无偏的也不是有效的。黄（Huang，1996）等人应用向量自回归方法检验了每天石油期货收益和每天美国股票收益之间的关系。他们发现，石油期货价格波动会对一些石油公司的股票产生影响，但对整个市场没有太大影响。考西克·昌德休里和贝蒂·丹尼

---

① 后来塔贝尔（Tarbell）以题为《标准石油的历史》的文章，也对美国标准石油公司的发展历程做了系统研究。

（Kausik Chaudhuri & Betty Danie，1998）研究了石油价格和实际汇率之间的长期稳定关系，结果显示，石油价格和大部分实际汇率是协整的，石油价格对汇率具有引导关系。拉马诺·瓦尔诺登（Ramano Valnorden，1998）研究了石油价格对美国汇率的影响关系，他们发现，明显的证据表明石油价格和美国实际汇率都存在单位根；这两个变量存在协整关系，石油价格对汇率具有引导关系。

彭夫·萨多斯基（Penv Sadorsky，1999）发现，石油价格波动对经济活动具有明显的影响，但经济活动的变化对石油价格波动没有明显影响。戴维·巴克斯和马菲亚·克鲁西尼（David Backus & Mafia Crucini，2000）研究了1972~1987年期间，石油价格对一些主要工业国家贸易的影响，他们发现，当石油价格大幅度波动时，贸易商品的价格和数量之间存在不平衡性。博普和西泽（Bopp & Sitzer，1987）检验了取暖用油期货价格对现货价格的预测性。塞莱蒂斯和巴内克（Banack，1990）应用每天的现货价格和纽约商交所的原油、汽油和取暖用油两月期货价格检验了市场的有效性，西尔维普勒（Silvapulle）和穆萨（1999）使用每天石油数据研究了原油期货价格和交易量的线性和非线性引导关系，检验结果表明，交易量对价格具有引导关系，而价格对交易量没有引导关系。萨多斯基（2000）发现，原油、取暖油和汽油的期货价格存在协整关系，这表明它们之间存在长期的稳定关系，也存在长期和短期的引导关系，汇率对石油期货价格传递外生波动。小文和瓦基斯（Xiaowen & Wakis，2001）探索了纽约商交所和伦敦国际石油交易所原油和布伦特原油期货之间的传递影响关系。

肖卡特·哈莫德、休明利和班乔恩（Huiminli & Bang Jeon，2003）考察了纽约商交所原油期货和现货、汽油期货和现货两组价格时间序列每天价格的波动特性，包括在美国和不在美国的5个商品交易中心的价格。通过协整检验表明，现货价格和期货价格几乎没有什么套利空间。卡布丹（Kaboudan，2001）通过计量的方法预测原油价格，并且论证了当神经网络模型预测效果不好时，遗传算法效果优于随机游走模型。

克拉森斯和瓦兰吉斯（Claessens & Varangis，1995）认为，规避石油价格波动风险最好的方法就是通过在期货市场上进行短期和长期的套期保值。霍斯内尔（Horsnell，1996）研究了套期保值的效果，对仿真的方法和传统的度量方法做了比较。奥科古（Okogu，1990）考察了在弱市阶段官方价格和实际价格之间的关联。赫尔基夫（Helkief，1991）推导了石油市场因素变动对石油价格影响的灵敏度分析。

亨廷顿和希拉德格（Huntington & Hillardg，1994）分析了20世纪80年代油价预测不准的原因，认为GNP、OPEC以外的供给和因价格变化而调整的需求量都需要考虑在内。斯科夫和阿利姆（Skov & Arliem，1995）提出，预测油价时，参数应考虑技术变革、国家目标、公众态度和环境因素。拉姆沙伦和哈尔（Ramcharran & Harr，2001）依据目标财政收入模型，应用1973～2000年的数据检验OPEC石油产量和价格波动的关系。检验结果表明，OPEC的石油产量并不遵循严格的目标财政收入模型，检验结果也不支持竞争价格模型。OPEC通过调节产量来调节它在世界石油市场的市场份额。阿贝西姆和蒂拉卡（Abeysjnm & Tilaka，2001）研究了石油变化对12个国家GDP增长的直接影响和非直接影响，非直接影响通过贸易矩阵传递，石油净出口国家也不能逃避过高的石油价格带来的负面影响。阿德尔曼（Adelman，2002）分析了1947～2000年世界原油产量和价格走势。他认为石油市场上的卡特尔组织还将存在很长时间。海江·王（Haijiang Wang，1995）以1994年的中国政府对石油产业进行集权化管理的产业政策为背景分析了在世界石油产业放松规制时期，中国政府这一政策出台的原因以及对国外投资者造成的影响。琼、托马斯和伯纳德（Jean，Tomas & Bernard，1996）研究了国有和私营石油企业的竞争行为，和原有定价行为进行了比较分析。文章主要集中在地方垄断、企业盈利性和技术效率等方面进行了研究。文章通过微观数据运用统计分析方法证明了国有和私营石油企业在定价行为上的差异并不明显。

格林（Greene，1998）对石油卡特尔组织进行了研究。他认为，石油卡特尔组织的潜在垄断力量来源于卡特尔组织所占有的市场份额和石油的供需弹性。作者并对这一假设进行了实证检验。洛克特利（Locatelli，1999）研究了俄罗斯石油产业的重组问题。文章对俄罗斯石油产业的结构性重组过程进行了实证研究，主要从俄罗斯石油产业结构、石油企业产权选择、纵向一体化、联邦以及地区层面的石油产业改革等方面进行了论述，并提出了相应的政策建议。雅克·珀西博斯（Jacques Perceboes，1999）对欧洲天然气行业放松规制问题进行了研究。作者分别针对欧盟层面和国家层面的天然气行业放松规制，打破垄断，引入竞争的过程进行了研究。P. H. 约瑟夫（P. H. Joseph，2000）以一个石油化工企业的纵向整合的实例来验证交易成本理论。作者发现投入要素的价格不确定性促进了企业的纵向一体化。而且，针对价格不确定性的纵向整合的意义反映在资产专用性基础上的交易成本的节约。文章试图将价格控制和市场势力作为产业纵向整合的两个可以相互替代的解释变量，但文章没有给出证据支持这一假设。帕布洛（Pablo，2002）研究了 1987～1997 年间，西班牙因规制造成的消费者和企业之间的利益分配问题。文章对比了"产业导向"和"消费者导向"这两种产业规制模式的效果。发现规制是偏向产业的结论，消费者实际上并没有得到更多的利益。明元·陈（Ming Yuan - Chen，2002）研究了美国石油炼制行业中存续企业的发展问题。文章对在 1981～1986 年间由于世界性的原油市场放松规制造成的行业整体滑坡期间，美国石油炼制业的存续企业能够生存下来的决定条件进行了分析，文章通过实证分析，揭示了工厂规模、年限、规制补贴、技术和多事业企业的整合是放松规制后决定企业能否存续的关键性变量。

彼得·诺兰（Peter Nolan，2003）以石油和航空业为例，调查了中国大型企业加入世界贸易组织后在跨国经营中的竞争力问题，提出尽管这两个产业在中国得到了空前的发展，但目前仍面临巨大的挑战。斯利泽（Slitzer）研究了 OPEC 组织成员间交易和产量的动态决定模式。萨伦特（Salant）以美国石油市场为例，研究了石油市场的不完全竞争问题。奥斯本（Osborne）对石油卡特尔组织的低效率进行了研究。斯蒂芬（Stephen）在《美国的产业结构》一书中，对美国的石油产业组织问题和世界石油卡特尔组织问题及美国的反垄断公共政策进行了研究。施奈德（Schneider）研究了石油价格的变化问题，对导致石油价格变化的因素做了详尽的分析。特纳（Turner）用系统分析方法对存在于国际石油网络中的石油企业的战略问题进行了相关研究。布莱尔（Blair）研究了世界石油控制权问题。波希（Bohi）对一国的石油进口政策、原油价格与石油安全问题进行了相关研究。斯托博（Stobaugh）对能源危机给石油企业带来的影响以及石油企业在应对能源危机时的战略选择问题做了相关研究；阿德尔曼对石油卡特尔组织进行了系统研究，之后他又在论文《动荡的石油市场》中对造成世界石油市场不稳定的因素进行了较为深入的分析。

希尔（Heal）研究了石油与国际经济的关系问题，指出了石油对国际经济发展的战略意义。霍塞尔和保罗（Horsell & Paul）从全球视角分析了世界石油市场结构和价格问题。

1.2.5　文献综合述评及本书视角

综上所述，通过对国内外石油产业研究文献的整理，发现国内外学者的研究多集中于石油属性与产业安全和石油价格波动方面的研究。在传统计划经济体制下，中国的石油产业主要由中央政府直接管理和控制，对石油产业的市场结构、市场行为和市场绩效的研究并没有引起理论界的重视。由此国内学者对石油产业的研究表现出了两条主线：一是研究大多集中于国家石油安全问题这一宏观层面。二是对石油价格的研究，真正系统地从产业组织角度对石油产业内部组织结构问题的研究并不多。归纳起来，中国学者在石油安全领域的研究主要集中在这几个方面：国外石油安全战略的研究和借鉴；石油安全中石油商品属性和政治属性之间的关系；国际石油价格波动与中国石油安全；中国石油政府储备；从地缘政治角度研究我国石油安全；石油安全与可持续发展。国内学者对石油价格的研究文献比较多，涉及的方面也很复杂。这里，笔者将这些文献分为对石油市场价格区间现象的研究、经济活动变化与石油价格波动关系的研究、石油价格波动风险管理的研究及石油价格波动影响因素的研究。

国内石油产业组织研究现状呈现出以下两个特点：

第一，近年来，随着中国市场化进程的逐步推进，中国石油产业的开放程度逐渐加大，学者们开始逐渐涉足中国石油产业组织这一研究领域。通过对国内石油产业组织研究成果的搜索和整理，发现国内对石油产业组织的研究呈现出一个十分明显的规律：大多数关于中国石油产业组织结构研究的论文均集中在1998年之后的年份，这也正符合了中国石油产业组织变迁的历史。由此可以得出这样一个结论：学者们真正开始对中国石油产业组织结构问题进行系统的研究，不过七八年的时间，在这个领域的研究还有很多不完善的地方。因此，笔者希望通过本书对中国的石油产业组织问题进行尝试性研究。

第二，产业经济学理论工作者较少专门针对石油产业组织进行系统的相关研究。这从上面的国内成果研究综述可以充分说明这一点，大多数研究的资料出自于石油产业实践人员之笔。西方产业组织研究主要以制造业为对象，中国也不例外，众多的研究都是以汽车、纺织、机械制造、家电等制造业为主，如马建堂、毛林根、江小娟、杨蕙馨等学者都是以制造业为其研究的样本，在其研究中即使提到了石油产业也仅仅是将其作为中国产业体系中的一部分对待，其结论对石油产业组织的后续研究不具有实质性的指导意义。近几年来，国内学者对石油产业进行定量研究的趋势增强，研究成果更具说服力，但是，可以看出目前的研究成果都是沿着石油安全和石油价格波动这两条主线独立进行的，研究缺乏系统性。但是，从产业组织理论的角度看，产业组织是一个系统，在这个系统中，产业发展遵循 SCP 双向循环的发展规律，因此，仅从其中的一个环节进行产业组织的研究，所得结果必然不能揭示产业发展的全部内涵。

自 1998 年以来，国内学者加强了对中国石油产业组织的研究，然而，大多数是沿着反垄断框架来展开研究的，虽然这样的研究能够迅速使我们把握矫正市场行为，进而推进产业体制改革的关键，但研究多集中于石油产业改革的政策建议，较少从经济学角度对石油产业进行系统的研究。目前，国内学者对石油产业组织的研究成果主要体现在两个方面：一是关于石油产业结构的研究，以夏大慰（2000）运用了 SCP 的分析框架对中国的石油产业组织进行的研究为代表，他的研究表明，由于管理体制、产业结构的制约、市场行为不规范等诸多因素的影响，我国石油产业的发展未能取得更好的市场绩效。他的研究揭示了中国石油产业重组之后的绩效水平，在一定程度上说明了中国石油产业组织运行机制优化的内在动因。二是关于石油产业规制改革的研究，国内学者在这方面的研究多集中于定性层面和政策建议。以吕薇（2001）的《也谈石油行业的竞争与重组》一文为代表，文中指出了判断垄断与否不能仅根据企业规模和市场份额指标，他对中国石油产业的重组问题及政府规制问题做了详细的分析，提出了中国石油产业重组应进一步明确的几个相关问题，包括石油企业改制、石油市场制度建设，强调健全石油工业管理体制和有序引入竞争是今后我国石油行业改革的重点，但该文缺乏必要的计量检验和规范的经济理论分析。

国外学者的研究相对更加规范。多数研究是从产业组织的角度，运用规范的经济学方法进行计量研究。研究视角独特，且研究目的明确。研究要么基于对现象的解释、规律的总结，要么是想通过研究证明一个经济学道理。在研究方法上，能够将规范分析和经济计量分析恰当地运用在石油产业组织这一实证问题的研究中，因此，所得出的研究结论更具可信性，这也正是国内学者在从事石油产业研究中所欠缺的，但是，国外的研究成果多是以全球的石油产业作为研究对象或是专门针对石油输出国组织的研究，较少有专门针对中国石油产业的研究。虽然国外学者的研究方法和研究视角对国内学者的相关研究有一定的借鉴意义，但是，对于中国石油产业的结构调整和规制改革实践不具有直接的指导作用。笔者想通过本书，从经济学视角，具体地说，从产业组织的角度，系统地运用各种恰当的经济研究方法，对中国石油产业组织进行尝试性研究。

本书视角

石油，作为一种既普通又特殊的商品，它的一般商品属性决定了它的产业组织结构选择应该符合经典的产业组织理论基础和现代工业社会发展过程中产业演进的一般规律。对石油产业组织结构调整的经济分析遵循产业组织理论和实践的效率标准，石油作为战略资源的特殊性，又决定了石油产业规制存在的必然性。中国石油产业市场化改革过程中的市场机制失灵也需要相应的政府规制。

值得一提的是，通过对石油产业属性的判断，针对石油产业在国家战略安全中的重要地位，衡量石油产业绩效的标准不仅是看产业是否实现了有效竞争，还要同时满足政府与企业的双重目标。

在对石油产业组织运行机制优化的研究过程中，必须在进行结构调整的同时将政府规制纳入分析框架。从某种意义上讲，也可以看成是政府规制与产业组织结构之间相互调适的过程。对于石油产业分析最大的特点，就是要将其与石油在国家中的战略重要性联系在一起，当然，也和政府的干预和主导联系在一起。因此，在石油产业市场化改革过程中，政府的规制改革也就必然成了优化石油产业组织运行机制必须考虑的因素。

笔者试图把产业组织理论中的经济学分析和规制经济学中政府作用的分析结合起来，根据石油产业的特殊性，将中国石油产业的市场化改革和政府的战略目标相结合，依据产业组织理论和规制经济学原理，旨在开放的市场条件下，借鉴成熟市场经济国家的经验，通过石油产业结构的调整和石油产业规制改革，优化中国石油产业组织运行机制。

1.3　研究内容及方法

1.3.1　分析的逻辑框架

本书分析的逻辑框架如图 1—1 所示。

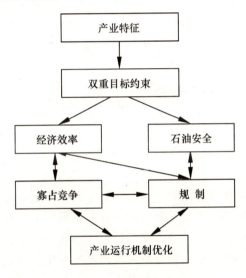

图 1—1　分析的逻辑框架

1.3.2　研究的技术路线

本书研究的技术路线可用如图 1—2 来表示。

1.3.3　研究方法

本书在写作过程中，主要运用以下几种研究方法：

其一，实证分析与规范分析相结合。应该说本书是一项实证研究。但是，为了将所要探讨的实证问题论证清楚，必要的规范分析又是必不可少的。本书运用实证分析方法回答中国石油产业组织运行机制"是什么"的现状问题，然后运用规范分析方法回答中国石油产业组织运行机制"应该是怎样"的优化问题，这也是本书的写作目的。

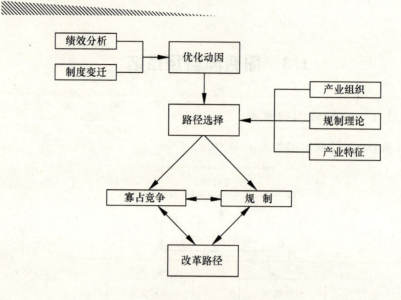

图1—2　研究的技术路线

其二，比较分析和逻辑归纳相结合。比较分析包括纵向的历史比较分析和横向的产业国际竞争力比较分析。在分析研究中，对中国石油产业组织演进过程及效率、中国石油产业的特点、不同市场结构类型的有效竞争偏差等问题，分别从历史比较分析和逻辑推断的角度进行考察和研究。

其三，定性分析和定量分析相结合。定性分析将主要集中于基本理论的描述和对一些事件的逻辑归纳；而定量分析则主要是运用统计指标分析方法和博弈分析方法进行现象的剖析。

1.3.4　创新之处

从产业组织角度，将石油产业的结构调整与规制问题作为一个系统来研究，试图通过寡占市场失灵与公共政策的匹配性研究，对寡占竞争机制下的市场失灵现象进行剖析，整理出在寡占竞争下的政府规制的作用空间，进而揭示出石油产业组织运行机制优化的途径。

利用伯川德悖论分析了中国石油产业链上游的竞争态势；在对中国石油产业绩效的评价中，设计了绩效检验的指标体系，并运用具体数据进行了产业国际竞争力比较；运用制度变迁理论，揭示中国石油产业组织演进过程，并运用公共选择理论的同意—致性模型，分析了中国石油产业制度变迁的效率。

本书建立了产业特性、结构选择与寡占效率分析框架，指出了中国石油产业结构走向竞争型垄断之路——寡占。

针对石油产业有关国家战略安全这一特性，在对产业组织运行机制优化目的的阐释时，加入政府和企业利益的均衡分析，充分体现了石油产业绩效双重约束的特点；针对我国与西方发达国家的政治体制存在的差异，用博弈论思想剖析了我国政府规制机构改革的特殊性；通过对"油荒"现象的分析，证实了笔者对中国石油产业规制现状的基本判断，使理论分析在实践中找到了落脚点。

对石油产业规制进行内生性分析。经过笔者研究得出了中国石油产业规制的内生性源于寡占的市场结构和产业的特殊性结论，并进行了计量分析。将计算得出的产业感应度系数和影响力系数与 1987 年的结论进行了对比研究；笔者利用跨期为 12 年的相关数据，利用计量经济学软件 Eviews3.0 进行回归分析，在证实了回归结果可靠性的基础上，对中国石油产业在 2010 年及 2020 年的对外依存度进行了预测。

1.4　框架结构

1.4.1　本书观点

本书的基本观点是：中国石油产业组织运行机制优化必须同时依赖于寡占基础上的产业竞争机制和相应的政府规制，中国石油产业市场化改革必须是竞争性的结构调整和规制改革并举，从某种意义上讲，也可以看成是政府规制与产业组织结构之间相互调适的过程。

1.4.2　主要概念界定

（1）石油产业

广义的石油产业包括埋藏在地下的所有烃类化合物。烃类化合物由于所含碳氢原子数目不同，在常温下分别呈现为气态、液态和固态三种形态。狭义的石油在商业上一般是指液体状态的原油。石油生产就是把深埋在地下的原油经过勘探、开发、炼制、加工、运输而用于人类生产和生活的方方面面，由此而形成的石油产业包括石油开采业、石油加工业及石油化工业。作为本书研究对象的石油是广义的石油，包括石油和天然气①；本书所研究的石油产业，从产业组织角度，可定义为勘探、开发、生产、储运、加工和销售石油和石油产品的企业集合。具体来说，它包括石油开采业、石油加工业及石油化工业。石油开采业是指勘探开发油气资源的企业集合，统称为上游产业；石油加工业是以石油、天然气为原料生产石油产品的企业集合，与石油及天然气的储运、石油销售统称为下游。随着科技的进步，规模经济、范围经济的增强，石油产业发生了进一步的融合，原先属于化学工业细分类之一的石油化工业②已经融进了石油产业，使得石油产业链条又向前延伸了。所以，石油产业就是以石油、天然气的勘探开发为上游，以石油、天然气的储运、炼制、化工、销售为下游的一条产业链，在国民经济和社会发展中具有重要的作用。

（2）竞争性垄断——寡占

寡占市场均衡有寡占垄断均衡和寡占竞争均衡之别。后者作为市场结构自然演化的结果，能够增进组织绩效，提高行业效率，并实现市场稳定。一个市场有无效率，取决于它的竞争性，而真正意义上的竞争均衡关系取决于各竞争主体实力的均衡。如果寡占垄断市场中的寡头之间可以达到实力的均衡，并展开有意义的竞争，即如果垄断是在竞争的基础上产生的，而且在竞争中成长起来的垄断并没有消除竞争，垄断结构改变的只是竞争形式，而不是竞争本身，那么，放眼于更长的时间跨度和更广的空间范围，垄断结构反而使竞争更激烈。如果行业集中度提高是规模经济的体现、厂商高效率运作或者创新的结果，那么，只要寡头之间不进行合谋，该寡占结构便属于寡头竞争结构。

（3）规制

在经济学、法学和政治学领域里，规制受到了广泛的关注。每一个领域都对这一复杂问题进行了不同角度的研究。早期的经济学所关心的是特定产业的价格和进入控制，规制通常被描述为对被规制企业的控制；法学

---

① 除特别需要，书中不再单独提及天然气产业。

② 为合成材料工业提供原料及中间有机产品的企业集合。

文献则研究执法、市场规则及行政程序，其研究的焦点是行政程序及对规制机构行为的司法控制；政治学则将目光放在了政策的形成和执行的政治及行政作用方面，即强调规制决策的政治与行政内容。本书所研究的规制界定为针对市场失灵对石油产业中的自然垄断环节进行的经济性规制和对石油产业中非自然垄断环节的反垄断规制，是对政府在矫正市场失灵方面的作用定位，是在一个市场失灵和政府失灵的框架下，将行政决策机制与市场机制统一起来，将规制视为消费者、企业和规制机构互相结盟并讨价还价的过程。

（4）产业运行机制

经济学中的"组织"概念是由英国著名经济学家马歇尔首先提出来的。马歇尔在其1890年出版的《经济学原理》一书中，把"组织"列为一种新的生产要素。产业组织指的是提供同一或有密切替代关系的产品、服务的同类企业市场关系的集合体。产业组织中的"组织"概念，一方面是指产业内企业间的垄断、竞争不同程度的结合形态，这种结合形态不是静止的，是在市场机制和政府产业组织政策的作用下动态变化的；另一方面是指产业内企业间相互联系的具体组织形态或产业组织形式。

需要指出的是，产业组织理论考察的"组织"通常是指"产业组成部分之间的关系"，这与其他经济理论中的组织概念是有区别的。本书定义的产业组织运行机制是指产业组织作为一个系统，其内在运行的机理和制度保障。本书的研究正是在这个定义基础之上，考察并分析产业内"各组成部分"之间的关系构成及基础之上的策略行为，由此揭示出产业组织运行的内在机理，并在此基础上，研究作为制度保障的市场机制和政府规制如何发挥作用。

1.4.3 内容安排

本书共分为7章，各章具体安排如下：

（1）第一章 导论

主要揭示选题意义，并提出所要论证的问题，提出全书的核心观点，进行相关文献综述，以及本书的分析框架和结构安排。

（2）第二章 中国石油产业结构、行为与绩效

根据经典的产业组织理论，一个产业的市场结构是极为重要的，因为

它直接影响并决定着该产业内部的企业行为，进而影响并决定着该产业的整体绩效。本章对中国石油产业的市场结构进行剖析，并对此结构下的产业竞争态势和产业绩效进行分析，旨在揭示出中国石油产业组织状况的真实面目。

（3）第三章　中国石油产业体制变迁及效率

第二章的实证分析表明，中国石油产业市场结构的基本特征是产业层面上的分割、分治及垄断经营，以及企业层面上的低集中度与规模不经济。中国石油产业为何会形成这样的市场结构，笔者试图梳理出中国石油产业管理体制变迁历史及其中的博弈过程，并运用制度经济学的有关理论，对中国石油产业制度变迁的效率进行评价。

（4）第四章　产业特性、结构选择与寡占效率：一个分析框架

产业运行机制优化的前提是设计并形成合理的产业组织结构。本章旨在论述中国石油产业组织结构调整目标为寡占结构。本章主要对有效竞争的效率进行分析，阐述产业组织结构优化的理论基础是有效竞争；通过对寡头垄断市场结构的分析，证明寡头垄断能够实现有效竞争；对石油产业技术经济特征进行分析，证明寡头垄断是石油产业组织结构调整的目标。

（5）第五章　中国石油产业规制内生性

中国石油产业规制的内生性源于寡占的市场结构和产业的特殊性。本章运用政府规制的寡头竞争模型，证明了石油产业规制的结构内生性；通过计算中国石油产业感应度系数和影响力系数，建立回归模型，证明了石油产业规制的产业属性内生性。

（6）第六章　制度比较：美欧石油产业规制经验

本章对石油产业规制进行了国际比较，通过对美国、英国和加拿大石油产业规制经验的比较和总结，得出了中国石油产业规制改革可借鉴的经验和启示。

（7）第七章　路径选择：中国石油产业规制改革

本章对中国石油产业规制的现状进行分析，通过对目前石油产业规制框架的描述及规制的运行机制分析，揭示目前中国石油产业规制过程中存在的问题，最后，对问题形成的原因进行分析，最后，据此提出中国石油产业政府规制改革的路径。

第二章　中国石油产业结构、行为与绩效

根据经典产业组织理论，一个产业的市场结构对产业的发展是极为重要的，因为它直接影响并决定着该产业内部的企业行为，进而影响并决定着该产业的整体绩效。本章对中国石油产业的市场结构进行剖析，并对此结构下的产业竞争态势和产业绩效进行分析，旨在揭示出中国石油产业组织状况的真实面目。

2.1　市场结构

2.1.1　集中度

产业集中度是最简单易行，也是最常用的计算衡量市场结构的指标。它是指规模最大的行业前几位企业的有关数值 X（销售额、增加值、职工人数、资产额等）占整个行业的份额。其计算公式为：

$$CR_n = \sum_{i=1}^{n} X_i \Big/ \sum_{i=1}^{全部} X_i$$

式中：CR_n 表示某行业中前 n 家最大企业的有关数值的行业比重。式中 n 的值取决于计算需要，通常 $n=4$ 或 $n=8$。

笔者首先以中国石油天然气总公司、中国石油化工集团公司和中国海洋石油总公司为计算样本，分别从产业重组前和重组后两个时期，计算三家公司在油气产量和原油加工量两方面的市场比重；从表 2-1 和表 2-2 中数据可以清楚地看出，中国石油天然气总公司在油气生产环节，产业重组前和重组后的占有比重分别为 88.91% 和 65.08%，虽然比重有所下降，但还是占有整个市场的绝对比重；中国石油化工集团总公司在原油加工环

节，重组前和重组后的市场比重分别为 81.24% 和 65.85%，虽然比重也是有所下降，但还是占有整个市场的绝对比重。

表 2 - 1　　　　重组前中国石油产业集中度分析（1997）

公司	油气生产量*		原油加工量	
	产量（万吨）	比重（%）	加工量（万吨）	比重（%）
中石油	12493.8	88.91	2221	14.45
中石化	—	—	12489	81.24
中海油	1669.5	10.24	—	—
三家合计	14163.3	99.16	1470	95.69
全国总计	16301	100	15375	100

* 是指油气产量，为原油产量和天然气产量之和，其中，1 千立方米天然气 = 1 吨原油。

资料来源：根据作者《国际石油经济》及 CNPC 和 SINOPEC 年鉴统计资料整理。

表 2 - 2　　　　重组后中国石油产业集中度分析（2005）

公司	油气生产量		原油加工量	
	产量（万吨）	比重（%）	加工量（万吨）	比重（%）
中石油	10788.1	65.08	5934	29.32
中石化	3763.26	22.07	13124	65.84
中海油	1796.6	10.84	—	—
三家合计	16347.96	98.26	19058	95.16
全国总计	16577.3	100	20238	100

资料来源：根据作者《国际石油经济》及 CNPC 和 SINOPEC 年鉴统计资料整理。

从国家的宏观管理上，石油产业划分为上述几家大型公司，但是，在国内企业排序及工业经济统计等很多场合，上述几家大型公司下属的各石油天然气开采企业和石油加工企业又是作为单个独立的企业来对待的，因此，有必要在这个层面上对石油产业的市场集中度再做进一步的详细分析。这里，笔者按照产业链上下游环节，分别计算原油开采业和石油加工

业的市场集中度 CR_8 值，从表 2 - 3 和表 2 - 4 中数据可以看出，从 1998 年产业大重组之后，无论是原油开采业还是石油加工业的集中度均呈下降趋势，这正符合了国家打破垄断引入竞争的政策意图。

表 2 - 3　　　　　　　　　　原油开采业集中度分析

年份	CR_8 (%)	前 8 位企业名称及产量（万吨）
1988	94	大庆（5577）、胜利（3175）、辽河（1151）、华北（797）、中原（690）、新疆（579）、大港（421）、吉林（287）　　　　　　　　全国 13491
1997	84	大庆（5623）、胜利（2811）、辽河（1520）、南海东部（1295）、新疆（882）、华北（471）、大港（439）、塔里木（422）　　　　全国 16031
2004	78	大庆（5323）、胜利（2682）、辽河（1413）、南海东部（1295）、新疆（936）、长庆（485）、华北（460）、塔里木（443）　　　　全国 16717

资料来源：根据作者《国际石油经济》及 CNPC 和 SINOPEC 年鉴统计资料整理。

表 2 - 4　　　　　　　　　　石油加工业集中度分析

年份	CR_8 (%)	前 8 位企业名称及加工量（万吨）
1988	77.39	抚顺（784）、燕山（520）、锦州（558）、齐鲁（552）、金陵（474）、茂名（465）、大庆石化（461）、大连石化（433）　　　　全国 5491
1997	45.16	抚顺（798）、燕山（685）、茂名（554）、金陵（535）、齐鲁（488）、大连石化（475）、大庆石化（453）、高桥石化（438）　　全国 9800
2004	34.84	茂名（1138）、镇海（1045）、抚顺（1003）、齐鲁（897）、高桥（782）、燕山（754）、金陵（731）、广州石化（702）　　　　全国 20238

资料来源：根据作者《国际石油经济》及 CNPC 和 SINOPEC 年鉴统计资料整理。

从以上各表所显示的结果可以看出，从石油产业这个大的层面来说，1998 年产业大重组，通过资产划转，新组建的中石油、中石化和中海油三家石油公司构成了中国石油产业组织的新结构。从集中度这个指标来看，不论是重组前还是重组后，中国石油产业一直保持一种高垄断型市场结构。重组前，中石油和中海油垄断石油天然气开采业，产量比重占全国的 99.16% 中石化垄断石油加工业，加工量比重占全国的 81.24%，三大公司实行上下游分割垄断，彼此之间的竞争十分微弱。重组后，三大石油公司实现了上下游一体化经营，业务上相互交叉，打破了上下游分割垄断的局面。但是，由于中石油、中石化、中海油分处陆上的北方、南方及海上，又形成了地域分治新格局。三大石油公司的油气生产和油气加工量仍占全国的 98.26% 和 95.16%，垄断依然存在。所以，从总公司层面上分析，石油产业是一种分割分治和垄断经营的市场结构。

按照传统的产业组织理论，市场结构可以划分为完全竞争型、垄断竞争型、寡占型和完全垄断型四种。但是，这种分类方法在对具体产业进行市场结构分析时缺乏可操作性。因此，在实践中，一些产业经济学家以实证分析为基础，提出了一些便于操作的量化分析方法。其中，以日本学者植草益的分析方法最为著名。植草益依据市场集中度将市场结构划分为四种：①极高寡占型：$CR_8 > 70\%$；②高、中度寡占型：$40\% < CR_8 < 70\%$；③低集中竞争型：$20\% < CR_8 < 40\%$；④分散集中型：$CR_8 < 20\%$。根据植草益提出的判断标准，石油开采业属极高寡占型市场结构，只是从 1987～2000 年，市场集中度呈现出一种较为明显的递减趋势，垄断程度有所降低；而石油加工业重组前属于中度寡占，而重组后演变成了低集中竞争型。上述对石油产业市场集中度的分析可以看出，按照中石油、中石化和中海油三大石油公司总体数据分析，无论在油气生产环节还是在原油加工环节，中国石油产业均属于极高寡占型市场结构，而从企业数据来分析，却得出了不完全一致的结论，石油开采业属极高寡占型市场结构，石油加工业属于低集中竞争型，那么，笔者试图从企业生产规模角度解释这一结论。

2.1.2　企业规模

反映企业规模水平的指标可分为实物指标和价值指标两类。主要实物指标有：①企业平均规模与经济规模之比。这个指标在一定程度上反映了该产业的规模经济水平。比值越大，说明该产业的规模经济水平越高。②经济规模企业。是指规模大于最小有效规模的企业。该企业的数量、累计产量和累计生产能力占企业总数、总产量以及总生产能力的比例。比例越高，说明产业的规模经济水平越高。由于这个指标剔除了企业数的影响作用，因此，这个指标是反映企业规模水平的一个较全面的指标。③企业和经济规模企业的开工率，通常用产量占生产能力的比例来计算。能力过剩，开工率低是无法获得规模经济效益的。④流程加工企业重点联合企业的数量。累计产量及能力占流程企业总数、总产量以及总能力的比例。这是一个综合性能的指标，需要结合产业的专业化水平来考察。将上述指标改为产值（销售收入或净产值）及固定资产原值（或资产净值），就可将上述指标由实物指标转化为价值指标。在上述指标中，经济规模企业的比例以及其市场份额是反映一个产业的规模经济水平最重要、最基本的指标。而经济规模企业的数量占该产业全部企业数量的比例以及企业的开工率，是两个更有价值的指标（杨嵘，1999）。

由于石油天然气开采企业的主要业务是勘探开发，其规模效益不很明显，特别是勘探业，知识含量更多一些，勘探成果在很大程度上依靠地质理论和对资料的分析；有一些低产的油气区块，小规模企业开采则可能盈利，而大规模企业开采则可能效益不好。因此，勘探开发环节并不一定企业规模越大越好，所以，对石油天然气开采企业规模水平的分析具有不确定性。而对于石油加工企业而言，其规模经济效益十分明显。据对石油加工企业的测算，年产 500 万吨的炼油厂与年产 250 万吨的炼油厂和 100 万吨的炼油厂情形相比，单位产品投资分别比后两者低 23% 和 49%，平均产品成本分别低 2.6% 和 8.1%（戚聿东，1999）。可见，石油加工企业的规模经济效应十分显著。这里，我们对石油企业规模水平的分析以石油加工企业为主要分析对象。

按照国际标准，年炼油生产规模 250 万吨为经济规模产量。根据 2004 年中石油及中石化的统计年鉴的数据统计，中国石油加工企业达到规模经济的企业仅占石油加工企业总数的 56%，而且企业开工率仅为 67.32%，而同期中东地区炼油厂一次加工装置的开工负荷率达到 91%，亚太炼油厂平均为 81.3%，其中大型炼油厂开工率平均为 87.3%，现在炼油厂平均为 87.66%，美国石油加工企业开工率为 92.7%，这三个指标均反映出中国石油加工企业规模处于较低的水平。我们还可以对石油加工企业的规模水平做一国际比较，从表 2-5 中更可能看出我们与国际的差距。

表 2 - 5　　　　　　　国内外炼油厂技术经济指标对比 （2004）

项目	国外平均	美国	英国	日本	中国
原油年加工能力（万吨）	—	82705	12700	24988	20238
规模企业比重（%）	100	100	100	100	56
平均炼油厂规模（万吨）	—	537	811	714	239
开工率（%）	>80	92.7	91.6	88.4	67.32
综合商品率（%）	>92.0	93.02	92.32	93.61	90.95
加工损失率（%）	<1.0	0.20	0.30	1.33	1.11
轻油收率（%）	>70	73.7	73.20	64.96	68.53

资料来源：作者根据有关资料整理。

从表 2 - 5 的数据可以看出，由于历史原因和市场结构性问题，中国石油加工企业的生产装置规模小，导致能耗大，加工损失率高，资源综合利用水平不高，与国外差距较大。因此，由于中国石油加工企业的生产规模普遍没有达到规模经济的要求，行业中缺少大的领军式企业，偏小的企业规模与较大的市场空间综合反映出我国石油加工产业市场集中度偏低，验证了前面的结论，也在一定程度上暴露了 1998 年中国石油产业重组的弊端所在，说明中国石油产业总体上也处于规模不经济状态。也就是说，中国石油产业较高的市场集中度并不是市场作用的结果，国家石油公司的巨大规模也不是由规模收益长期积累转化而来，大的石油企业规模不意味着更高的利润回报。中国石油产业虽然在表面上形成了由三大石油公司所垄断的寡占局面，但并不等于会相应地形成寡占结构下有效竞争的态势，换句话说，中国石油产业是寡占垄断市场，而并不是寡占竞争市场，明确这一点区别，对于我们理性地认识中国石油产业现实的规模结构状况和讨论其发展演变的趋势具有重要意义。有效的市场竞争会促进石油产业规模经济的形成，竞争性的市场结构也有利于石油产业发挥规模经济效益，并在中国石油产业市场化改革过程中建立起有效竞争的市场格局。

2.1.3 进入壁垒

前面我们研究了中国石油产业的市场集中度和规模状况。这两个指标有效地反映了石油产业市场结构的实际情况。但是，按照传统的产业组织理论分析框架，进入壁垒的存在与否以及高低程度，对该产业内企业的数量、集中程度以及经营绩效有着重要的影响，因此，进入壁垒也是研究市场结构的一个重要指标。进入壁垒是指利于产业内已存企业而不利于潜在进入者的因素。进入壁垒主要有政策性壁垒，即政府禁止或限制某些厂商进入一些特定的产业；资源性壁垒，即因资源分布的区域性使某些地方的厂商因资源无法取得而不能进入该产业；技术性壁垒，即由于存在特殊性或保密性的技术，使厂商无法进入该行业；成本性壁垒，即潜在进入者需在实现规模经济、获得投入品、广告宣传等方面增加进入成本。市场进入壁垒越高，企业的市场进入率就越低，并易保持较高集中度；反之，进入壁垒越低，企业的市场进入率就越高，并使市场集中度降低。同时，从规模经济来看，进入的新企业规模是小型还是大型，也影响到市场集中度。不论在发达国家，还是在发展中国家，因石油产业的资源稀缺性特点，石油产业的技术密集性和资金密集性以及规模经济等特点，使石油产业保持了较高的进入壁垒和市场集中度。具体来说，中国石油产业进入壁垒从定性角度分析，表现在以下几个方面：

（1）政策性壁垒

由于石油资源的稀缺性及其在国民经济发展中重要的战略地位，许多国家对石油产业实行特许经营，禁止特许以外的企业进入石油产业。中华人民共和国1986年颁布并执行的《矿产资源法》明确规定，矿产资源属于国家所有，由国务院行使国家对矿产资源的所有权，国有矿山企业是开采矿产资源的主体。开采石油、天然气、放射性矿产等特定矿种的，可以由国务院授权的有关主管部门审批，并颁发采矿许可证。根据《矿产资源法》，国家对石油产业实行特许经营，授权中国石油天然气总公司、中国石油化工集团公司、中国海洋石油总公司从事陆上及海上油气资源的勘探开发，特许以外的企业禁止入内。只要上述三大公司所属的国家石油企业在某个地区进行开采，这片资源就不能由他人开采。在我国，矿产许可证管理方式尚未更多地引入市场竞争机制。依据中国现行的石油矿产权制度，首先由国有企业向国土资源部申请勘探开采许可证，并根据申请的先后顺序获得这些许可证，除非该区块留作其他用途。然后国有企业决定是自己勘探，还是通过产品分成合同方式与国际石油公司进行合作。国际石油公司只能通过产品分成合同的方式参与中国石油天然气的勘探开发。目前，只有5%的陆上区块采用了产品分成合同方式，而大部分海上区块都采用了产品分成合同方式，并且现有公司的许可证很容易延期，持有大区块勘探权的费用比较低。现行的石油矿产权制度的弊病是还未普遍采取招标方式发放矿产许可证，也没有确定更为严格的矿产许可证延期条件，以促使拥有许可证的公司积极勘探。

在成品油流通领域，我国也存在着极强的政策性壁垒，1999年，国务院办公厅转发经贸委等八部门《关于清理整顿小炼油厂和规范成品油流通秩序的意见》，这个文件确定了中石油、中石化和中海油有关石油开采、炼制、进口、批发和零售的几乎所有方面的垄断权力，对中国石油产业形成了较强的政策性壁垒。

（2）规模经济壁垒

从理论上讲，规模经济是指产品成本随着生产规模的扩大而降低的经济效益。规模经济的作用是迫使行业新加入者必须以大的生产规模进入，或以小的规模进入，但要忍受产品成本高的劣势，从而形成较强的进入壁垒。石油的生产过程包括勘探、开发、储运、加工等环节。石油勘探和钻井是成本昂贵的行业，时间和准确性都很关键，在勘探开发阶段，石油产业的劳动对象是埋藏在地下的油气资源，在其生产过程形成的总成本中，石油勘探开发设备和油田地面建设的投资所形成的固定成本约占总成本的60%以上，需要大量的初始投资，特别在我国随着现有勘探程度的不断提高，在役油田稳产难度加大，主要产油区目前已经进入高采出程度、高含水率的中后期双高开发阶段，采油成本将进一步上升。新发现油田规模总体呈变小趋势，而且新增探明储量中的低渗透与稠油储量比率加大，储量品质变差，使石油加工成本进一步增大。石油的开采成本不仅包括生产操作费用，还包含勘探和开发的先期投资，在一般情况下，用于石油勘探和开发的先期投资要比生产操作费多得多。在储运阶段，把石油和天然气从井口送交给用户的过程中，需要投资建设专用的储油装备、输油气管道和其他运输工具，需要大量的建设投资。如20世纪90年代，美国天然气储运设施的建设投资高达 106 亿美元，据预测，到 20 世纪末，全世界油气管道建设投资可能超过 2000 亿美元。而且，油气管道传输也是具有明显的规模经济性。另外，采油和炼油也都是要达到一定的规模才有效益。根据国外经验，年炼油能力在 250 万吨才能达到规模经济效益。现有企业为了追求利润最大化，必然努力扩大生产规模，以获得规模经济效益，除非进入者实力强大，能承受初始进入时的成本劣势，才能逾越规模经济壁垒。

（3）资金壁垒

石油勘探开发投资巨大，一般陆上 1 亿吨石油地质储量的勘探费要达到 10 多亿元，甚至 20 多亿元人民币，每百万吨生产能力也需投资 10 多亿元人民币，海上石油投资一般相当于陆上石油投资的十倍，还必须不断地投入生产资金，勘探开发投资则需在成功井的生产期内才能逐年回收。石油开采出来以后，又涉及储存、运输问题。储油罐和管道的投资巨大，涉及面广，不是一般企业和个人所能承受的。加上石油资源深埋地下，风险大，开采难度高，因此，石油作业者必须具有雄厚的资金，不断创新的技术，必要时还要借助国家财政或外资的帮助，以保证生产作业的连续性。石油加工业除炼油装置需要巨大投资外，其配套的发电及水处理装置也是一笔不小的投入，面对如此巨大的投资，一旦经营不善，就会造成极大的损失，由此造成了巨额的资金壁垒。

（4）资源壁垒

因资源分布的区域性使某些地方的厂商因资源无法取得而不能进入该产业。中国石油产业重组形成了中石油、中石化和中海油。由于中海油对海上石油资源的勘探开发具有特许权，形成独霸一方的局面，在海上石油勘探领域形成了资源性壁垒，从本质上讲，这也是由于政府的政策所致，从某种意义上讲，也属于政策性壁垒；而对于陆上石油的勘探和开采，由于中石油基本垄断了北方的油气资源，而中石化对南方的油气资源拥有垄断权，因此，由于地域的分割，使得中石油和中石化两大集团相对于竞争对手各自形成了较强的进入壁垒，可以说这种壁垒也是既有资源性壁垒的特性，也有政策性壁垒的特性。

除了对进入壁垒做出定性分析以外，理论上还有对进入壁垒进行定量测算。对进入壁垒进行测量的方法有：基数高度法和序数高度法两类。基数高度法就是测量进入壁垒的绝对高度，其计算公式是：

$B_i = P_i - C_i$

式中：B_i是第 i 个产业进入壁垒的高度；P_i是该产业产品的价格；C_i是该产业的平均成本。

很明显，这种方法是以产业的利润率来测量产业的进入壁垒高度，产业利润率高，则说明其进入壁垒也高；反之亦然。这种方法的理论基础是，认为进入壁垒妨碍竞争，导致垄断的传统产业组织理论。但是，这种方法在实际运用中存在着许多问题：首先，高壁垒导致高垄断再导致高利润，这种理论的反推并不一定成立。其次，现实生活中，利润率的高低是多种因素共同作用的结果。这里既有市场结构方面的因素，也有企业行为方面的因素，在中国还有体制的因素。

测量进入壁垒的方法中，序数高度法就相对简单，也相对合理一些。这类方法中较常见的有两个：①企业数目法。即根据产业内企业数目的多少，来确定不同产业的进入壁垒的高低。企业数量少的产业可能进入壁垒就高，数量多的产业进入壁垒就低。这种方法的理论基础是，进入壁垒能够限制企业的进入，所以，可以根据企业的数量反推出进入壁垒的高低。②企业规模比值法。即根据大、中、小型企业分别占该行业企业总数的比重来确定产业进入壁垒的高低。这种方法的理论基础与上一种方法基本相同，只是更加强调进入壁垒对小企业进入的阻碍作用。

在西方产业经济学家中，较早运用序数高度法实际测量市场进入壁垒的是贝恩。在中国学者中，较早对中国产业市场的进入壁垒进行测算的是马建堂。他在对 1989 年中国 40 个产业的情况进行分析后列出了产业进入壁垒排序，结果表明，石油天然气开采业排序为 1，石油加工业排序为 10，二者都属于偏高进入壁垒的产业。1999 年，杨嵘采用企业规模比重法，同时参考数目法和利润法对中国主要产业的市场进入壁垒进行排序。这里笔者直接引用他的研究成果，考察中国石油产业市场进入壁垒（见表 2－6）（杨嵘，1999）。

通过以上分析可以看出，无论是从大企业比重、企业数目还是销售利税率指标来看，石油开采和加工分别属于高进入壁垒和中等进入壁垒的行业。总的来看，中国石油产业仍然是进入壁垒最高的产业，石油加工业虽然集中度较低，但也属于中等进入壁垒的产业，中国石油产业是进入壁垒较高的产业。

表 2 - 6　　　　　　　　　　中国主要产业进入壁垒排序

序号	产业名称	大企业比重（%）	排序	企业数目（家）	排序	销售利税率	排序
一	偏高进入壁垒产业						
1	石油天然气开采业	44	1	33	1	29.38	2
2	烟草加工业	40.63	2	143	6	58.66	1
3	化学纤维制造业	30.88	3	248	11	8.6	9
4	煤气生产和供应业	28.81	4	85	3	2.14	32
5	医药制造业	21.64	5	708	22	14.46	3
6	电力蒸汽热水生产供应业	21.03	6	1039	24	13.97	4
二	中等进入壁垒产业						
1	电子及通信设备制造业	19.75	7	847	23	8.19	12
2	交通运输设备制造业	19.18	8	1285	28	8.49	11
3	纺织业	18.46	9	2027	32	4.73	29
4	仪器仪表办公用机械	18.33	10	333	14	6.13	28
5	木材及竹材采运业	17.91	11	150	7	8.52	10
6	专用设备制造业	17.62	12	1140	25	6.50	24
7	普通机械制造业	16.69	13	1529	29	7.44	18
8	化学原料及制品制造业	15.91	14	1804	31	6.69	21
9	有色金属冶炼及压延加工业	15.66	15	380	15	6.14	26
10	橡胶制品业	15.40	16	278	12	7.55	16
11	电气机械及器材制造业	15.12	17	1153	27	7.66	15
12	造纸及纸制品业	13.06	18	608	19	7.99	13
13	黑色金属冶炼及压延加工业	12.79	19	389	18	6.52	23
14	石油加工及炼焦业	12.15	20	120	5	10.42	7
15	有色金属矿采选业	12.04	21	172	8	11.08	6

续表

序号	产业名称	大企业比重（%）	排序	企业数目（家）	排序	销售利税率	排序
16	非金属矿物制品业	11.83	22	1699	30	7.46	17
17	煤炭采选业	10.52	23	294	13	7.9	14
18	食品加工业	10.19	24	1145	26	2.68	31
19	非金属矿采选业	10.18	25	185	9	9.97	8
20	塑料制品业	10.17	26	615	20	6.78	20
21	印刷业	10.17	27	389	17	12.98	5
三	偏低进入壁垒产业						
1	金属制品业	8.07	28	660	21	6.26	25
2	皮革毛皮羽绒及其制品业	7.44	29	221	10	4.51	30
3	文教体育用品制造业	6.20	30	112	4	6.6	22
4	服装制造业	5.90	31	389	17	6.14	27
5	家具制造业	4.96	32	73	2	7.24	19

资料来源：杨嵘：《中国石油产业组织研究》（2001）。

2.2　企业行为：产业竞争态势的辨明

2.2.1　伯川德悖论与产业链上游的竞争不足

从理论上来讲，可以用伯川德模型作为解释框架来分析中石油和中石化两大公司对陆上石油勘探和开发的竞争。大约在古诺给出古诺均衡模型后50年，另一位法国经济学家伯川德在其一篇论文中讨论另一种形式的同时博弈，参加博弈的双方都以定价作为决策变量。这一改变使博弈的市场均衡不同于古诺均衡。根据伯川德模型，市场上只有两家厂商，生产的产品完全相同，成本函数也相同，市场需求为：

$$Q^d = a - bp$$

当我们只考虑企业 1 的状况时，可以得出

$$\pi_1 (p_1 - p_2) = \begin{cases} (p_1 - c)(a - bp_1) & 0 < p_1 < p_2 \\ \dfrac{1}{2}(p_1 - c)(a - bp_1) & 0 < p_1 = p_2 \\ 0 & 0 < p_2 < p_1 \end{cases}$$

即如果企业 1 的定价高于企业 2 的定价，则会失去整个市场；如果两家企业定价相同，则平分市场；如果企业 1 的定价低于企业 2 的定价，则会得到整个市场。因此，伯川德均衡解是唯一的，即两家企业的价格相同且等于边际成本。这个结论的直观解释为只要市场上有两个或两个以上生产同样产品的企业，则没有一个企业可以控制整个市场而获取垄断利润。但是，这个结论很难令人信服。我们看到，市场上企业间的价格竞争事实上往往并没有使均衡价格降到等于边际成本这一水平上，企业仍获得超额利润，为什么现实生活中达不到伯川德均衡呢？这被称之为伯川德悖论。

如何解释伯川德悖论呢？经济学家对此有三种解释：

第一种是埃奇沃斯解。埃奇沃斯在 1897 年发表的论文《关于垄断的纯粹理论》中指出，由于现实生活中企业的生产能力是有限制的，所以，只要一个企业的全部生产能力可供量不能全部满足社会需求，则另一个企业对于残差的社会需求就可以收取超过边际成本的价格。事实上，该悖论的一个前提是两个厂商没有生产能力的控制，即一方总可以通过降低价格来夺走对方的全部市场，并满足它，这种解释叫做生产能力约束解。

第二种解释叫做博弈时序解。伯川德均衡的证明是依赖于两家企业的竞相降价来追求消费者对降价的反映这一逻辑基础的。然而，如果伯川德模型只是一个同时的价格博弈，则不应包括一家企业降价造成的消费反应这样一个具有时序性的博弈过程，如果要分析时序问题，那最后的分析结果就是两家企业由于怕降价引发长期的价格战而会产生勾结，在高于成本的某一点上达成协议，从而获取超额利润。

第三种解释是产品差异解。伯川德均衡是假设企业间的产品是同一的，是完全可以相互替代的，这会引发企业间的价格战。但事实上，企业间在产品上是有差异的，即使出售同类产品，在服务上也可以大有差别，并且有些厂商有占有地域上的优势，这样，如果一家企业定价高于另一家

企业也是正常的。

油气开采是石油石化产业建立和发展的基础。由于油气资源是在千万年乃至上亿年漫长的地质年代中形成的，它储存于地下，而且区域分布不均衡。在科学技术相对落后的情况下，油气勘探、开采的不确定性很高，进而造成油气生产成本也很高。从会计的角度看，油气生产成本是由勘探开发成本和采油（气）成本两部分构成。在一国或地区内，油气生产成本越低，说明其在油气开采方面的竞争力越强；反之则相反。中国三大石油石化公司的原油勘探开发成本远高于国外的大公司，尤其中石油化的原油勘探开发和采油成本均远高于国外大的石油石化公司。国际大公司勘探开发和采油成本的平均水平分别是 1.64 美元/bbl 和 2.63 美元/bbl，而中石化则分别是 5.3 美元/bbl 和 6.9 美元/bbl，分别是国外平均水平的 3.23 倍和 2.62 倍。中石油和中海油的原油成本略低，但比国外大公司还是要高得多。由此可知，我国石油企业在原油生产成本上缺乏竞争力，处在非常不利的地位。这主要是我国的油田油藏及地层结构较特殊所致，同时它与我国油气资源的质量和人员素质、管理水平等也有较大关系。

中国经济高速增长带动了对石油和天然气需求的高速增长。自 1993 年起，我国就成为一个原油净进口国，2000 年，进口原油高达 7000 万吨，估计到 2010 年，我国对石油的进口需求将超过 200 万桶/天，相当于总需求的 40%。强大的需求再加上生产能力的限制，使得两大石油公司不能回到伯川德均衡的位置，而且特别是在地域上分出陆上的北方、南方和海上，实行国家垄断、地域分割，使得中石油、中石化和中海油三大集团相对于竞争对手各自形成了较强的进入壁垒，市场无法自动实现伯川德均衡，因此，从产业链上游的竞争情况来看，由于生产能力和地域分割等原因，导致了中国石油产业链上游的有效竞争不足的态势。

2.2.2 产业链中、下游的非理性竞争

虽然我国石油公司的总体炼油能力已居世界前列，但炼油厂规模依然偏小，而且布局不合理，油品质量不能完全满足国际环保标准等，也使我国石油产业中游的竞争力较低。集体表现为：①炼油厂规模。大型炼油厂在市场竞争中的优势早已显现。炼油厂规模大，装置结构匹配合理，生产方案易于优化；对各种不同原油的选择性较广，原油资源的综合利用率较

高；产品品种齐全，对市场控制能力较强，对市场需求变化敏感；炼油能耗低，人员少，投资省，综合成本低；易于与上游的原油供应和化工企业一体化。根据 2002 年《油气杂志》统计，全球最大炼油厂委内瑞拉帕拉瓜纳炼油厂的能力是 4700×10^4 吨/年（94 吨/天），已抵得上我国四大炼油厂加工能力之和。在全球最大的 10 个炼油厂中，韩国占有 3 个，总能力达到 197×10^4 桶/天，超过了中石油的炼油总能力 192×10^4 桶/天（0.96×10^8 吨/年）。据统计，中石油下属的 30 多个炼油厂，平均规模仅约为 300×10^4 吨/年。尽管中石化拥有 288×10^4 桶/天（1.44×10^8 吨/年）的炼油能力，但下属 50 个炼油厂的平均规模不足 300×10^4 吨/年。我国炼油厂的规模普遍较小。即使是我国最大的镇海炼油厂的炼油能力也只有 1600×10^4 吨/年，仅是世界上一些大型炼厂炼油能力的一半。而且，与国外相比，我国石油石化企业的炼油厂分布分散，除少数石化联合企业外，多数炼油厂的优化组合差，造成炼化成本较高、环境污染突出。因此，有计划、有步骤地关停和兼并一些小炼油厂，联合和发展一些大型和特大型炼油厂是中国石油石化企业的重大战略性决策。②油品质量。我国的油品质量，尤其是汽油和柴油质量与国外产品有不小差距。我国汽柴油的硫含量与世界燃料规范Ⅱ类标准相差甚远。与美国、日本、欧洲各国相比，我国汽柴油的质量在国际市场上毫无竞争力。2004 年，我国汽油和柴油的硫含量大约 200～300 微克/克，而欧Ⅲ标准是 150 微克/克。由于自 2004 年 1 月 1 日起，欧、美、日等国要求进口油应保证汽油含硫年平均值不高于 120 微克/克，最高 300 微克/克。这意味着欧、美、日各国不需用技术壁垒和环保壁垒在标准上已将我国汽油拒之门外。我国石油石化企业要将国内过剩汽油出口到欧美各国，还须在出口型炼油厂的装置结构上做彻底调整。我国炼油厂必须加大技改投资力度，加快油品质量的提高和升级步伐。

　　在我国石油供需矛盾日益扩大、环保要求日益提高的背景下，两大石油公司都十分清楚，天然气作为我国新兴的清洁能源，孕育着巨大的商机。它们都以天然气作为公司未来重要的利润增长点。中石油拥有 70% 以上的资源，目前已控制塔里木、柴达木、陕甘宁和川渝四大国家级气田、80% 的管道设施，是政府给予了诸多优惠政策的西气东输、川气东进，乃至北气南下项目的主要实施者，在客观上已成占天下之先的有利位势。而中石化和中海油也不甘落后，都制定了天然气发展规划。中海油通过已经和即将启动的广东和福建液化天然气项目，引进国外液化天然气资源及其南海气田，向广东、广西、海南、香港等南方市场以及福建等东南沿海市场供气；通过其渤海、东海油田，在东部沿海市场占据一席之地；为此，它有连通沿海七省辅气管道和广西至上海输气管道的设想。相比之下，中石化的资源优势较弱，但依托中原油田、东海平湖气田的资源，也有在华东地区建立天然气和液化石油气销售网络的打算，并且获得资源，也不排除其建立液化天然气接收站的可能。仅在山东一省，既有中石油在建的沧淄管道，并打算延伸到潍坊、青岛和沿黄海环线向南铺设；又有中石化已建成的济南齐鲁石化管道和已经开工的淄青管道；还有中海油计划连通的沿海管道。

天然气市场的开发，不仅需要建设长距离管输网络，还需要依托城市管网的发展和完善，是规模经济特性十分突出的领域。非理性竞争可能会因城市配气市场开发的滞后而导致市场供销不配套，还可能导致重复建设，而两大公司为占领市场都要搞自己的长输网络，结果会怎样，实在令人担忧。

1998 年重组后的中国石油产业资源在三大石油公司间进行分配，从表 2－7 中显示的数据来看，中国石油产业并不是真正意义上的寡头竞争市场结构，企业之间的竞争地位不平等。中石油占有全国绝大部分的油气资源，其中，原油探明可采储量比重为 77.8％，天然气可采储量比重为68.6％，天然气生产量比重为 66.4％，天然气长输管道比重为 83％；而石油加工能力基本集中于中石化内部，原油加工量比重为 55.5％，这必然使得中石化为争取更多的资源而竞争，这种竞争表现出一定程度上的不对等性，产业内的竞争有可能表现为一定程度的非理性。

重组后的中国石油产业虽然从表面上看三大石油公司内部产业链是完整的，三家公司各自在石油的勘探、开采、炼化、销售上都占有一定的市场份额，但是，实际上，中石油侧重于产业链的上游，对上游市场形成了一定程度的垄断，而中石化侧重于产业链的下游，对下游市场形成了垄断，而中海油则对海上油气资源形成了垄断。由于中石油的核心业务侧重于勘探和开采，而中石化的核心业务侧重于石油加工，中海油在海上石油勘探局又独家垄断权，由于三大石油公司都想弥补自身产业链不完整的缺陷，都在进行产业链的进一步扩张和完善。

表 2 - 7 　　　　　　　　重组后石油资源占有结构 　　　　　　单位:%

	原油探明可采储量比重	原油生产量比重	原油加工量比重	天然气可采储量比重	天然气生产量比重	天然气长输管道比重
中石油	77.8	76.7	40.1	68.6	66.4	83
中石化	18.0	12.6	55.5	9.5	10.6	11
中海油	3.8	10.1	0	21.2	18.1	6
其他	0.4	0.6	4.4	0.7	4.9	0
合计	100	100	100	100	100	100

资料来源:《中国反垄断案例研究》，2002 年。

中国石油加快了天然气勘探开发和管道工程建设的步伐，并加大了改造或扩建石化基地以及建立石油石化产品销售网络的投资。中石化增大了对勘探开发领域的投资，吞并了享有海陆油气勘探开发权的中国新星石油公司，增强了原来薄弱的上游环节。中海油也将触角伸向了下游，启动了与壳牌公司合资生产聚乙烯、聚丙烯等、高附加值产品等石化项目和海南化肥项目，在广东和福建兴建液化天然气项目，并计划建设沿海天然气管网，实现向天然气下游领域的拓展。

在完善自身产业链的同时，各公司在产业布局上也开始突破 1998 年重组时所划定的区域，迅速向非主营区扩张。成品油终端市场和天然气下游领域的争夺战，是三大公司之间竞争日益激烈的集中体现。中国石油企业的销售业务主要集中在国内市场，出口产品数量较少，而且是以批发为主，在国外基本上没有自己的销售网络和终端客户。因此，在比较产业链下游的竞争力时，我们仅限于中外公司在中国大陆市场上的竞争力。国外大石油公司进入中国油品分销市场之后，它们强大的资金优势、品牌优势、服务优势和全新的国际经营理念，将对我国石油石化企业的销售板块造成巨大冲击。当然，拥有加油站仅是分销服务的一个内容，有更多的车到加油站来加油，才能够体现分销服务竞争力所在。我国石油企业在这方面的差距还很大。

由于加油站是石油产品进入市场的最后环节，因此，是两大公司的必争之地。中国石化表示，将在近三年间扩资 300 亿元发展成品油市场，其中有 250 多亿元用于收购加油站。截至 2001 年底，中石化已拥有加油站 28246 座，其中，特许加油站 4184 座；并计划同壳牌、埃克森等外国石油公司合作兴建加油站 1500 个。在中石化大举吞并加油站时，中石油也于 2001 年投资 60 亿元，新建和收购加油站，2001 年底，中石油已拥有 12012 座加油站，其零售市场份额比 2000 年增长 36%，达到 72.6%。2002 年，又耗资近 50 亿元，收购了 1400 座加油站。在两大公司的竞争中，人口密集、经济发达且石油产品消费量巨大的东部和南部市场一直是争夺的焦点。但由于东部和南部在 1998 年重组时主要划归中石化，因此，对于原来不占市场优势的中石油而言，争夺终端市场的竞争，又演变为打破地域界线，争夺对方市场的竞争。据统计，从 1985～2004 年的 19 年间，我国加油站的数量增长了 23 倍以上，年均增长率达到了 21.8%，加油站数量的快速增长的同时也带来了市场的非理性竞争。表 2－8 数据显示，在为车辆提供服务方面，我国一座加油站服务的汽车数量平均不到 300 辆，仅为其他十国平均水平的 15%，其中美国、日本和瑞士是我国的 4～5 倍，其他国家都在 5 倍以上，德国甚至高达十倍，从加油站密度来看，我国百公里加油站数量为 5.7 座，居列表国家之首，高出其他十国平均水平的两倍以上。总之，无论是从单站服务车辆、单站销量还是从加油站密度看，我国加油站数量明显偏多，这在一定程度上反映了中石油和中石化非理性竞争的结果。

这场加油站争夺战最为激烈的是 2001 年初对深圳南油集团加油站的争夺。在油库、油气码头公开拍卖会上，经过 50 多分钟的激烈争夺，双方频频举牌达到 100 多次；最后，中石化以 2905 亿元获得南油集团估价为 8987.4 万元的资产，创下全国产权公开竞拍的最高价。两大巨头你争我夺最直接的后果就是水涨船高，许多地方的加油站价格一路上扬，分别增值 40%～100% 不等，最高增至 20 倍，价值几十万元、几百万元的加油站甚至涨到上千万元。[①]加油站大战硝烟弥漫的同时，给成品油市场的流

---

① 据中石化有关统计，在广东收购一个加油站，十年都收不回来成本。在巨额利润的诱惑下，有些人甚至专门干起了建加油站和倒卖加油站的营生（王以超，2002）。

表 2 - 8 主要国家加油站相关数据对比

国家	汽车保有量（万辆）	汽柴油零售量（万吨/年）	加油站数量（万座）	单站服务车辆（辆/座）	加油站站均销量（吨/年）	加油站密度（座/百公里）
美国	20950.9	45042	17.09	1227	2639	2.73
日本	7172.8	9620	5.20	1381	1852	4.57
德国	4679.0	5770	1.63	2871	3540	2.53
意大利	3488.7	4700	2.48	2357	3176	4.13
法国	3330.0	3762	1.67	1995	2254	2.06
英国	2559.1	3601	1.21	2118	2981	3.30
加拿大	1796.4	3515	1.31	1372	2686	1.54
墨西哥	967.1	1874	0.53	1825	3535	1.56
瑞士	427.1	488	0.36	1186	1356	—
新加坡	54.2	89	0.02	2348	3839	—
十国平均	4542.53	7846.1	3.15	1868	2796	2.80
中国	2217.4	6000	8	277	750	5.70

资料来源:《国际石油经济》，2003 年。

流通秩序带来负面效应，一时间，乱批滥建、盲目发展、走私贩私、违规经营等违法行为纷纷抬头，加剧了市场无序竞争的状态。笔者认为，两大集团的加油站之争的主要原因是政策和体制因素的影响。一是在价格管制和市场保护的情况下不可能形成有效竞争。现在，成品油仍然实行关税保护下的国家指导浮动价格体系，国内成品油价格往往高于国际市场价格，终端市场有利可图，因此，各种资金纷纷投向加油站和油品销售，造成加油站的重复建设和过度竞争。二是行政保护导致市场分割和垄断。由于油品进口与成品油的批发环节实行严格的进入限制，进口和批发经营权控制在少数大型企业手中，缺少竞争，石油价格难以下降。过去，加油站的审批权在地方政府手中，地方保护主义导致加油站市场的地区分割和低水平分散重复建设，真正有实力的企业难以跨地区经营加油站。三是现行国有企业运行机制下的非规范竞争。目前，两大石油集团为国有企业，即使上市的中国石油天然气股份有限公司和中国石化股份有限公司也是国有股占90%。在现有国有资产管理体制和国有企业经营管理机制下，一方面企业负盈不负亏，经营者的责权利不相称；另一方面，两大石油企业的社会包袱沉重，负有稳定社会的职能，难以与国际大公司竞争，政府又不得不给其一定的垄断权力，结果导致两大石油集团不惜血本地进行加油站之争。因此，可以说现行国有企业管理体制和运行机制决定了两大石油集团的非规范化市场行为，两大石油企业加油站之争的主要原因是缺乏公平竞争和规范的市场环境。

从多数国家加油站发展的历程看，大都经历了数量从少到多，然后再逐渐减少的过程。以德国为例，1950年，加油站数量仅为1.5万座，到1970年，发展到4.56万座，以后，加油站数量逐步减少。到目前已大体稳定在1.63万座。根据市场发展历程看，西方成品油开放程度可划分为如下四个阶段：

第一阶段：市场未开放。存在明显的资源和价格垄断行为，市场需求快速增长，油源紧张，经营毛利水平高，零售网点迅速增加。

第二阶段：市场初步开放。资源垄断开始松动，高价依旧维持，各种非传统的经营者进入，市场需求进一步增长，经营毛利水平依旧，加油站总量急剧扩大，开始出现竞争。

第三阶段：市场完全开放。竞争激烈，价格下降，需求增长缓慢，毛利水平降低，只有位置和经营都好的加油站才能盈利，加油站总量停止增长，甚至出现负增长。

第四阶段：市场成熟。竞争异常激烈，资源过剩，毛利空间持续减少，市场需求平稳。加油站只有依靠低成本及提高综合服务才能盈利，加油站数量持续减少，逐步接近或达到均衡。

目前，在市场化程度较高的国家，加油站数量持续减少，单站销售量逐步增加，每升油的利润空间在波动中下降，便利店等非油品服务在总收入中所占的比例不断上升，这些已成为一种普遍的发展趋势。市场成熟阶段的欧美国家，加油站仅靠加油业务甚至很难维持经营。

我国成品油市场基本上处于第二阶段，某些地区还具有第一阶段的部分特征，加油站经营毛利水平较高，市场需求不断增长，竞争加剧，个别地区和路段的加油站数量存在饱和甚至于过剩的现象。

通过以上分析可以看出，中国加油站数量明显偏多，数量减少是必然趋势。随着市场发育成熟，油品的批零价差也会像国外那样逐步缩小，加油站要维持生存，除了开拓其他服务项目外，还必须提高单站销量，这样，势必有相当一部分加油站将被淘汰。

根据以上对比分析，建议政府有关部门从完善法律法规入手，进一步规范市场准入条件和经营行为，制定加油站整体规划，进一步明确加油站的审批和监管责任，严格加油站的设计、设备、监理及施工队伍的资质认定，并从严追究加油站的安全、环保事故的责任，从而促进市场环境净化和市场尽快成熟。中石油、中石化两大集团也应充分认识将来的市场格局，配合国家的加油站整治行动，及时采取战略性措施，以市场化的操作手法，把加油站的盈利空间压下来，这是市场发展的趋势，也符合两大集团自身的利益。此外，两大集团还应进一步扩大连锁经营和物流配送，强化物流管理，充分发挥集团化、规模化的经营优势，走内涵发展的路子，把自有加油站经营好，从而促使经营不善的社会加油站逐步退出市场（尹强，2002）。

如前所述，1998 年中国石油产业的重组形成了寡占的市场格局，对于提升我国石油产业竞争力是有积极作用的，但从产业内的竞争态势来看，存在一定程度的非理性，并未出现有效竞争的局面。由于三大公司分别在不同的地域内侧重于某一领域的业务，对于每个公司而言，产业链的不匹配以及市场的地域分割，不仅会影响其市场竞争力，还会因为在某个具体地区或产业链的某个环节形成垄断，优势企业可能会滥用市场权力，破坏了公平竞争的市场环境，再加上现行的政府规制不力，市场很难形成有效竞争的局面；虽然中石油、中石化和中海油为上下游一体化的公司，但却分别在下游或上游处于劣势，为了改变这种状态，就要争夺对方的市场，在双方总体实力势均力敌的情况下，进行非理性竞争成了必然选择，这种非理性竞争的结果造成了资源的极大浪费，又会引发市场无序竞争问题。

总之，1998 年中国石油产业大重组，是中国政府打破石油行业垄断格局的首次尝试。其宗旨是通过组建上下游、内外贸和产供销一体化的石油公司，引入竞争，提高产业组织运行效率。由于重组后的石油公司形成了海陆分家、南北分治的格局，石油公司之间现实的市场竞争并没有达到预期的效果。

2.3　绩效评价：产业国际竞争力比较

判断垄断与否不能简单地根据企业规模和市场份额指标，而应把市场结构（集中度）与市场效果结合起来，并以市场效果为主来加以判断。市场效果最终要看企业行为对消费者的利益的影响，即对整个社会福利分配的影响。垄断企业滥用优势地位，控制价格，导致消费者利益损失，获得垄断利润，造成社会利益分配不公平。垄断的结果导致社会效益损失和低效率。

市场集中不一定是垄断造成的，也可能是竞争的结果。随着技术进步的加速发展，一些行业的最低经济规模扩大了，规模经济性明显提高。在这些行业中，部分企业的规模扩大了，市场份额增加了，但价格也下降了。这是竞争带来的技术进步和效率提高的结果。优势企业与垄断企业的本质区别是对社会福利及其分配的影响。优势企业是通过竞争，提高生产率，形成低于同行业平均成本的竞争优势。优势企业通常利用成本优势降低价格，对市场价格具有抑制作用，减少消费者的利益损失。因此，近些年来，国际上有关国家调整了反垄断政策，其变化趋势是，从过去的市场份额控制转向效率分析；从统一标准控制转向更重视现实表现，把工作重点放在市场环境和竞争行为分析上；从过去注重国内市场的企业竞争转向注重国家竞争力。

市场是一个产品和地理区域的概念，垄断与市场开放程度和市场规模有关。在开放条件下，市场范围扩大到全球市场，一个国家企业的数量并不能反映市场是否垄断。有时，虽然国内只有一家企业，却要面临国际上众多企业的竞争。在一个封闭和分割的市场上，即使有多家企业也未必有真正的竞争。一个国家的市场规模不同，同样数量的企业，竞争程度也不一样。随着经济全球化进程的加快，面对越来越激烈的全球竞争，一国产业的国际竞争力更多地被用来作为衡量一个国家产业的绩效水平的标准。产业竞争力是国家竞争力的一个重要组成部分，是国家整体竞争力的综合反映，而企业竞争力是产业竞争力的核心，企业作为直接参与市场竞争的个体，是一国国际竞争力表现的载体。

国际竞争力，作为一个理论概念，最先出现于20世纪70年代的全球化浪潮中。当前，人们从不同层次对竞争力进行了研究，并提出了诸多看法。[①] 产业竞争力归根结底就是各国同产业或同类企业之间相互比较的生产力，是该产业相对于外国竞争对手的比较生产力。波特的竞争力体系表现出由企业竞争力、产业竞争力再到国家竞争力这样一个由微观、中观再到宏观的层次体系。[②] 他认为，企业是产业的细胞，企业的国际竞争力决定和影响产业的国际竞争力，而产业国际竞争力的高低对国家竞争力又起着核心作用；要研究"较为广泛的"产业的国际竞争力，首先必须分析企业的国际竞争力。为了揭示企业的国际竞争力，他提出了价值链分析法，[③] 即将企业的整个创造价值过程，分成几个不同的阶段或环节，由于在不同的阶段或环节企业创造价值和获得的利润不同，因而可以通过对不同阶段和环节企业创造的价值和利润的比较以及企业最终创造价值总量与他们竞争对手的比较来体现企业的整体竞争力。同时，他还认为，该方法对分析和提高产业的国际竞争力也具有重要的应用价值。波特认为，一个国家的特定产业是否具有国际竞争力主要是由生产要素，需求状况，相关和支持产业的状况，企业战略、结构和竞争四个主要因素以及政府和机会两个次要因素共同决定。它们共同构成一个动态的激励创新的竞争环境，共同构成国家和产业竞争力的来源。波特的竞争力理论提出后，受到理论界的广泛重视。

---

① 如世界经济论坛（1998）从国家角度出发，指出，国家竞争力是指一个国家能够达到持续高速经济增长的能力，相应的企业竞争力是指企业目前和未来以比它的竞争对手更有吸引力的价格和质量来进行研发、生产、销售及提供产品和服务的能力。瑞士国际管理学院（2000）也认为，国家竞争力是一个国家在市场竞争环境下所能创造增加值和国民财富持续增长与发展的系统能力水平，产业竞争力是其价值决定和补偿以及区域可持续发展的理论与实践研究，是国际竞争力的基本内容之一。我国学者陈红儿、陈刚从区域的角度出发，认为产业竞争力是指在区域间竞争中，特定区域的特定产业在市场上的表现或地位，它通常是由该区域产业所具有的提供有效产品或服务的能力显示出来的。金碚则从产业的角度，认为产业竞争力是一国的某一产业能够比其他国家的同类产业更有效地向市场提供产品或者服务的综合素质。

② 在竞争力研究中，最有代表性人物是美国哈佛大学迈克尔·波特（Michael E. Porter）教授。他以《竞争战略》（1980）、《竞争优势》（1985）、《国家竞争力》（1990）三部著作奠定了他在竞争力研究中的地位。

③ 价值链分析法是波特1990年提出的产业和国家竞争力理论模型——"钻石模型"的基础。

国内外大量的研究已证明了钻石模型在产业竞争力评价中的决定性作用，[①] 在现实经济中，一国产业的竞争力受到诸多因素的影响。从经济学理论上看，所有这些因素都可归纳为比较优势和竞争优势两类。在产业国际竞争力大小方面，从国际分工角度看，比较优势具有决定性作用。从产业竞争角度看，竞争优势则又起决定性作用。其实，在一国产业竞争力的决定方面，比较优势和竞争优势共同决定其产业的国际地位及变化趋势。亚当·斯密的绝对优势理论、李嘉图的比较优势理论和赫克歇尔·俄林的要素禀赋理论等在决定产业国际竞争力问题上本身有一定局限。因为比较优势和要素禀赋只是形成国际竞争力的必要条件而非充分条件。已有很多例子证明，在某一产业没有比较优势的国家，只要该产业具有较强的竞争优势，其国际竞争力也很强。[②]

---

① 简·法格伯格采用 16 个 OECD 国家 1965 ~ 1987 年的统计数据拟合对数线性回归模型对"钻石模型"中的"需求状况"因子，特别是其中的国内成熟消费者对于产业竞争力的决定性作用做了实证检验，证明了这一因子对于产业国际竞争力具有很强的正向影响；金东焕和布鲁斯·马里恩运用美国食品制造业 1967 ~ 1987 年的数据建立的计量经济模型，证明了国内市场结构与竞争强度对于产业国际竞争力的决定性作用；鲁尔德·莫雷诺则采用西班牙 14 个制造业分支产业 1978 ~ 1989 年的数据建立对数线性回归模型，实证检验了波特竞争力决定因素。国内学者如武义青等（2002）按照市场占有率、竞争优势系数以及政策取向几个方面对河北制造业竞争力的研究，张金华等（2002）对江苏的制造业竞争力的研究和赵玲玲等（2003）对广东工业产业竞争力的评价等，也表明钻石模型所涉及的六大要素和支撑指标对产业竞争力具有一定的决定作用。但也有学者发现该理论存在的缺陷，并对其进行了必要补充和完善。如 J. 邓宁（1993）在提出 FDI 对产业竞争力具有重要作用的结论后，就在"钻石模型"中加入了"跨国公司商业活动"因素，并将其放在与政府、机会同等重要的地位；国内学者张金昌在其《国际竞争力评价的理论和方法》一书中也指出了"钻石模型"的一些不足，并提出了根据产业发展不同阶段研究产业竞争力的三维分析法。芮明杰（2004）则给"钻石模型"加了一个核心——知识吸收和创新能力，认为"有了这个核心才能真正发展出自己产业的持续竞争力"。经过一系列修改和补充，该理论已成为一个比较完善的产业竞争力评级体系。

② 如日本，本身是一个石油资源十分贫乏的国家，其石油剩余探明储量仅占世界总剩余储量的 0.058‰，产量仅占世界的 0.19‰，但其石油加工能力却占世界的 6.1%；所有权理论、规模优势理论和技术差距理论也具有一定局限。如 IBM 公司拥有所有权优势，但它的个人计算机业务却成为公司的一块"鸡肋"；意大利的厨房器具企业没有规模优势也同样形成了国际竞争力；技术差距理论认为，技术差距是竞争力的来源，但是，随着技术扩散使技术差距缩小，建立在此基础上的竞争力自然也会下降或消失，但为什么意大利的制鞋业、瑞典的家具业却能够将这种技术优势保持长久不衰？以上这些都说明了这些竞争力决定理论都具有片面性，是需要进一步完善的。（中国行业咨询网，2006）

波特的竞争力理论比较全面地概括了影响一国特定产业国际竞争力的所有因素，而且它在承认比较优势对国际产业分工基本格局具有决定性影响的前提下，重点强调了企业和政府的主动策略行为，强调了在没有要素禀赋情况下，企业怎样抓住每一个环节主动提高其国际竞争力而不是被动接受天然的要素禀赋带给该产业天生的劣势，该分析范式完全适合对我国石油产业国际竞争力的分析。

本书收集并整理了学者针对中国石油产业国际竞争力的一些研究成果，结合学者针对产业国际竞争力评价的不同观点，以此为基础做了一些相关研究，考察中国石油产业的国际竞争力。

2.3.1　影响因素

波特认为，在一个国家的众多产业中，最有可能在国际竞争中取胜的产业是国内六因素环境特别有利的那些产业。在这六个影响因素中，其中生产要素，需求状况，相关和支持产业的状况，企业战略、结构和竞争四个因素是影响产业或产品市场竞争力的主要因素，但由于这些因素又是由许许多多其他因素决定的，其中，价格和产品差异性是两个最直接的影响因素，因此，应充分重视对它们的来源、大小等进行比较深入的分析。政府行为对产业竞争优势的作用实际上是通过影响前四个因素来综合表现的；而机会对于一国产业竞争力的影响又具有不确定性。这两个辅助因素在分析产业国际竞争力时可不做重点分析。这里，笔者主要从生产要素、需求状况、相关和支持产业状况三方面分析中国石油产业国际竞争力。

（1）生产要素

生产要素包括自然资源、人力资源、资本资源、知识资源及基础设施等，这些要素可进一步分为基本要素和高级要素两类。在石油石化产业发展的初期，基本要素，如石油探明储量、地理位置、廉价劳动力供给等对企业竞争力有很大影响。但是，随着科技的发展，生产对石油资源的依赖程度逐渐下降，高级要素的重要性与日俱增。高级要素包括现代化电信网络、高科技人才、尖端学科的研究机构等。

从基本要素角度看，中国人力资源丰富，在劳动力供给方面占有一定优势；同时，油气资源在国际上虽具有一定优势，但后劲不足。截至 2002 年底，中国累计探明石油可采储量为 63.5×10^8 吨，可采资源探明率约为

40%～46%；累计探明天然气可采储量 2.22×10^{12} 立方米，探明率为 15%～22%。虽然我国剩余油气可采储量前景广阔，但由于剩余资源的 50% 以上属于低渗或特低渗油、重油、稠油和埋深大于 3500 米的资源，且大多分布在气候条件恶劣、地理环境差、油藏构造复杂、勘探程度低的中西部地区，近期发现大油田的难度大；同时，东部老油田大多已进入开发中后期，开发难度也越来越大。所以，中国油气资源的保证程度较低。从高级要素看，中国石油石化企业的管理水平、研发能力明显提高。按重组后的口径统计，仅中石油就有科研机构 289 个，科研机构职工 61134 人，年均科研成果超过1300 项，获奖成果也连年递增。但是，与国外石化工业较发达的国家相比，中国在高级要素的投入、产出方面仍存在一定差距，例如，企业研发投入比、科技成果转化为生产力的比例（中石油科技成果市场转化率仅为14.2%）都比较低。由于基本要素是先天的，而高级要素是通过长期投资和后天开发形成的。因此，中国石油石化产业需要在提高科技投入、加大技术改造力度上继续探索适合自身发展的途径。

（2）需求状况

一国石油石化产品的消费需求状况，影响该国石油石化产业的国际竞争力。目前，中国石油石化产品基本处于供不应求状况。石油产量虽位居世界前列，但仍不能满足国内需求，石油进口量逐年增加。近年来，我国石油产量稳步增长，但仍不能满足国民经济增长的需求。[①] 随着能源优质化要求的提高，石油需求增长将进一步加速，预计 21 世纪初的国际石油市场，总体上是供大于求。由于中国对油气资源有巨大的需求，加之加入世界贸易组织后我国对进口油气资源关税的减免和允许外商进入我国成品油和化工产品分销市场等，这就使国外那些有相当实力的油气公司纷纷将目光投向了中国石油市场。这也从客观上刺激了中国石油石化产业必须通过加大勘探力度，增加石油产量，通过采用国内外先进技术对现有装置进行技术改造，提高石化产品质量，增加产品品种等。中国石油石化产业有一定的竞争优势。

---

① 2003 年，我国石油消费量已达到 2.752×10^8 吨，仅次于美国，当年石油进口量已超过 0.9×10^8 吨；2004 年，我国石油产量突破 1.7×10^8 吨，达到 1.747×10^8 吨，但当年石油消费量却达 2×10^8 吨，石油进口量达到 1.4×10^8 吨。

（3）相关及支持产业状况

石油石化产业国际竞争力还受到与石油石化产业相关的产业发展水平的影响。石油石化产业是基础性产业，国民经济其他部门的发展都会对其产生波及影响，尤其是交通、汽车、纺织、医药、机械制造、农业等行业，这些相关行业的发展，为石油石化产业的发展提供了契机，对提高石油石化产业国际竞争力有重要意义；反过来，石油石化产业的发展，又极大地促进这些相关产业的发展。交通运输行业离开了炼油企业生产的汽油、柴油、煤油和润滑油就开动不起来。汽车制造中，汽车内外饰件、车身、发动机、油箱等逐步被塑料件所取代，生产汽车轮胎的合成橡胶也出自石化。农业生产中所用的化肥有相当一部分是由石油化工生产的，对农业增产发挥重大作用的农用地膜的原料也来自石化。随着石油化工的发展，纺织业所用的纤维中天然纤维的比例正逐渐减少，以优越的性能和低廉的成本取胜的合成纤维其市场份额越来越大。建筑业中以塑料为原料的门窗、隔断用材、排水管道、室内外装饰材料以及各种涂料迅速流行起来，成为未来建筑业的发展趋势等。随着我国国民经济水平的提高和各相关产业部门的不断发展对石油产品的需求越来越大，同时对石油产品的质量要求也越来越高。国民经济其他部门对石油产业的发展有强烈的要求，石油产业不加快发展，将会成为制约国民经济发展的"瓶颈"，中国石油产业的潜在优势较大（中国行业咨询网，2006）。

2.3.2 指标评价

一国某具体产业的国际竞争力将通过产业中的企业来表现，企业竞争力水平决定该产业的国际竞争力的强弱。特别是产业中的一些大型企业既是国家竞争的象征，又是产业竞争的主要参与者。20世纪80年代以来，世界经济论坛和瑞士国际管理开发学院在国际竞争力评价研究方面的影响巨大。其研究开发的国际竞争力评价原则、方法和指标体系等已经得到学术界的广泛关注。因此，笔者借鉴其竞争力评价体系，结合石油产业的技术经济特点，整理出了国内外大型石油公司的有关数据，将其整理为评价中国石油产业国际竞争力的指标体系，从微观层面对中国石油产业国际竞争力进行评价。笔者将这些指标体系分为持续发展潜力、现实生产规模、市场规模和资产管理水平四大类，每类指标中又包含若干具体指标，指标体系构成见图 2-1。

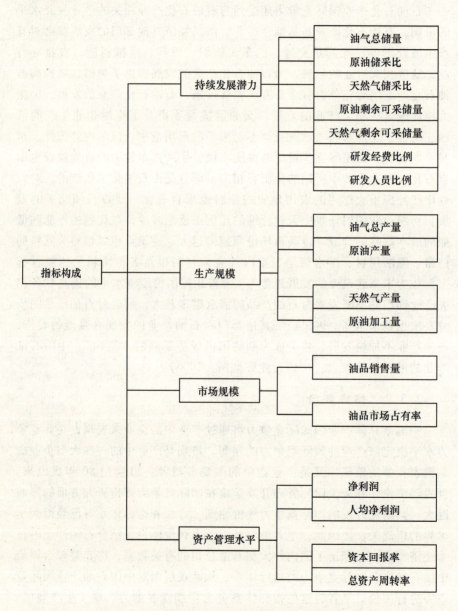

图 2-1 中国石油产业国际竞争力评价指标体系

（1）持续发展潜力

由于石油属于不可再生性资源，石油产业的持续发展潜力，一方面很大程度上取决于产业探明的剩余可采储量；另一方面取决于石油产业的持续创新能力，主要体现产业的科技创新水平。笔者将评价中国石油产业持续发展潜力的指标分别用油气总储量、原油储采比、天然气储采比、原油剩余可采储量、天然气剩余可采储量、研发经费比例、研发人员比例来表示。从表2-9可以看出，中国石油公司具有较强的资源潜力。中石油油气剩余可采储量、油气储量替代率、油气储采比不仅在国内石油公司中拥有绝对优势，而且在国际上也处于领先水平。目前，中石油拥有的油气剩余可采储量，已经达到埃克森美孚、壳牌和英国石油公司的平均25亿吨以上的水平，跨入了世界超大型石油公司的行列。其中原油剩余可采储量17.89亿吨，储采比即指剩余可采储量与当年产量之比为17.2年，两项指标均高于埃克森美孚、壳牌和英国石油公司的水平。2000年，中石油的天然气剩余可采储量为9992亿立方米，与埃克森美孚、壳牌和英国石油公司平均近18万亿立方米的水平相比尚有相当大的差距。1996~2000年间，中石油的平均油气储量接替率即当年新增可采储量与油气产量之比为198%，而国际大石油公司基本介于108%~180%之间，表明中石油可持续发展的后续资源接替状况明显好于国外大石油公司，资源潜力较优。但是，必须看到，中石油的储量结构及品位相对较差。特别是原油探明储量多为"三低"储量即低渗透、低孔隙度、低采收率，且资源分散，缺乏整装的战略储量接替区。随着主力油田进入开采中后期，原油产量的持续稳定增长存在较大隐忧。同时，我们也应该看到，中石化在资源潜力上与国际石油公司相比差距较大，成为提高国际竞争力的重要制约因素。

技术创新是可持续发展的重要手段。利用技术创新，为实现可持续发展提供必要的技术条件。创新不仅是经济增长的动力，而且是扩大人与自然系统的环境容量变革的关键。技术创新使人们不断发现新的能源、资源及替代品，发现已有资源的新用途和新的使用方法。开发提高资源和环境承载力的技术，从而提高资源的利用率，拓宽可持续发展投入要素的范围及内容。技术创新潜力指标包括技术开发人员比例和技术开发经费比例。从研发和技术人员的比例看，石油开采业研发人员占行业从业人员的12.26%，石油加工业研发人员占行业从业人员的16.05%，国外技术人

员占从业人员的 10% ~ 20% 。由此可见，石油产业技术开发人员的比例
达到了国际先进水平。从技术开发经费比例看，1998 年，石油开采业技
术开发经费比例为 1.4% ，而石油加工业技术开发经费比重不足 1% ，均
低于国外平均水平。技术开发经费占销售收入的比重是衡量企业技术创新
潜力的一个指标，在国际范围内，企业技术开发经费占销售收入比重在
5% 以上才具有较强的竞争力。我国石油企业与国内其他国有企业情况类
似，技术开发经费投入严重不足。2004 年，中石化的技术开发经费投入
强度仅为 12% ，中石油的技术开发经费投入强度仅为 49% ，而国外石油
公司的技术开发经费投入一般都占销售收入的 59% ~70% 。所以，我国石
油产业要想与国外抗衡，必须加大技术开发活动的经费投入。必要的资金
支撑是产业技术创新的前提和保证，并且只有大量和持续的技术开发经费
投入，才能使我国石油产业积累起一定的技术创新能力。

从总体上看，我国石油石化企业在科技人员占比上占明显优势，但专
利拥有数、研发费用投入还是远低于国外大公司。中国石油石化企业的雇
员数量是国外大公司的 5 ~ 10 倍以上，数百万人的队伍中，不乏优秀人
才，其中还有一些是世界知名的专家、教授。即使是技术工人队伍中也有
相当数量经验丰富的操作工，知识应用能力很强，整体素质较高，在与国
外大公司的竞争中有明显人才优势。《中国科技统计年鉴》（2000）的数
据显示，我国石油石化行业科技人员占比已达国际先进水平。目前，在中
国已公布的石油石化行业授权专利中，国外大公司的专利占有机化工类的
83% ，高分子类的 57% ，催化剂类的 58% ，润滑油类的 52% 。按公司统
计，杜邦公司有 1124 件，赫斯特公司有 1030 件，壳牌公司有 860 件，埃
克森美孚公司有 343 件，三井化学公司有 980 件。可见，在石油化工的有
机化工和高分子及催化剂方面的专利技术方面，国外公司已占绝对优势。
另外，国外大的石油石化公司还积极开发新的油气开采和炼化技术。如随
着炼油化工一体化向纵深延伸，炼油化工一体化技术在发达国家也得到了
迅速发展。这为我国石油化工企业的未来生存设置了严重的障碍，它一方
面增加了我国石油化工科研单位目前和将来科研开发的难度，提高了研究
开发的"门槛"；另一方面，将会增加我国石油化工企业应用先进技术的
成本，从根本上削弱了竞争力。我国石油企业拥有专利数比例低的原因之
一是企业投入的科研开发费用不足。尽管在《财富》全球 500 强企业排

名中，我国石油石化企业总数已达两家，但没有一家公司能跻身于按科研开发费用排名的世界300家最大公司的行列。1998年，中石化的销售收入为340×10^8美元，而在科研开发上的投入仅3×10^8美元，科研投入还占不到其销售收入的1%。而在国际范围内，企业的技术开发费用投入占销售收入的比重只有在5%以上才具有国际竞争力（见表2-9）。

表2-9　　　　　　　　　　可持续发展潜力比较分析表

指标	埃克森美孚	壳牌	英国石油公司	国外平均	中石油	中石化
油气总储量（亿吨油当量）	29.43	26.20	20.50	25.37	25.96	4.27
原油储采比（年）	12.84	11.16	10.07	11.36	17.20	11.92
天然气储采比（年）	15.25	18.34	16.32	16.64	12.44	15.05
原油剩余可采储量（亿吨）	16.67	13.36	10.47	13.5	17.89	4.04
天然气剩余可采储量（亿立方米）	15810	15928	12428	14722	9992	282.7
研发经费比例（%）	—	—	—	4~7	1.4	0.7
研发人员比例（%）	—	—	—	10~20	12.26	16.05

资料来源：根据《油气杂志》数据整理所得。

（2）生产规模

我们以油气总产量、原油产量、天然气产量、原油加工量指标来比较分析中国石油产业的生产规模。从表2-10可以看出，虽然中石油股份公司的原油产量以及中石化股份公司的原油加工总量大，但平均炼油厂规模小，只有7249万吨油当量和9463.5万吨油当量，而国外这两项指标的平均值都达到11258.3万吨油当量和19075万吨油当量（见表2-10），从中可以看出，我国石油石化产业的规模经济性较差。特别是天然气产量，从平均数来看，中国两家石油公司的天然气产量不足国外石油公司平均数的1/5，说明我国在天然气生产方面与国外石油公司的差距较大，作为一种新兴的清洁能源，天然气工业在未来石油工业发展中的地位举足轻重，在这个行业落后必然导致我国石油工业发展的后劲不足，这个问题值得深思。

表 2 - 10 　　　　　　　　生产规模比较分析表

指标	埃克森美孚	壳牌	英国石油公司	国外平均	中石油	中石化
油气产量 （万吨油当量）	21385	18070	15980	18478.3	12235	3620
原油产量 （万吨油当量）	12765	11370	9640	11258.3	11110	3388
天然气产量 （亿立方米）	1068	849	786	901	188	22.72
原油加工量 （万吨）	28090	14555	14580	19075	8420	10507

资料来源：根据《油气杂志》数据整理所得。

（3）销售规模

国外领先的石油公司如埃克森美孚、壳牌、英国石油公司等，既注重发展生产，也非常重视产品的销售，在保证自产货物顺利销售的同时，还从事原油、天然气和油品的转手贸易，所以，这些石油公司在世界上的油品销售市场占有率较高。与它们相比，中国石油公司油品销售规模较小，中石油和中石化两家平均不足国外公司平均数的1/4，市场占有率很低，从中反映出中国石油产业市场竞争能力与国外的差距（见表2-11）。

（4）资产管理水平

产业国际竞争力还来源于在国家现有体制下，企业能否合理利用种种竞争优势，搞好经营管理，包括企业人才流向、企业组织结构以及企业经营战略选择等。企业经营战略中的核心问题是企业目标。企业目标受到所有权结构、公司管理特征、人员激励方式等因素的影响。国外大石油公司一般都建立起了与市场经济相适应的以股份公司为主的公司治理结构，其完备的公司治理和监督机构能保证公司激励和约束机制的高效运转。而这些恰恰是处于经济转轨期致力于建立完善的公司治理机制的中国各石油石化企业无法比拟的，由此也导致了公司管理水平方面的差距。

表 2-11 销售规模比较分析表

指标	埃克森美孚	壳牌	英国石油公司	国外平均	中石油	中石化
油品销售量（万吨油当量）	39965	27870	29295	32376	4637	6769
油品市场占有率（%）	18.3	12.8	13.4	13.7	2	3.1

资料来源：根据《油气杂志》数据整理所得。

表 2-12 资产管理水平比较分析表

指标	埃克森美孚	壳牌	英国石油公司	国外平均	中石油	中石化
净利润（亿美元）	177.2	127.2	118.7	141.03	58.1	22.9
人均净利润（万美元/人）	17.72	13.39	11.07	14.06	1.32	0.45
资本回报率（%）	20	19.5	15.7	18.4	15.5	10.0
总资产周转率（次/年）	1.26	1.31	1.26	1.27	0.42	0.94

资料来源：根据《油气杂志》数据整理所得。

表 2-12 显示，就资产规模管理水平来看，与国际石油公司相比，中国石油公司的总体盈利水平处于落后地位。两家中国石油公司平均资本回报率为 12.75%，仅相当于国际石油公司平均数的 68.5%。在资本利用效率方面，两家中国石油公司平均总资产周转率仅是国际石油公司平均水平的 50%；在劳动生产率方面，两家中国石油公司平均员工人数为 47.46 万人，但人均净利润不及国际石油公司平均水平的 1/14，与国外石油公司相比，中国石油企业在资产管理水平上存在相当大的差距。

通过上面分析可以看出，从总体实力上讲，中国石油石化产业已经具备了一定的国际竞争力，但竞争力依然较弱。从其市场竞争能力看，中国大的石油石化企业在原油产量上与国际上大的石油石化企业相比占有优势，但在油气市场占有率、上下游规模结构等方面却处在劣势地位。如在上下游规模结构方面，国际大公司是原油产量小于油品销售量，而中国却相反，为原油产量大于油品销售量。这说明我国石油石化产业还属资源开发型产业，产品附加值低。从企业的经营效率看，我国石油企业的资本回报率、总资产周转率均比国际大公司低得多。从经营管理水平看，我国石油石化企业与国外还有很大差距。严格来说，中外石油企业在经营效益、盈利指标等上的差距只是表面现象，更深层次的差距则表现在经营管理制度和水平上。随着改革开放的深入和人们对石油石化产品需求增加使石油产业取得了较大发展，但与国外同行相比，我国石油产业的总体竞争力还显得很不足。由于石油石化产业是关系到国计民生的战略性支柱产业，它的发展状况与国家安全有密切联系。因此，我国石油企业应在借鉴国外大公司经验的基础上，建立和完善公司治理结构，实施规模经济战略和持续重组战略，积极采用先进技术，并以创造和培养高级要素为基本发展路线，积极应对国外石油石化企业的挑战。

2.4　本章小结

从以上分析可以看出，虽然通过产业结构重组，中国石油产业表面上已形成了三大国有石油公司在陆上、海上的勘探开采、管道建设、油气运输及销售领域相互竞争的格局，但在上游领域，三大国家石油公司之间划地域而治的做法以及对外合作的专营权使行业的准入存在一定障碍；在下游领域，炼油和批发业务的竞争仅限于中石油和中石化，没有完全向竞争各方开放零售业务。目前，中国石油产业并不是有效的寡占竞争产业，基本上还是处于垄断经营状态，而且由于这种重组是以行政手段实施的，同时采取了部分模拟市场体系的划地域而治的改革方案，使三大国家石油公司的市场控制力极不均衡，中国石油产业远未达到有效竞争所要求的经济规模与竞争活力的兼容状态。因此，笔者认为，提高中国石油产业效率的根本途径是从优化石油产业结构入手，选择合理的产业组织结构模式。

第三章 体制变迁及效率：中国石油产业组织演进

第一章的实证分析表明，中国石油产业市场结构的基本特征是产业层面上的分割分治及垄断经营，以及企业层面上的低集中度与规模不经济。本章笔者试图从中国石油产业组织演进的制度分析入手，研究中国石油产业市场变迁历史，并对体制变迁的效率进行评价。

3.1 变迁过程与博弈

3.1.1 集中管理体制下的国有垄断时期（1949～1982）

中国传统的石油产业管理体制，是学习前苏联高度集权的计划经济建立起来的，是政府垄断的缺乏有效竞争的传统计划经济体制的典型。新中国成立初期，政府组建了燃料工业部，主管煤炭、电力、石油工业的生产建设工作。燃料工业部下设石油管理总局，统一管理全国石油的勘探开发和生产建设工作。把各地区工业部门的石油企业集中到中央统一管理，逐步形成了以石油地质勘探、钻井、采油、炼油、运输到设计科研较为完整的石油天然气工业体系。建立了单一全民所有制、高度集中的石油工业管理体制。

1955 年，一届人大会议决定撤销燃料工业部，成立石油工业部，石油的开发、炼化、运输由石油工业部直接领导，实行统购统销，石油资源的普查和勘探由当时的地质部负责。从 20 世纪 50 年代后期到 70 年代初，在中央及石油部的统一领导和部署下，通过几次大的石油会战，先后建成了大庆、辽河、大港、华北、胜利等大油田，组建了在石油工业部领导下的石油管理局，石油工业高度集中的管理体制初步形成。

　　这一时期作为石油产业利益主体的中央政府、石油工业部和石油企业之间利益差异没有显现，不存在制度博弈。再加上了当时石油工业的重要战略地位和落后局面、西方国家对中国实行封锁禁运、政府规制石油产业的单一全民所有制、苏联计划经济体制的示范效应等因素的影响，中央政府便以高度集权的方式直接承担起了发展石油工业的重任。在这个时期，石油工业部作为一个政府机关，兼有所有者、管理者、经营者的身份，负责从投资、原材料购进、人员调配到原油去向、炼制、石油化工的一切工作。石油管理局作为石油工业部行政权力的延伸，统一管理本油区内各二级单位的一切生产，严格执行上级部门及其他部委的指令性计划。集中统一管理体制条件下石油工业的上述制度安排，在迅速形成生产力和工业规模方面的确是有效的。这种制度安排体现了政府由于信息问题而尽可能提高效率来发展生产的良好愿望，但这种制度安排的缺陷恰恰也体现在信息和监督问题上。我国石油工业规模的扩张大部分是靠一个个新油田的攻克和大量兴建石油化工企业而获得的，生产过程的重大技术创新也是通过科技攻关大会战形式获得的。

　　发端于20世纪60年代初的石油会战是以不断强化的计划经济体制为载体，以油品的严重匮乏为诱因，并借助国家政权的强力支持展开的。纵观会战的整个过程，无论是决策还是组织实施都不可能是真正意义上的企业行为而是石油勘探开发总动员的准军事化的国家行为，具有浓厚的战时共产主义性质。艰苦卓绝的大庆三年会战成果是丰厚的，到1963年原油生产基本实现了自给。这是一个具有划时代意义的大事件。随之展开的华北、胜利和大港石油会战，奠定了我国石油工业的资源基础，实现了原油和油品的全部自给，国家能源安全有了可靠保障。

　　随着一个个油田的相继开发，这种体制在实际生产管理活动中的低效率慢慢表现出来，20世纪70年代末，原油出现递减趋势从侧面反映了这个问题。在新形势下，实施非常规、准军事化的大规模会战的政治、经济条件已不复存在，应本着同时突出石油的商品属性和政治属性的原则，对石油资源发展战略和勘探开发模式做适时调整。十一届三中全会的召开标志着中国以市场为导向的经济改革全面启动。改革初期，石油产业发展面临两种窘境：一是原油产量出现递减，上缴利税能力开始减弱，中央财政出现巨额赤字，对石油工业的拨款能力下降。二是集中统一管理体制因缺乏利益激励而导致低效率。从政府角度看，发展石油工业对政府财政造成了巨大压力，政府行政协调费用增加，监督难度加大，因此，有改变这种局面的需求。从石油工业部、石油管理局角度看，它们一方面要完成上级各种指标；另一方面还要组织下级完成指标，由于激励和监督难度很大，因此，有减少指标，增加权力，提高收入的需求。从基层生产单位角度看，平均主义的分配方式导致激励功能下降，人浮于事，在职闲暇严重，职工也有增加收入、改善福利待遇的需求。20 世纪 70 年代的石油危机及造成的后果，使政府确信保证石油安全及进一步提高产量的重要性。

　　上述关于各主体之间利益结构和权力结构的分析表明，政府掌握着绝对权力，下级行政部门没有独立的经济利益，而且它们的收入、地位也完全由政府控制，没有实力与政府抗衡，唯一的作用是提出各种专业建议或强调各种困难来影响政府决策。它们没有推动制度创新的动机和能力，他们的最优策略是"默许"（杨嵘，1999）。在当时的背景下，政府决策不是在讨价还价中产生。1981 年，政府从强化激励机制、缓解财政压力、减少成本支出、遏制产量下滑的目标出发，推出了 1 亿吨原油产量包干政策。[①] 这项政策的推出，从短期看，基本实现了政府的决策目标，遏制了产量下滑，缓解了财政压力，改善了激励效能，减少了集权成本。从长期看，这项政策的实行引起了一系列连锁反应，逐步形成了新的博弈力量，从而推动改革的不断深入。然而，由于石油企业的独立法人地位没有确立，石油工业部集中统一管理下的独家垄断的市场结构未能改变。

3.1.2　"三分四统"体制下的"寡占时期"（1982～1998）

　　20 世纪 80 年代，中国进入改革开放时期，石油工业管理体制也发生了相应的变化。在长期的计划体制下，固化了的以产量指标衡量企业成就的价值取向，特别是长期的计划配给体制，决定了石油企业生产的是产品而非商品，客观上不需要关注市场的需求和变化，久而久之形成了自我封闭的体系和自我封闭的心态，整体上造成对市场信息反应的迟钝和把握市场机遇的能力，特别是意识的欠缺。这些致命的缺陷，妨碍了企业对市场

---

　　① 国家对石油部实行年产原油 1 亿吨，增产节约的原油允许石油部出口，换回资金用于勘探和油田建设及技术改造。

规律的审视和整体优势的发挥。强烈的国家观念，强调石油政治属性，对石油的商品属性没有给予应有的重视，同时，大庆会战本身就是国家行为而非企业行为，石油勘探开发队伍是一支为国家"献"石油而不是向国家卖石油的特殊部队。特别是高度集中统一的计划体制，使石油生产的投资主体和经营主体一体化，石油的商品属性没有体现。

1981年，为使我国石油产量走出徘徊局面，满足国民经济发展对石油的需求，贯彻全国国有企业改革的总方针，虽然国务院对石油工业部实行1亿吨原油产量包干政策，但中央财政紧张的局面仍未有效改善。由于石油炼化本身具有见效快、获利大的特点，加上当时国际石油产品价格较高，中央政府有把炼化企业集中起来的需求。石油工业部集中了炼化企业的绝大部分，它不可能对政府把炼化企业集中起来的意愿提出异议。对于各企业来说，收归中央本身意味着企业级别的提高和享受特殊待遇的权利，他们没有反对将炼化企业集中起来的动机。在当时的权利和利益结构中，虽然相关工业部门和地方政府对将炼化企业集中起来的政策持有异议，但其力量相当弱小。因此，中央政府运用强大的行政力量将各炼化企业收归中央统一管理就是当时条件下必然的博弈均衡。

1982年2月，为满足国内需求，引进外资合作勘探开发海洋石油资源，政府批准成立了海洋石油总公司，授予其在对外合作海区进行石油勘探、开发、生产、销售的经营权，海上的石油勘探开发与陆地实行分治。1983年，国家为发展石油化工业，取得石油加工的超额利润，国务院批准成立了中国石油化工总公司，集中领导、统一管理全国的炼油、石油化工企业。从此，石油产业形成了上下游分割、海陆分治的管理体制。

1988年9月，撤销石油部，将其整体改为行业性总公司即石油天然气总公司，成为独立法人的经济实体，同时承担原石油部的政府职能，继续统辖陆上石油企业。同年，国家又成立能源部，内设石油总工程师办公室，负责协调中国石油天然气总公司和中国石油化工总公司的石油勘探开发、生产建设等任务。

1993年，能源部撤销，从此国务院没有一个统一管理石油工业的部门，上游陆上石油开发由石油天然气总公司负责管理，海洋石油勘探开发由海洋石油总公司统一管理，下游石油加工统由中国石油化工总公司管理，对外业务由中国化工进出口总公司管理，由于符合石油产业各个行为主体的利益，也达到了各方博弈的均衡。至此，"三分四统"① 格局下的寡占型市场结构逐步形成，此时，中国石油产业形成的"三分四统"的格局，是世界上唯一独特的石油产业管理体制。

3.1.3 产业大重组后新的"寡占时期"（1998 年至今）

1988 年，三大石油公司成立之后，集中精力发展自己的主体产业，逐步形成了较强的专业技术优势，具备了相当的发展实力。但与此同时，中国石油工业管理体制又出现了新的问题和矛盾，政企职能分开问题没解决，缺少石油工业专管部门；资源管理体制没有理顺，出现了乱开滥采现象；石油统一对外合作的秩序被打破，出现了多头对外的状况；上下游行政分割，导致上游发展后劲不足，下游重复建设严重；虽然两大石油总公司都有寻求一体化的动机，中国石油天然气总公司扩建下游生产能力，中国石油化工总公司渴求掌握油源，但分割分治的管理体制使这一动机无法实现。

同时，由于地方政府兴办的中小型石化企业大量进入产业，致使闲置的生产能力不能盘活，低水平重复建设却在不断进行，出现了中小加工企业与大企业争抢资源现象，带来石油产品市场的极度混乱。产业内部的利益不均衡和利益摩擦日益显现。中国石油天然气总公司由于原油低价、条块分割、政企政资不分等原因经营十分困难；中国石油化工总公司则由于国际成品油价格低迷、原油供给等问题面临亏损的趋势，整个陆上石油工业上缴利税能力开始下降，政府运用产量、价格等各种指标约束和协调两大公司利益关系的局限性开始显现，对于各公司执行指标的监督变得越来越困难。

1998 年，国务院决定按照各有侧重、互相交叉、保持优势、竞争有序的原则，重新组建中国石油天然气总公司、中国石油化工集团公司，加上原有的中国海洋石油总公司共三家国家石油公司。在地域上分出陆上的

---

① "三分四统"格局是指中国石油产业内部由中石油、中石化、中海油、中化工几家公司分治管理的产业格局。1996 年，中国石油产业内部又形成了由中石油、中石化、中海油、中化工及新星石油几家公司分散管理的"五龙治水"产业格局，但二次体制变迁的本质是一样的，并未形成有效的寡占竞争的产业结构。

北方、南方和海上，实行国家垄断、地域分割。虽然从表面上看三大石油公司内部产业链是完整的，三家公司各自在石油的勘探、开采、炼化、销售都均占有一定的市场份额，但是，实际上中国石油天然气集团公司侧重于产业链的上游，对上游市场形成了一定程度的垄断；中国石油化工集团公司侧重于产业链的下游，对下游市场形成垄断；而中国海洋石油公司则对海上油气资源形成了垄断。

同时，将化学工业部、石油天然气总公司、石油化工总公司的政府职能合并，组建国家石油和化学工业局，化工部部属和两大集团下属的油气田、炼油、石油化工、化肥、化纤等石油化工企业，以及石油公司和加油站，按照上下游结合的原则，分别组建两个特大型石油石化集团公司和若干大型化肥、化工产品公司。

2001 年，国家石油和化学工业局撤销，至此，新石油产业管理体制下的"寡占型"市场结构基本形成。

从中央政府角度看，由于国际油价低迷，用价格手段协调上下游产业发展的作用越来越小，放开油价规制对整个国民经济冲击的预期成本降低；石油、石化两大总公司上缴利税能力减弱，促使政府决心以改革的手段来遏制财政收入下降，市场化改革的进程使政府充分认识到石油工业国际化经营的趋势，因而遵循国际惯例改造我国石油工业的动机加强；国内资本市场、劳动力市场、社会化保障制度的初步形成进一步减少了政府对石油工业进行重组的成本。因此，此次体制改革对中央政府来说，其预期收益大于预期成本。

从两大总公司的角度看，中央政府用行政手段进行上下游产业重组，既解决了多年来上下游分割给两大总公司带来的困难，又扩大了各自的自主经营权，因此，中央政府与两大总公司在上下游一体化方面所追求的目标是一致的。

从各石油企业的角度看，这次重组扩大了它们的自主权，并且此次重组未曾涉及它们的直接利益，而大多数人对不损害自身利益的改革是不关心的。

上述各种力量综合作用的结果促成了此次重组方案的形成，其结果使上下游分割的市场结构转变为了以上下游、内外贸、产供销一体化的市场行为主体构成的新的"寡占型"市场结构。

3.2　变迁效率

通过以上分析我们看到，中国石油产业管理体制的变迁，是在特殊历史背景下进行的行业重组，是典型的行政性重组，是在一定的制度约束条件下，以政府为主导的各利益主体博弈的结果。运用博弈论的思想来分析石油产业的体制变迁，使我们能看到市场结构演变的深层次原因。依据博弈论的观点，我们可以把体制变迁过程理解为不同利益主体不断讨价还价的过程。其演变的逻辑是旧体制形成各主体特定的权利和收益，这种权利和收益形成了变迁中各主体讨价还价的力量，力量分布的结构则决定了新体制的方向。虽然不同利益主体讨价还价的方式不同，但它们都以自己的方式对最终的体制变迁施加着影响。在不同的权利等级中的主体表达自己影响的成本各有不同，但无论如何组织，各利益主体参与讨价还价的决策规则只有一个，就是预期边际收益大于预期边际成本，而体制均衡总是发生在讨价还价的停止点上，不管是由于主体无法支付谈判成本而被迫默认还是自愿停止，决策规则始终未变。分析表明，迄今为止的体制变迁符合这一逻辑，而且今后的体制创新走向也将是这一逻辑的必然，所不同的是每次体制变迁中的影响因素和博弈力量不同。那么，从中国石油产业体制变迁的过程来看，其效率究竟如何，虽然利用 S—C—P 分析框架对中国石油产业现阶段的绩效分析有了一个整体认识，但这里，笔者尝试从制度经济学的视角，从中国石油产业变迁的阶段分析入手，进一步探究中国石油产业体制变迁的效率。

3.2.1　基本模型

针对制度变迁的效率问题，国内已有学者从制度经济学的角度进行了研究。[①] 我们知道，制度变迁能够调整人们发生交换的激励结构，重新确定和限制人们的选择集合，因此，可以用来增进经济效率和社会福利，使绩效在新的制度体系下迎合偏好。从制度变迁供给者的角度看，可以将制

---

① 最具代表性的是学者伍山林，他运用同意一致性模型分析了在 1962 ~ 1978 年间通行于我国的"三级所有，队为基础"的人民公社制度的变迁效率问题。

度变迁划分为诱致性变迁和强制性变迁（林毅夫，1944）两种类型，增强了制度经济学分析和解释各类经济问题的能力，国内学者已经较多地将其用于现实经济分析。然而，到目前为止，学者们尚未建立起评价制度变迁效率的标准。

公共选择理论认为，同意一致是交易的效率评价的最终和唯一标准。研究结果显示，一切非一致同意的决策规则，在效率上均会产生以帕累托标准衡量的非最优的政策。制度经济分析的实践表明，经典供需理论构架仍然可以用于分析制度变迁和选择。据此，笔者将石油产业的制度变迁过程视为交易过程，通过对中国石油产业制度变迁个案分析，支持并且扩展制度变迁供需双方同意一致的程度在制度变迁效率评价中的意义。同意一致程度，作为参与交易的双方，政府与一群（个）人在制度变迁中交易着"制度变迁"这一特殊商品。交易达成与否，取决于基于各自标准的对预期绩效做出损益评判之后的一方对另一方的响应。如果各方同意对原来的规则做出某种变动，就可以肯定交易的结果必好于先前，新规则比旧规则更富有效率（布坎南，1989）。

制度能够提供服务，制度在变迁过程中会改变利益主体的激励结构和相关生产要素的结合方式，与生产要素状况以及技术状况一起共同决定绩效。绩效往往表现在多个方面，有些绩效能够用可测的经济技术指标来衡量，如产量、收益、技术进步等；有些则只能进行主观的评价，如公平、尊重、宗教意义等。各项绩效总是位于生产可能性边界之上，[①] 或者它的内部，而生产可能性边界又由资本、劳动、自然资源禀赋和知识积累等决定。特别值得注意的是，制度变迁通常要求政府与一群人形成互动，而政府与一群人的绩效偏好并不必然是一致的。这也就意味着，政府与一群人的效用无差异曲线并不必然是一致的。[②] 效用无差异曲线与生产可能性边界相切，由此决定政府与一群人各自最优绩效的选择（伍山林，2000）。

---

① 生产可能性边界也体现产品之间所具有的替代关系，产品既可以是通常所说的物质和劳务，也可以是资源配置的客观绩效，如利用国内资源生产的"出口稳定性"和"经济增长"（Gillis, M. Perkins, 1992）；本书把产品概念扩大到主观绩效，如意识形态。

② 民主社会为降低公共选择的费用而采取的少数服从多数的原则，使少数人要承担外部成本（Buchana, Tames M., and Gordor Tullock, 1962）；一般而言，政府与有关群体或个人在偏好上很少能达到完全一致。

3.2.2　效率分析

关于中国石油产业组织变迁效率，国内学者做了一些研究，[①] 本书在这些相关研究成果的基础上，又尝试着做了进一步的分析，主要的贡献和创新之处在于，针对学者建立的中国石油产业组织变迁效率分析的同意一致性模型，在此模型基础上加入时间变量，在一个坐标平面上绘制石油产业体制变迁过程及效率图形，对中国石油产业体制变迁过程进行动态的效率分析，从而更直观地分析中国石油产业体制变迁效率，并使分析更具过程性。

（1）静态效率分析[②]

1978 年，石油工业部成立。为了解决石油勘探开发资金不足的困难，改变原油产量徘徊不前的局面，1978 年 3 月，第五届全国人大常委会决定，撤销石油化学工业部，成立石油工业部和化学工业部，加快石油工业的发展。从这里我们可以看出，这一过程是典型的政府主导型制度变迁过程，政府是想借此加速我国石油工业发展，为我国经济建设奠定基础。为了简化我们的分析，我们只做客观经济绩效和主观权威绩效的归类。在这一制度变迁过程中，政府偏好权威甚于石油企业个体，而石油企业个体偏好客观经济绩效甚于政府。

这里，U_g 和 U_f 分别代表政府和石油企业的效用误差曲线，OFD 代表生产可能性边界；由于石油生产具有的空间分散性特点，政府无法精确地对石油单位的生产经营进行全面的监督，它们之间存在着严重的信息不对称现象。同时，政府与石油单位的偏好又不一致，石油单位更偏好于经济绩效，其无差异曲线与生产可能性曲线交于 A 点；政府更偏好于权威绩效，其无差异曲线与生产可能性曲线交于 B 点。在这种情况下，政府要使石油单位的偏好靠近其偏好，就要付出较多的监督成本来解决信息不对

---

① 学者汪丽清运用制度变迁理论对中国石油企业重组改制做了制度经济分析，认为石油企业必须建立现代企业制度，变强制性制度变迁为诱致性变迁，严格防范诺思路径依赖的制约。为实现经济增长转型，石油企业必须实施资本运营，关联交易要完全市场化。学者焦兵运用同意一致性模型分析了中国石油产业体制变迁的效率。

② 此提法为笔者针对下文所做的动态效率分析，对学者焦兵所做的中国石油产业组织变迁效率分析研究成果的概括。

称问题，从而解决石油单位过于追求自身利益而损害政府利益的情况的发生；石油单位由于其国有企业身份的约束，也不会过分偏离政府权威偏好，否则会受到政府的制裁，遭到巨大的损失。经过政府与石油单位两者之间的博弈，均衡点不会在 E 点，而是在两者之间。在 E_1 点上，政府降低的权威绩效正好与节省的监督成本相等。这时，政府获得了比原先 E 高的权威绩效，石油单位获得了较高的经济绩效。但是，绩效评价低于最优水平（见图 3-1）。

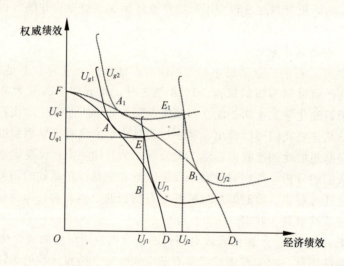

图 3-1　政府与石油企业绩效选择（1978）

　　我们前面所假设的政府对权威绩效的偏好为刚性，但是，实际上，政府对经济绩效的偏好并不是中性的，这就说明了政府在不损害权威绩效的前提下，会采取某些措施来提高经济绩效，实现某种程度的帕累托改进。比如，政府会采用新的技术，新的生产组织形式等措施使生产可能性曲线 OFD 向外扩张至 OFD_1，均衡的绩效选择这时也会从 E 点移动到 E_1 点，石油生产的经济绩效会进一步提高。

　　我国撤销石油化学工业部成立石油工业部，统一规划石油工业的发展，适应新的经济建设的需要，同时，政府仍然把石油看做是重要的战略资源，因此，并没有放松对石油工业的控制，仍然对其进行集中管理，但是其管制的强度比改革以前大大降低了。因此，1978 年底，石油生产量突破了 1 亿吨。为解决石油企业进一步发展的资金问题，1981 年，我国政府又实行了亿吨原油大包干，这可以看做政府在权威绩效不变的情况下，追求经济绩效的一种帕累托改进。通过这一措施，为石油工业发展注入了活力，1988 年，原油产量达到 137 亿吨，在塔里木盆地等地，原油勘探也取得了重大突破。石油工业这一次政府主导的制度变迁在制度"瓶颈"没有消除、制度效率较低的情况下，实现了行业自身的发展。

1988 年，中石油、中石化及中海油分立。1982 年，中国海洋石油公司成立；1983 年，原石油所属炼油部分与化工部、纺织部及地方部分石化企业合并，组建中国石油化工总公司；1988 年撤销石油工业部，成立中国石油天然气总公司。从而使石油工业形成了上下游分割，三大石油公司分离的格局。由于石油工业上游行业资金投入较大，且上下游产品价格差异比较大，因而形成了下游行业的利润较大。特别是我国对石油价格进行严格的管制，而石化产品的价格则较早地进行了市场化改革，这更加增大了石化产业的利润。政府为了充实财政收入，将石油产业上下游分离，直属国务院领导。

1988 年的石油工业制度变迁，主要目的是加强政府自身的控制力。这表明政府的偏好更多地趋向权威绩效，这使政府的无差异曲线就由 U_{g1} 移动至 U_{g2}（见图 3-2）。由于石油工业现代技术的不断应用，生产可能性曲线 OFD 向外扩张至 OFD_1，石油企业的无差异曲线也随之由 U_{f1} 转移到 U_{f2}。在进行制度变迁前，政府与石油企业的均衡点在 E 点，而政府主导型制度变迁以后，政府与石油企业的均衡点就成了 E_1 点，由图 3-2 我们可以看出，E_1 点虽然政府的权威偏好提高了，可是，其经济绩效却降低了。

在初期，我们将石化总公司从石油总公司中分离出来，促进了我国石化工业的发展，但是，到了 20 世纪 90 年代末期，由于国际油价持续低迷，原材料价格不断上涨，造成石油上游工业发展后劲不足，勘探开发资金严重短缺，大多数企业都处于亏损之中。而由于一段时期内，石化行业发展过快，盲目、重复建设比较严重，兴建的大多数炼油厂规模小、效益差，与国外炼化企业相比，竞争力很差。由此，我们可以将 1988 年的石油工业制度变迁看做是生产可能性曲线扩张情形下，政府与石油企业偏好逐渐分离，从而造成制度变迁低效的例证。

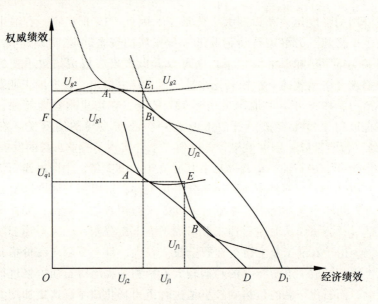

图 3 - 2　政府与石油企业绩效选择（1988）

1998 年石油工业大重组。针对石油工业上下游分离后导致的石油产量徘徊不前，石油工业全行业亏损的不利局面，同时，在我国即将加入世界贸易组织的情况下，我国的石油市场将逐渐地对外开放，国外大石油企业将加入与我们竞争的行列。我们再"瘸着腿"与其竞争，必然会导致重大损失。因此，1998 年，我国石油工业进行了第三次制度大变迁。1998 年，中国石油天然气集团公司和中国石油化工集团公司分别挂牌，中石油侧重石油天然气的勘探开发，同时经营石油化工业务；中石化侧重石油化工的发展，同时兼顾石油天然气勘探开发业务。

同时，将两大集团公司政府职能合并成立石油化学工业局。作为管理行政机构，它不再直接管理石油、石化企业，不干预两大集团的生产经营活动。在 1998 年的石油工业重组中，政府较大程度地放松了对石油工业的管制，使石油企业成为适应现代市场竞争要求的市场主体。这使得政府较多地放弃了权威绩效，而更多地追求经济绩效，从而使政府的无差异曲线 U_{g1} 移动到偏好经济绩效的 U_{g2} 无差异曲线。由于政府的无差异曲线更多地偏向于石油企业的无差异曲线，即政府更追求经济效益了，这样就极大地调动了企业的生产积极性，生产可能性曲线由 OFD 扩张至 OFD_1 石油企业的无差异曲线也由 U_{f1} 右移至 U_{f2}（见图 3-3）。这样，制度均衡点就由 E 点移至 E_1 点。从图 3-3 我们明显可以看出，变迁后的石油工业的经济效率大大提高了，这一次政府主导型制度变迁是在生产可能性曲线扩张情况下，政府偏好与石油企业偏好趋于一致时导致制度效率增加的例证。

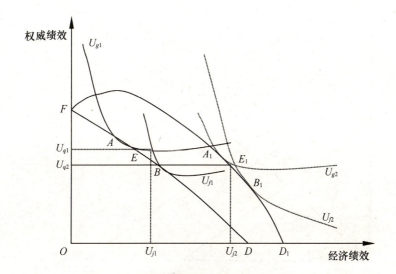

图 3-3   政府与石油企业绩效选择（1998）

（2）动态效率分析

无论政府还是一群人的效用取值，都是以某种方式被绩效与偏好决定的。在本书中，从直观角度，我们将同意一致程度定义为政府与一群人之间的最优绩效的相似程度。我们所要论证的是，制度变迁效率的改变取决于制度变迁究竟是增进了还是恶化了同意一致程度。同意一致程度增进，制度变迁效率增进；反之则相反。由于制度变迁具有过程性，在此过程中，偏好状况、生产要素状况和技术状况都可能发生改变，政府与一群人的效用无差异曲线与生产可能性界面也可能发生相应的改变，因此，制度变迁效率也必然具有过程性。图 3-4 中的 U_g 和 U_f 分别代表政府和石油企业的效用无差异曲线，向右下方倾斜的直线代表生产可能性边界，OH 是向上倾斜的 45 度线，线上的所有点的权威绩效和经济绩效均相等。

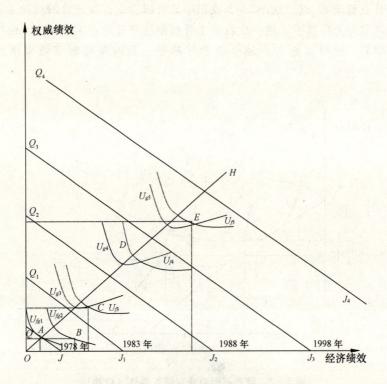

图 3-4 中国石油产业体制变迁效率动态分析

1978 年以前，由于石油产业高度集中的管理体制，政府与石油企业之间的利益是一致的，这个时期政府和企业的效用无差异曲线是重合的，即图 3-4 中的曲线 U_{fg1}，此时，政府和企业的效用无差异曲线可以与生产可能性曲线相切于效率最高的 A 点，并且此时政府追求的权威绩效和经济绩效相同。1978 年，石油工业部成立，我国政府又实行了亿吨原油大包干政策，这可以看做政府在权威绩效不变的情况下，追求经济绩效的一种帕累托改进，政府与企业的效用无差异曲线向右平移到 U_{fg2}，此时，政府追求的效用可以用 B 点表示，即在不改变政府权威效用的同时，改善了经济绩效，由于新技术的应用，新的生产组织形式等措施使生产可能

性曲线 QJ 向外扩张至 Q_1J_1，使 B 点落在了生产可能性线以内，因此，B 点并不必然是效率最高点（见图 3 - 4）。这一政策的出台，使 1988 年我国原油产量达到 137 亿吨。在塔里木盆地等地，原油勘探也取得了重大突破，为石油工业发展注入了活力。①

在这种情况下，为促进中国石油行业进一步快速发展，政府和企业更多地追求经济绩效。1982 年，中国海洋石油公司成立；1983 年，组建中国石油化工总公司。此时政府和企业的效用无差异曲线发生了分离，政府的效用无差异曲线用 U_{g3} 表示，企业的效用无差异曲线用 U_{f3} 表示，并且双方效用无差异曲线均落在 45 度线以下，表示政府和企业更多地追求经济绩效，而不是权威绩效。由于政府要使石油单位的偏好靠近其偏好，就要付出较多的监督成本来解决信息不对称问题，从而解决石油单位过于追求自身利益而损害政府利益的情况的发生；石油单位由于其国有企业身份的约束，也不会过分偏离政府权威偏好，否则会受到政府的制裁。经过政府与石油单位两者之间的博弈，均衡点落在了 C 点，政府降低的权威绩效正好与节省的监督成本相等。这时，政府获得了比原先 A 点和 B 点高的权威绩效，石油单位也获得了较高的经济绩效，由于此时生产可能性界面向右移到 Q_2J_2，这一次政府主导型制度变迁是一次生产可能性曲线扩张情况下，政府偏好与石油企业偏好趋于一致时导致制度效率增加的例证，但是，绩效评价低于最优水平。

1988 年，中石油、中石化及中海油分立。由于石油工业上游行业资金投入较大，且上下游产品价格差异比较大，因而形成了下游行业的利润较大。特别是我国对石油价格进行严格的规制，而石化产品的价格则较早地进行了市场化改革，这更增大了石化产业的利润。政府为了充实财政收入，将石油产业上下游分离，1988 年撤销石油工业部，成立中国石油天然气总公司，从而使石油工业形成了上下游分割，三大石油公司分离的格局。由于石油生产具有的空间分散性特点，政府无法精确地对石油单位的生产经营进行全面的监督，它们之间存在着严重的信息不对称现象。政府的无差异曲线就由 U_{g3} 移动至 U_{g4}。由于石油工业现代技术的不断应用，

---

① 原油 1 亿吨包干政策实行 5 年，筹集勘探开发资金 117.3 亿元，投入勘探资金平均年增 19.5%。

生产可能性曲线向外扩张至 Q_3J_3，石油企业的无差异曲线也随之由 U_{f3} 转移到 U_{f4}。因此，1988 年的石油工业制度变迁，主要目的是加强政府自身的控制力。这表明政府的偏好更多地趋向权威绩效，石油企业更偏好于经济绩效，企业政府与石油单位的偏好不一致，因此，政府和石油企业的效用无差异曲线没有相交的可能性。而政府主导型制度变迁以后，政府与石油企业的均衡点就成了 D 点。

虽然将石化总公司从石油总公司中分离出来，在初期促进了我国石化工业的发展。但是，到了 20 世纪 90 年代末期，由于国际油价持续低迷，原材料价格不断上涨，造成石油上游工业发展后劲不足，勘探开发资金严重短缺，大多数企业都处于亏损之中。由于一段时期内，石化行业发展过快，盲目、重复建设比较严重，兴建的大多数炼油厂规模小、效益差，与国外炼化企业相比，竞争力很差。由此，我们可以将 1988 年的石油工业制度变迁看做是生产可能性曲线扩张情形下，政府与石油企业偏好分离，政府强制性制度变迁导致低效率的例证。[①]

1998 年石油工业大重组，即我国石油工业进行了第三次制度大变迁。1998 年，中国石油天然气集团公司和中国石油化工集团公司正式成立，同时，将两大集团公司政府职能合并成立石油化学工业局，作为行政管理机构，它不再直接管理石油、石化企业，不干预两大集团的生产经营活动。1998 年的石油工业重组中，政府较大程度地放松对石油工业的规制，使石油企业成为适应现代市场竞争要求的市场主体，这使得政府较多地放弃了权威绩效，而更多地追求经济绩效，从而使政府的无差异曲线 U_{g4} 移动到 U_{g5}；石油企业的无差异曲线也由 U_{f4} 移至 U_{f5}。由于政府的无差异曲线更多地偏向于石油企业的无差异曲线，即政府更追求经济效益，这样，就极大地调动了企业的生产积极性，生产可能性曲线扩张至 Q_4J_4，这样，制度均衡点就落在 E 点。变迁后的石油工业的经济效率大大提高了，这一次政府主导型制度变迁是又一次在生产可能性曲线扩张情况下，政府偏

---

① 石油工业上下游分离，导致石油产量徘徊不前，自 1988 年大庆油田亏损以后，整个中国石油工业出现了全行业亏损的局面，1988 年全行业亏损 7.39 亿元，1989 年亏损 38.7 亿元。

好与石油企业偏好趋于一致时导致制度效率增加的例证。①

3.3 本章小结

从以上的分析中可以看出，在石油工业制度变迁过程中，一直贯穿着政府主导作用这一条主线，不能否认政府每次对石油工业进行大的调整，都不同程度地促进了中国石油产业的发展。在产业制度变迁过程中，政府有其偏好函数，在其偏好集中，有时权威因素所占的比重要大于经济效率因素所占的比重，而且政府的理性是有界的，就使得政府设计的制度变迁方式更多地体现政府的要求，有时会损害制度效率的提升。如 1988 年，为了提高政府的财政收入，加强引导国民经济发展的力量，政府将石油工业划分为上下游两个部分，各自独立发展，形成了世界石油工业结构中独一无二的管理体制。后来事实证明这种体制大大减缓了石油工业的发展速度，并且带来了许多问题。当然，在石油工业发展初期，由于计划经济的束缚，石油企业没有成为独立的市场主体，缺乏追求自身利益的愿望，这时候需要政府启动改革，政府主导型制度变迁方式也显示了一定的推动作用。

总之，同意一致性原则表明，在政府主导型制度变迁过程中，如果政府的偏好与石油企业的偏好有较大差距时，这时的制度变迁就会出现制度"瓶颈"，大大降低制度的效率。这时，政府应该将自己的偏好逐步向石油企业的偏好靠近，只有在"同意一致性"原则基础上形成的制度变迁才是有效率的。

---

① 重组后的中国石油工业得到了长足的发展，1999 年，两大石油集团又进行了内部资产的重组，先后在海外上市，募集资金 28.9 亿美元，2000 年，中石油实现销售收入 3400 亿元，利润 530 亿元。

第四章 产业特性、结构选择与寡占效率：一个分析框架

石油对任何一个国家来讲都是一种极其重要的战略资源，学者们从石油安全和石油价格波动角度对石油产业研究给予了高度的重视。如果从石油作为一种商品的角度考察石油产业，笔者认为，它也必然遵守一般商品市场所遵守的效率逻辑，运用产业组织理论提升石油产业绩效的研究也必然适用石油产业并富有意义。笔者认为，中国石油产业的改革，不仅仅是简单的反垄断，而应是结构调整和规制改革并举，使产业结构与政府规制相得益彰。一个产业的组织模式选择是与产业特性紧密相连的。换句话说，一个产业的技术经济特点在一定程度上决定了产业的结构选择。因此，本章作者主要沿着"产业技术经济特点—产业特性判断—寡占效率分析—结构选择"的思路，提出中国石油产业寡占结构调整的构想。

4.1 石油产业技术经济特性

4.1.1 规模经济与范围经济

从理论上讲，规模经济是指产品成本随着生产规模的扩大而降低的经济现象。石油生产过程包括勘探、开发、储运、加工等环节。石油勘探和钻井是成本昂贵的行业，时间和准确性都很关键，在勘探开发阶段，石油产业的劳动对象是埋藏在地下的油气资源，在其生产过程形成的总成本中，石油勘探开发设备和油田地面建设投资所形成的固定成本约占总成本的60%以上，需要大量的初始投资，特别在我国，随着现有勘探程度的不断提高，在役油田稳产难度加大，主要产油区目前已经进入高采出程度、高含水率的中后期双高开发阶段，采油成本逐步上升。新发现油田规

模总体呈变小趋势，而且新增探明储量中的低渗透与稠油储量比率加大，储量品质变差，使石油加工成本进一步增大。石油开采成本不仅包括生产操作费用，还包含勘探和开发的先期投资，在一般情况下，用于石油勘探和开发的先期投资要比生产操作费多得多①，形成了巨大的沉没成本，这一点使得一些中小投资者望而却步，形成了巨大的资金壁垒，使产业规模经济的内在要求也越来越迫切。

在石油储运阶段，把石油和天然气从井口送交给用户的过程中，需要投资建设专用的储油装备、输油气管道和其他运输工具，需要大量的建设投资，如 20 世纪 90 年代，美国天然气储运设施的建设投资高达 106 亿美元，据预测，到 21 世纪末，全世界油气管道建设投资可能超过 2000 亿美元。而且，油气管道传输也是具有明显的规模经济性和范围经济性特点。一是对于任意直径的同一输送管线，其技术成本随着输量的增加先上升后下降，呈明显的凸向下的二次曲线。如图 4 - 1 所示，在规模经济区间 $0-Q_E$ 内，随着输量增加单位成本将下降。二是随着直径增加带来规模经济性。在图 4 - 2 中，每一直径的管线都有一条凸向下的成本随输送量变化的曲线，另外，从直径增加的趋势看，更大的直径的管线单位技术成本更低一些。②

在石油加工阶段，石油企业的加工能力往往要达到某个阈值后，才能有效益，特别是随着炼油和加工技术越来越成熟，生产成本呈下降趋势，企业只有靠规模才能生存。按照国际常规，石油年加工能力在 250 万吨才达到最小规模经济水平，并且规模越大，经济效益越明显。③ 除了规模经济性以外，石油产业还具有明显的范围经济特性。范围经济存在于企业联合生产成本的节约。这一点可以从石油产业上下游一体化经营模式来解释。在国际上，石油产业上下游一体化经营相当普遍，因为一体化经营

---

① 以世界上一些高成本海上油田为例，其操作费大约 4 美元/桶，而先期投资不包括勘探费用一般平均为 8 美元/桶，对投资者来说，先期投资必须回收才能创造利润。

② 例如，直径为 1500 毫米管道的最低技术成本（0.31 美元/10^6 Btu），比直径为 800 毫米管道的最低技术成本（0.52 美元/10^6 Btu）要低 71%。但管道直径增大后，其规制成本、运管费用、施工组装费用都将大幅度上升，故一般不采用直径大于 1400 毫米的管道。

③ 以炼油和乙烯为例，目前世界最大的单套炼油装置能力达 1350 万吨/年，单套重油催化裂化装置达 750 万吨/年，单套加氢裂化装置 325 万吨/年。

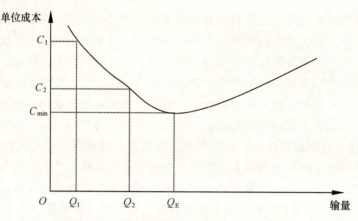

图 4－1　技术不变条件下成本随输送量变化曲线

资料来源：白兰君：《天然气储运经济学》，2001 年。

可以在石油产业内部实现优势互补。在石油产业内部，一方面使用高参数大型化设备要求实现大规模生产；另一方面，由于原材料的匀质性和专用性，生产工艺要求高度流程化和连续化，适合把上下游各个生产环节置于同一企业的统一管理之下，这对于减少交易摩擦、降低运输成本、开展资源综合利用具有极大的好处。由此看来，石油企业只有建立上下游一体化的生产经营体制，才能有效地利用规模经济效益，从而提高整个产业组织效率。石油产业的一体化经营就是实施炼油化工一体化，这也是现代石油化工的标志。目前，国内外已建成多处油化一体化的石化工业基地，特别是优化乙烯原料的装置，一体化具有降低存贮和运输成本，实现原料互供、服务和公用工程共享、免除中介交易费用、节省界区内外设施的投资等优势，有利于提高产业竞争力。一体化还有利于拉长产品链，对原料进行深度加工。[①] 以原油作燃料发电的经济效益为 100 计，则炼制成品油的效益为 220，翻了一番；加工成基本有机原料的效益为 430，再翻一番；加工成合成材料的效益为 1030～1560，是燃烧发电的 10～15 倍。实施油

---

　　① 在美国得克萨斯州，BASF 和 FINA 合资建设的采用 Lummus 专利技术的 90 万吨/年乙烯装置，将与附近的 FINA 的 880 万吨/年炼油厂高度一体化操作。据测算，这种石化炼油厂高度一体化可使利润率提高到 33% 以上。

化一体化，配套发展乙烯及有机原料、合成材料，其经济效益相当可观。
通过对国内外大石油石化企业经营业务的分析，可以清楚地看出，石油石
化企业的生产经营呈现出鲜明的纵向一体化特征。如原埃克森石油公司
（未与美孚合并以前）就下设勘探、开发、化工、研究与工程以及煤炭和
矿业等分支机构；与美孚合并后，埃克森美孚石油公司依然按照专业设置
全球性分公司。在上游业务领域，它设立了勘探、开发、生产、天然气销
售和上游研究五个分公司，在下游则设置了炼油与供应、燃料销售、润滑
油与特殊油品、研究与工程四个分公司，此外，还设置了化工、电力、矿
物等分公司。意大利埃尼公司的经营范围也包括石油上游、下游、化工及
以石油工程技术服务等业务，各部分都创造价值。

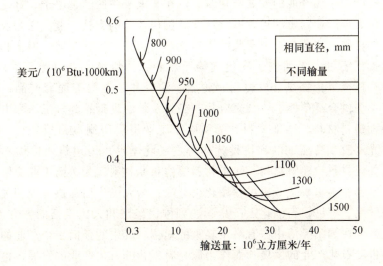

图 4 - 2　1000 千米以上运距天然气管线的技术成本

资料来源：白兰君：《天然气储运经济学》，2001 年。

　　此外，原料、产品和副产品的互供所取得的经济效益可以大大降低乙
烯生产成本。就乙烯来讲，原料成本占生产成本的 85% ~ 90%，因此，
原料成本的降低直接决定了乙烯生产成本能否降低，而后者则是提高乙烯
装置竞争力的关键，也是提高石油产业竞争力的关键。石油化工产业链中
大多数中间产品和最终产品（指有机化工原料和三大合成材料）均以烯

烃和芳烃为原料，除由重整生产芳烃及催化裂化附产物中回收丙烯、丁烯、丁二烯外，主要由乙烯装置生产各种烯烃和芳烃。以三烯和三苯的总量计，约65%来自乙烯生产装置。正因为乙烯在石油化工基础原料生产中所占的主导地位，常常以乙烯作为衡量一个国家和地区石油化工水平的标志。因此，乙烯装置是石油化学工业的核心生产装置，是石化基础原料的龙头产业。目前，世界上一些著名的石油化工产业园区，都是以大型乙烯裂化装置作为园区的基础项目。由于石油化工行业产业链长、关联性强，因此要完整地描述石化行业的产业链是十分困难的，这里我们仅将最具代表性的乙烯简化产业链进行描述。

由图4-3乙烯产业链可以看到，以乙烯为代表的石油化工产业是高关联性产业，该产业的发展与建筑、汽车、电子、医药、电子、日化、服装、包装等产业紧密相连。石化产业是国民经济的支柱产业。它为农业生产提供化肥、农药和塑料薄膜等农用化学品；为电力、交通、冶金和居民生活提供石油、天然气、液化气等原燃料；为机械工业（航天、汽车、船舶、机械等）提供合成材料、轮胎、涂料和胶黏剂等配套产品；为纺织工业提供合纤单体、合纤聚合物、染料及纺织助剂；为轻工、家电业提供各种塑料材料、功能材料；为微电子工业提供印刷电路板基材、塑封料、光刻胶、高纯试剂和特种气体等电子化学品；为建筑业提供塑料建材、保温材料、建筑涂料、防护材料等建筑原材料；为医药工业提供基本化工原料；为军事工业提供军用化工产品；为人民生活提供各种相关的日用化学品。可见，石油化工产品渗透到国民经济和人民生活的方方面面，石化工业在国民经济中占有举足轻重的地位。其中的任何一个产业的发展必将带动石化产业的发展，而作为原材料工业的石化产业的发展，也将促进这些产业的发展。

除了在石油的生产和加工阶段存在范围经济，天然气管输环节也存在范围经济，通俗地说，由于管网是多个气田向具有不同负荷点的多个用户供气，输送管道的负荷系数容易提高。众所周知，不同的用户具有不用的负荷特点。如民用气在一日三餐和洗浴时段，供热时用气量大，而其余时段用气量非常小。工业用户的用气量随生产周期的变化而变化，连续生产的化工企业用气量较为稳定。如果对每一类用户都采用单管直供，则管束能力的设计应满足用户用气量峰值的要求，但如果用同一管线对具有不同

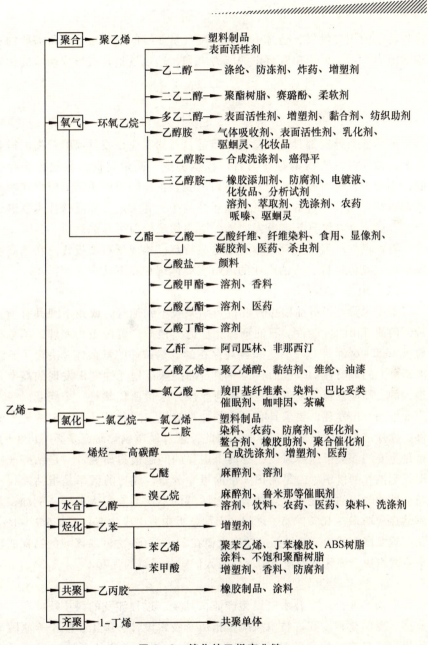

图 4 - 3　简化的乙烯产业链

峰谷特征的用户供气，通过不同用户用气量曲线的削峰填谷，所需要的总输送能力，远远低于单管直供的能力之和，这也就是管线形成网状的优势所在。

4.1.2　风险性

虽然任何投资都具有风险性，但是，石油工业是投资风险较高的行业之一。油气资源本身的存在与否、数量多少、质量高低，都是客观存在的，不依人们是否投资或投资大小而改变。正确的投资决策要建立在对地质资源情况充分了解的基础上，但遗憾的是，有关地质和勘探技术发展到今天，尚不能在油气资源开发之前，对之做出绝对可靠的评价。

石油勘探开发工程项目本身的这些特点，构成了石油投资内在的高度风险性。具体地说，石油产业的风险主要体现在以下几个方面：

（1）地质风险

地质风险是指石油勘探开发投资结果找不到油气，或找不到具有商业价值的油气田的可能性。石油资源比任何其他矿产资源更为深埋，蕴藏在地下 1000～6000 米以下，这一客观存在的自然条件的复杂性，决定了石油勘探巨大的风险性。一般而言，一项石油勘探计划无油气田发现的概率是很大的，即使发现了油气，是否有商业性开采价值仍然是一个问题。一个商业性油气田发现，要求具有一定的储量规模，同时又具有一定的地质条件，勘探结果一般是多种多样的。因此，进行地质风险研究是必不可少的，也是重要的。关于地质风险，有两个主要的问题值得研究：一是钻探成功即见到油气的概率。二是油田大小的概率分布。成功的概率是指钻探找到商业性油气田的可能性。它随着钻探区域的不同而有很大差别。例如，北海钻探成功率在 10%～25% 之间；而加拿大东海岸成功率只有 0.5%～1%。我国近海诸海域的平均钻探成功率大概在 3%～10% 之间。区域的钻探成功率主要取决于该区域的地质情况以及人们对其了解的程度。

（2）技术风险

石油产业是一个技术密集型产业，其生产过程涉及的科技领域宽、专业多、专门化程度高。技术风险是指由于技术设计、施工、操作等原因而给投资项目造成的风险性。对一个投资大、技术复杂的石油工程项目来说，设计施工标准与风险性一般呈负相关关系。设计施工标准越高，风险越小，但投资越大；反之亦然。例如，海上油田的开发，需要建造平台、安装钻井采油设备设施，设置原油集输设施等，这里都有一个技术可靠性问题。一个技术故障造成的损失，不仅要考虑设备设施的有形损坏，而且应该考虑由此而引起的延缓工程进度、降低产品产量、危及人身安全、影响职工士气、毁坏公司声誉等无形损失。而要降低技术风险性，就要提高设计施工标准，这又导致投资费用增加。

（3）经营风险

经营风险是指由于成本、价格等经济因素的不测变化而造成的风险性。石油勘探开发投资大，一般陆上 1 亿吨石油地质储量的勘探费高达 10 亿～20 亿元人民币，海上石油投资更大，一般相当于陆上石油投资的 10 倍左右。面对如此巨大的投资，一旦经营不善，就会造成极大的损失。科学技术的日新月异和世界政治军事形势的变化，使现代市场经济变幻莫测。例如，世界钢铁市场情况直接影响到平台造价、钻井成本和管道成本；而石油价格的变化又直接影响到石油公司的利润大小。近一二十年来，世界石油市场油价变化无常，直接影响到石油勘探开发活动的规模和速度。20 世纪 70 年代石油价格的猛涨，大大刺激了石油上游工业发展，许多过去无开采价值的油田变得有利可图，耗资巨大的海上石油工业迅速发展。70 年代之后，石油价格的大幅度下跌，又使石油工业面临新的挑战，世界各国石油公司勘探开发投资积极性大减。总之，市场变化加快，石油价格起落都增加了石油经营企业的风险。

（4）政治风险

政治风险一般是指由于资源国政权变更或立法改变而对石油公司造成投资失利的可能性。由于世界经济一体化和石油资源地理分布的不均衡，造成了石油经济要素的分离，即资源与消费分离、资金与需求分离，科技与开发分离，使得石油产业成为国际性产业。石油产业的国际性特点意味着各国石油企业都必须融入开放的国际石油市场中。然而，由于各国的经济发展水平和政治制度存在着差异，这也使石油行业比其他行业面临更多的政治风险。

4.1.3　技术密集

纵观世界石油工业的发展历史可以发现，科技进步对于世界石油工业的作用越来越大，使得石油工业成为高技术密集型产业。从 19 世纪中叶到 20 世纪 20 年代，可称为世界石油工业发展的第一阶段。在这个阶段里，罗马尼亚、加拿大、美国等国先后发现了油田并投入开发。在此之前，已发明的从原油中提炼灯用煤油的技术，以及工业革命后航海和陆上交通，特别是铁路的大发展，为石油工业的发展提供了钻机、井下工具、蒸汽动力机、管材、铁轨等必要的设备和物资。蒸汽机技术与中国钻井技术相结合，使人工钻井转化到机械化钻井，形成了找油、产油的原始主导技术群，并很快发展成为包括勘探、生产、集输、储运、加工、销售的完整的工业体系。

从 20 世纪 20 年代到 50 年代中期，可以看做是世界石油工业的第二个发展阶段。在这个阶段，反射法和折射法地震勘探技术、测井技术、重力和电法勘探技术兴起，地球物理方法与石油地质学的结合，增强了人们认识地下、指导勘探的能力。地球物理技术成为勘探的重要手段，钻井技术与装备也有了很大进步。大型动力机械制造业的发展，使钻机逐步大型化，旋转钻取代顿钻成为主要钻井装备，钻井的深度由几十、几百米达到一二千米乃至三千米。

20 世纪 50 年代后期至今，可以看做是世界石油工业现代化时期。在这个时期，世界新技术革命推动石油科学技术全面、飞速地发展。其中，最主要的是电子计算机全面进入石油工业，使石油科学技术发生了质的飞跃。目前，新探区的油气资源都很隐蔽，油藏类型十分复杂，地理条件、自然条件多变，如沙漠、极地、海洋、沼泽等，这对石油工程技术的发展提出了许多新任务，决定了石油工程技术研究对象的多样性，近几十年出现了系统化、模拟化和数字化特征。

随着石油勘探开发的深入发展，石油科技的综合发展正在石油科技系统的不同层次表现出来。从具体技术方法的多方面、多层次、多因素的综合分析，到多学科、多知识、多技术方法的综合交叉。石油科技综合性发展的特征，突出表现在现代石油科技综合性方法的新理论、新概念、新技术的不断涌现。如近二三十年来出现的综合勘探方法都是现代科学技术综合发展的结果。20 世纪 80 年代出现的油藏描述新技术，就是电子计算机技术等新兴科学技术的综合体。模型技术方法，就是预先设计一种与自然现象或自然过程相似的模型，通过对模型的实验和研究以探索原型的一种技术方法。由于石油科技对象的特殊性，模型方法已成为现代石油科技定量研究的基本方法。

当前，电子计算机技术的运用及现代系统方法、信息方法的移植，使石油勘探、钻井工程、开发工程、油田建设等方面技术的信息化日趋发展。尤其在地质勘探领域，标志近代地球物理勘探最新水平的地震资料数字化技术，从地震资料中提取的信息增加到了 10 多种，不但能采集处理二维数据，而且可以采集处理三维、四维数据。开发地震中的四维地震和地震反演技术和油藏建模技术的结合，大幅度提高了分辨率，大大加深了对储层非均质特征及剩余油分布的认识；核磁共振测井、套管内电阻率测井、重力测井等新测井技术的发展，为认识油藏提供更为有效的测试方法；试井技术与数值模拟和优化技术的结合，能对非均质、多层、多相等复杂问题提供满意的解释；油藏数值模拟的并行化计算广泛应用，进行超大型的整体模拟，将大幅度提高数值模拟的精度。

石油勘探是大规模应用网络技术的部门之一，要运用信息网络技术，实现数据采集、处理、解释一体化，在勘探开发中使用人工智能技术和神经网络技术，以提高勘探开发的总效益。运用水驱采收率新技术、低渗透油气藏开采技术、重油藏气驱开采技术、水平井和分支井等复杂结构井油气藏开采技术，有效开发非常规的油气资源，如稠油、油砂等。石油工业的深水开发也具有极大潜力，估计有 5500 万平方公里的沉积盆地水深超过 200 米，2001 年已可钻 1800 米的水深井，下一步目标则是 3000 米水深的海上井，这必然伴随着海上勘探技术的突破。随着全球石油工业的增长方式发生了根本的改变，过去靠高投入拉动增长的经营方式已不再适应新的形势，而科技创新、技术进步已成为带动石油工业发展的主要动力。

4.1.4 部分竞争性

石油产业，按照产业链划分，可以分为石油开采、炼制、运输和销售四个环节。从上游开采环节来看，由于我国陆上剩余石油质量总体下降，而且常规资源中分布于深层、隐蔽目标中和沙漠、山地、黄土塬复杂地表条件的资源比例也较大。要继续发现新储量存在很大的挑战，而且现役油田的开采规模也在日益萎缩。因此，从石油供应的稳定性角度出发，对中国国内石油资源的勘探开发还应加大力度。笔者认为，这些问题充分说明了石油产业链上游的竞争性结构是内生的，只有通过公平竞争，优胜劣汰，使真正有实力的企业进入勘探市场，才能促进对资源的合理、高效的开发，保障国家的石油供应。

从石油炼制和销售环节来看，我国经济目前正处于新一轮增长周期的上升阶段，促进增长的内在活力增强。1990～2004年，我国GDP年均增长速度为9.3%，汽、煤、柴三大类油品的消费量年均增长7.9%，乙烯消费量年均增长17.9%。我国已进入到工业化中期即重化工业阶段，以汽车、钢铁、炼油及化工、机电等工业快速发展为特点，对能源消耗有较高的依赖，对石油石化产品需求巨大。

随着我国城市化进程加快、居民收入提高、消费结构改善和消费层次升级，对石油石化产品的产量和质量将有更多和更高的要求，需求的多样性从根本上要求生产效率的提高，进一步要求提高资源配置效率，而资源配置效率提高依赖于要素的自由流动，依赖于价值规律，归根结底，依赖于竞争性市场结构的建立。

从石油产业链的不同环节看，除了油气的管道运输环节具有自然垄断特性外，其他三个环节均具有竞争特性。

从国际经验看，石油行业是上下游一体化经营的大型跨国企业和小型专业化企业并存的行业。近年来，在大型跨国石油公司强强联合、规模越来越大的形势下，一些小型风险石油公司也增长较快。目前，国际石油终端市场是一个竞争激烈的市场。尽管国际上几家大型跨国公司在全球石油行业的市场占有率较高，但是，这些公司在欧美零售市场上的市场占有率却是有限的。

据统计，在美国的汽车汽油零售市场上，主要能源公司包括埃克森美孚、壳牌和英国石油公司等大型石油公司的加油站数量约占25%～30%；大型石油公司在美国各州汽油市场的占有率平均为15%左右，即使在集中度较高的加利福尼亚州，单个公司的汽油市场占有率通常也不超过20%。在英国英格兰、威尔士、苏格兰和北爱尔兰等区域汽油加油站市场上，前10大公司的总销售份额不超过70%，单个公司的最高份额也不超过20%。而目前我国石油批发市场和零售市场的集中度远高于这个比例。

4.2　竞争性垄断——寡占结构选择

　　综上所述，石油产业是一个存在明显的规模经济和范围经济特性的行业，并且由于行业的资金密集型特点，造成行业的沉没成本十分巨大，使得投资该产业的风险增大。可以说，从世界石油工业诞生开始，石油工业的发展史就是石油科技进步的历史，石油产业始终属于技术密集型产业，产业技术进步对产业发展作用十分巨大。由于石油产业的国际性特点，使得石油产业是一个相对开放的产业，因此，较其他行业将面临更多的政治风险，这些特点充分说明了投资石油产业的企业必定是大规模企业，而由大企业所组成的产业组织形式主要表现为寡占垄断和独占垄断。由于石油产业本身具有的竞争性，笔者认为，从总体上看，中国石油产业组织结构应是竞争性垄断结构。虽然可竞争市场理论为独占垄断的存在给予了合理的解释，但由于市场"可竞争"标准的模糊，使得该理论在实际运用中受到了极大的限制。因此，笔者这里所论述的产业的竞争型判断指的是现实竞争而不是潜在竞争。

　　一个市场有无效率取决于它的竞争性，而真正意义上的竞争均衡关系取决于各竞争主体实力的均衡。如果寡头垄断市场中的寡头之间可以达到实力的均衡，并展开有意义的竞争，如果垄断是在竞争的基础上产生的，而且在竞争中成长起来的垄断并没有消除竞争，垄断结构改变的只是竞争形式，而不是竞争本身。放眼于更长的时间跨度和更广的空间范围，垄断结构反而使竞争更激烈（戚聿东，1997）。而且寡头垄断有利于大规模生产，避免固定成本的重复性浪费。由于生产要素的不可任意分割性及管理经验知识的共享性，客观上产生了与产量大小相对无关的固定生产费用。如果扩大生产规模，那么，分摊到单位产品上的固定成本就自然会降低。但在完全竞争条件下，不存在规模经济。在完全垄断条件下，由于缺乏竞争，会出现规模不经济；只有在寡头垄断条件下，才能实现适度的规模，达到规模经济，加之企业之间存在一定的竞争，可保证产业链的完整，有利于产业的成长和稳定发展，在这种规模经济作用基础上形成的垄断结构，显然促进了资源配置的优化，笔者认为，中国石油产业组织结构选择应是竞争性垄断——寡占。

产业组织效率是衡量产业组织合理化程度的重要指标，在影响产业组织效率的诸因素中，市场结构是十分重要的因素。长期以来，中国石油产业组织结构不合理，运行效率低下，产业国际竞争力不强，一个很重要的原因是没有形成有效的市场竞争结构。随着世界经济全球化步伐的加快，中国石油产业面临的国际竞争的压力越来越大。为迎接世界石油经济竞争的新挑战，中国石油产业必须提高产业组织运作效率和产业的国际竞争力（杨嵘，2001）。从世界石油工业发展历史来看，自1859年世界石油工业兴起以来，自由竞争作为石油经济运行的基本调节机制，对石油工业初期的发展起了巨大的促进作用。但从产业组织角度看，19世纪80年代以来，市场经济发达国家石油产业组织效率提高很快，石油产业的国际竞争力很强，其所依托的产业组织与市场结构都具有垄断或寡占型特征。例如，在美国，19世纪60年代一度出现的石油企业数量激增，竞争秩序混乱，造成石油资源严重生产过剩和浪费，结果产生了标准石油托拉斯组织，才使石油市场的秩序得到有效维护。1911年标准石油公司解体后，美国逐步发展成为由埃克森、美孚、阿莫科、德士古、雪佛龙等大石油公司垄断石油工业的局面，这些石油巨头构成了美国石油工业的寡占型市场结构，并在美国乃至国际石油市场中发挥着重要作用。欧洲的法国、英国等也存在着同样的现象。可以说，寡占型市场结构是社会化大生产和市场经济不断发展，导致资本集中的必然结果。在这一过程中，必然伴随着资源配置效率和整个产业组织效率的提高。寡占型市场结构有利于实现规模经济，降低成本，提高产业资源配置效率。在石油产业内部包括石油开采、石油炼制及石油化工等行业，一方面使用高参数大型化设备而要求实现大规模生产；另一方面由于原材料的匀质性和专用性，生产工艺要求高度流程化和连续化，适合把上下游各个生产环节置于同一企业统一管理之下。这对于减少交易摩擦、降低成本、开展资源综合利用具有极大好处。由此看来，石油企业只有建立上下游一体化的生产经营体制，才能有效地利用规模经济效益，从而提高整个产业组织效率。而规模经济、上下游一体化最易形成寡占型市场结构。这种基于规模经济作用形成的寡占型市场结构是现代化大生产条件下提高石油产业组织效率的重要因素。

进入21世纪以来，石油成为重要战略物资。第二次世界大战后，石油作为重要战略物资的性质得到了进一步加强，逐渐成为世界上主要的一次能源,在各国的经济、政治、军事、生活中占据了极其重要的地位,石油产业也逐渐成为各国的战略重点产业,是各国政府调控的重点部门。由于石油的稀缺性、国计民生性和战略性特点,对于石油产业,实行独家垄断不利于石油资源的最佳配置,采取完全竞争又不能为石油企业更不能为国家带来利益,只有寡占型的市场结构最具经济效益,也最有利于政府调控。在寡占型市场中,石油产业内大企业数目少,它们在资金、技术、规模、产品信誉等方面拥有绝对优势,所以,政府对该产业的调控只需通过与为数不多的几家大企业协商就可以比较容易、有效地实现,有利于国家产业政策的贯彻实施。

无论是传统的哈佛学派的产业组织理论,还是新芝加哥学派的产业组织理论,都验证了集中度与利润率的正相关性。相反,如果特定产业中的集中度水平较低,企业的市场份额过小,且企业数目多,则企业的利润率水平较低,将严重影响企业的研发、技术进步等创新能力。据统计,在资本、技术密集型产业中,几乎所有的重大技术创新都源于垄断性大企业。从投入方面看,美国最大的100家垄断企业的研发费用支出曾达到全国科研支出总额的82%。这一比例数值在英国、法国、意大利、日本等工业发达国家分别达到70%、81%、93%、86%。寡占型市场结构之所以能促进技术进步,主要是因为,大公司的垄断地位使它们有更强的经济实力开发新技术。同时,在垄断市场条件下,大企业可以利用其垄断地位,防止新技术被其他企业迅速模仿,避免了"搭便车"情况的迅速发生,从而更有力量保证获得技术发明或创新所带来的大部分利润。这样,居于垄断地位的大企业往往具有更强烈的动机和更大的积极性,去进行新技术的发明和开发。正如以熊彼特为代表的创新主义学派所指出的,垄断大企业最有利于促进技术变革,是社会技术进步的主要推动力。

现代石油产业是一个技术密集型的产业集合体,且未来发展的速度与质量不可能再取决于自然资源、硬件技术甚至资本的多少,而依赖于对知识、技术等软件资源的创新、形成和利用。伴随着国民经济的持续快速发展,中国石油产业组织的市场结构存在的缺陷越来越突出,从而降低了石油产业资源的配置效率,制约了石油产业组织效率的提高,主要表现为:"大而全"、"小而全",全功能式组织结构。寡占型市场结构效率在实现规模经济效益方面,还表现在生产专业化水平的提高上。产业中企业的生产专业化协作是社会化大生产和市场经济发展的客观要求，也是提高产业组织效率的重要条件。我国的石油企业多数是 20 世纪六七十年代依靠"石油大会战"建立和发展起来的，由于计划经济体制下市场极不发达，生产的专业化程度较低，加上各油区普遍远离城镇，没有社会依托，形成了石油企业"大而全、小而全"的组织结构，企业既要从事以勘探开发为主的生产经营业务，又要从事施工作业、油田建设、运输、机修、矿区建设、物资供应等辅助生产业务；同时企业还要"办社会"，职工的福利、就业、医疗、子女上学等都得包下来。可以说，我国石油企业是最典型的全功能模式，它必定会制约产业技术创新率和产业组织效率的提高。

　　1998 年 6 月 1 日，新的中国石油天然气集团公司和中国石油化工集团公司宣告成立。它打破了我国石油工业多年来形成的三分四统的局面。然而，组建的南北两大石油公司是由政府自上而下所进行的重组，不是企业在市场竞争中进行市场开拓、资产优化和企业组织形式选择的自发结果。由于重组后的两大公司各有侧重，中石油侧重于石油天然气的勘探开采，中石化侧重于石油化工的开发，这就决定了两大集团公司的重组更多的是形成了生产合作关系，而竞争关系却成为次要的关系。同时，由于组建方式是以地域为基础，基本上是形成了南北两大集团公司共同占有国内陆上石油市场的格局。虽然两大集团公司业务上也有交叉，但通过区域性市场的形成，不能生成对生产者构成威胁的动力机制。

　　优化石油产业组织结构，提高产业运作效率，必须重塑资源配置机制。在生产集中的基础上，逐步形成适应石油产业特点与市场需求状况的寡占市场结构，提高产业国际竞争力。进一步深化石油产业内部改革，彻底打破并消除妨碍石油产业有效集中和产业资源配置效率提高的体制性障碍。深化石油企业体制改革，加快企业内部改制，使企业成为充满活力的产业组织微观主体。企业充满活力，对外界信号具有灵敏的反应能力，并具有旺盛的创新欲望和扩张动力，是产业组织结构趋向合理的基础。同时，打破区域垄断，形成全国统一开放的石油市场体系。撇开地域界限，鼓励相互渗透，使石油资源能够在市场机制调节下有效地配置，建立全国统一开放的石油市场体系。

　　在石油产业市场化推进过程中应处理好竞争与合作的关系，保障中国石油市场的相对稳定。尽管目前石油的市场化程度依然不高，但随着石油产业改革的进一步深化，石油作为一般商品的特征越来越明显，其市场化程度必然会越来越高。这就要求各个石油企业必须冲破计划经济体制的束缚，遵循市场经济法则，按市场的游戏规则进行公开、公正、公平的竞争；同时，由于我国的石油市场基本上被中石油、中石化、中海油三大集团公司所控制，新的投资者进入石油经营领域的可能性较小或虽能进入也难以很快形成气候，由此形成了三大集团公司之间互相依存、相互制约的关系，动一处而牵全身，每一方的决策和行动对另外几方都会有举足轻重的影响。这就要求各石油公司在以独立竞争主体的身份出现在市场时，既要根据竞争对手的策略来研究制定自己的策略，同时还要充分考虑自己的决策可能引发的竞争对手的反应。通过各石油企业在市场竞争中的磨合，最终建立一种在决策时符合多方利益、共同遵守的行为规则，以保障中国石油市场的相对稳定。还要构造具有国际竞争力的集团组织结构。

国际石油大公司为迅速提高竞争力，采取联合、兼并、剥离、分流等多种手段，通过强强联合、集中优势、突出主业、甩掉包袱、轻装上阵，使其在规模、素质、结构上迅速升级，竞争力显著增强。一方面，为了垄断和控制本国的石油市场，同时实现石油资源沿产业链合理配置，取得最佳纵向协同效益，从上游油气资源的勘探开发到下游的石油炼制及化工产品深度加工，从生产到销售，实施一体化控制；另一方面，为了提高劳动生产率，降低生产成本，充分取得横向规模经济效益，尽可能按不同产业性质进行专业化分工，实施专业化经营，发挥专业化优势。在调整或重构产业与组织结构时，这些大公司普遍趋向于在公司总部推行一体化战略，在分公司或子公司采取专业化战略。可以说，大型跨国石油公司一体化、专业化同步推进，优势兼得，是新一轮重组和结构调整的一个新的重要特征。

中国石油产业要构建高效能的组织结构，参与国际石油竞争，就必须按照国际大型石油公司通行的治理的组织结构模式和国际投资者对大型石油公司的要求，构造既具有一体化优势又兼备专业化特点的组织结构。在三大石油集团公司整体重组中，应当采取一体化与专业化并行推进的策略。在各集团公司总部突出一体化建设，强化一体化机能；在分部和下属单位推行专业化经营，发展专业化协作。具体来说，推进一体化就是要在业务领域和职能范围内实现上下游、内外贸、产销三个一体化。在发展方向和行为规范上，要做到发展战略、投资方向、项目审定三个一体化，即：为了实现整体发展目标，各分公司、子公司不仅要在业务、贸易、产销等方面服从一体化战略要求，而且要在发展计划、技改投资、开发项目等方面与集团整体发展规划保持一致。推进专业化就是分部和下属单位，在专业经营的规模上，要努力扩大业务能力和市场份额，形成经济规模，体现规模效益；在专业化经营的成本上，要通过提高服务质量和效率、强化管理等措施，大幅度降低成本，提高市场竞争力，充分发挥专业化优势。

进一步加快实施以产业集中为导向的石油产业组织政策。现代市场经济条件下，政府产业组织政策是实现产业组织优化的政策保证。在20世纪60年代和70年代，日本的企业规模偏小和数目过多，致使日本的产业竞争力较差。日本政府推行实施了"集中优先"的产业组织政策，通过促进产业的改组、合并和限制新企业进入等措施，较快地扩大了企业的规模水平和产业集中度，提高了产业的国际竞争力。现阶段，我国石油产业组织存在的问题也是生产集中度较低，我国有相当一批小炼油厂、小石化厂，这些小企业挤占了大企业的资源和市场，从而使整个石油产业资源的运作效率降低。因此，我国也应实行以产业集中为导向的石油产业组织政策。具体来说，石油产业组织政策的重点有两点：一是要支持产业中竞争力较强的企业能尽快扩大规模。二是形成有效竞争秩序，消除过度竞争。要加强对我国目前石油产业组织结构现状的调查研究，特别要测定石油产业内部企业的规模标准，综合考虑现有生产力发展水平下的技术发展状况，并结合国际经济技术发展水平及发达国家石油产业发展态势，制定石油产业内企业发展的最低生产规模标准，形成一种阻碍低于经济规模的企业进入石油产业的壁垒，对于现存未达到最低生产规模的企业，要促使其通过技术改造扩大规模，或通过联合兼并尽快形成规模。今后，我国石油产业组织政策作用下的企业联合和集中，应是在促进竞争基础上产生的集中过程，而不是通过政府自上而下形成的集中过程。同时，为有效地实施产业组织政策，推动石油产业迅速向规模经济迈进，应大力促进石油产业资本和金融资本的结合，为大石油企业的成长提供长期、及时和稳定的资金来源，同时也为企业通过兼并、合并、收购等方式迅速扩张提供金融中介。

4.3　寡占效率

寡占市场的基本特征是少数几家大规模厂商占据了整个行业或行业的大部分产出。寡占厂商存在着相互依存的关系，这是寡占市场最突出的特点，也正是由于寡占市场的这种相互依存关系，使寡占的理论分析具有较大的难度，特别是对其均衡价格和均衡产量的决定很难得出完美、确定的结论。市场经济的有效运行离不开竞争机制，在市场经济框架体系下构造中国石油产业有效竞争的市场结构，要首先阐明不同市场结构的有效竞争的偏差，并进而说明在寡占市场结构下的有效竞争是如何实现的。康岑巴赫的最佳竞争强度理论以厂商都能提供产品供给为基础，没有对厂商能力进行区别与分析，因此，他在多头竞争市场与双头市场之间勾画出所谓的宽松寡头市场区间，然后对这样的市场特征进行定义与描述，提出在这样的市场结构下竞争最有效。笔者虽然同意他的最终描述结果，但对结果实现过程的经济分析及实现的内在机理更感兴趣，试图从一个新的视角，从经济自身发展规律的方面寻求对问题的解释。

4.3.1　完全竞争均衡的非现实性及有效竞争理论的提出

按照新古典经济学的理论，完全竞争市场能够自动调节资源配置，达到帕累托最优状态，因而，完全竞争市场是最理想的市场结构。我们知道，完全竞争市场结构的存在依赖于一系列苛刻的假设条件，如厂商规模小，产品无差异，生产要素自由流动，信息充分并对称，零交易费用，没有政府干预等。然而，实践证明，这些条件在现实中很难同时具备。因此，完全竞争在现实中根本不存在，这仅是一种纯粹的理论抽象，与之相对应，完全垄断也仅代表着一种倾向，缺乏现实性。

在完全竞争均衡中，任何厂商，其规模和实力太小不足以支配市场价格，不足以驾驭新技术所创造的新产业部门所引发的竞争力量的局部膨胀。当一簇新技术发明创造出的新产业部门超出了传统产业的吸收能力时，新技术发明就有可能破坏整个产业组织结构的现存均衡状态，这种破坏会引起整个国民经济结构的破坏性调整，而不是使经济平稳地趋向高层次均衡。为避免竞争的破坏性而进行的企业合并，使规模经济效应发挥了作用，并因为节省了过度竞争成本而使经济变得更加有效率。需要说明的是，完全竞争模型存在着的各种现实不完美性，并不意味着市场竞争趋势完全处于效率劣势。决定效率问题的关键在于市场上竞争势力和垄断势力之间的均衡对比。相对于完全垄断而言，竞争均衡具有明显的行业效率促进优势。中国石油产业寡头竞争均衡作为规制的目标取向，就是寄希望于通过改变现有政府主导的寡头垄断结构，促进石油寡头之间的市场竞争，来增进组织绩效和行业效率。但政策选择的标准应该是效率增进，而不是竞争促进，如果竞争不能促进效率，它就不能作为政策选择目标。政策不应帮助市场"退回"到一个不能保证效率的完全竞争均衡状态，但可以在垄断现状下尽可能拓展竞争均衡的适用范围，实现较为理想的社会经济秩序。

英国经济学家马歇尔认为，企业规模扩大不但能增进企业内部经济，也带来外部经济性。大企业通过内部分工能提高专业化程度和管理效率。但是，规模超过一定限度，信息传导不畅会使企业的内部管理成本大增。同时，高价格带来的超额利润又使企业失去改进技术和降低成本的动力，产生"X—非效率"。企业追求规模导致的垄断使价格缺乏弹性，扼杀市场竞争活力，不利于自然资源的合理配置。这种规模经济与竞争活力之间的两难选择称为马歇尔冲突。

美国经济学家克拉克首先提出"有效竞争"理论，为解决马歇尔冲突提供了"良方"。克拉克在《有效竞争的概念》一文中，从长期均衡和短期均衡关系的角度提出了有效竞争的问题，以试图兼容竞争活力和规模经济之间的冲突。他认为，短期均衡是一种静态概念，是在总供给能力不变的情况下，依靠现有生产条件，通过价格自动调节实现的供需均衡，依靠自由竞争的价格机制来引导资源配置。而长期均衡则是动态概念，在长期中，随着需求的增长，要实现经济运行的长期均衡，必须要有供给能力的持续扩张，由于规模经济性的存在，在供给能力的扩张过程中，单个企业的规模就会扩大，而大企业有可能成为垄断者，它们控制价格，限制竞争。显然，要实现长期均衡，就要出现大企业，而大企业可能会控制价格，限制竞争，破坏了价格机制的作用。短期均衡和长期均衡两者实现的条件往往不协调，表现为规模与竞争的矛盾。为在现实条件下缩小这种不协调，首先要明确"有效竞争"的概念。有效竞争是指将规模经济和竞争活力有效协调，形成有利于长期均衡的竞争格局。克拉克有效竞争理论的贡献在于指出了规模与竞争的相互协调是一种动态过程。

4.3.2 寡占与有效竞争

有效竞争是理想的市场结构必须具备的基本特征，也是评价、构建市场结构的理论依据。这里笔者将运用我国著名产业经济学专家王俊豪提出的"有效竞争分类法"，即以规模经济、市场集中度和进入壁垒作为参照标准，来定性地分析各种市场结构与有效竞争的差距。在经济学中，完全竞争、完全垄断、垄断竞争和寡头垄断是四种典型的市场结构。在完全竞争市场中，市场主体是众多"原子式"的小企业，这些小企业往往不能满足规模经济的要求。因为在现实经济中，绝大多数产业存在一定的规模经济，只能容纳数量有限、达到适度规模的企业，如果企业数量过多，必然会产生两种结果：一是缩小单个企业的规模，企业规模普遍不能达到适度规模要求。二是企业的生产能力严重过剩，供给大大超过需求，大量的生产技术设备处于闲置状态，也不能真正实现规模经济。因此，在这种市场结构下，由于企业数量多而规模小，其市场集中度很低。同时，由于产品同质，市场信息完备，企业可自由进出，较低的市场集中度和进入壁垒意味着市场竞争度很高。企业围绕价格和产量会发生激烈的竞争，企业间的协同性差，容易发生很大的产业内耗，从而无力进行大规模的研究开发活动，致使技术进步缓慢，产品不能随着消费者需求的变化而不断更新，不能满足消费者的动态需求。

可见，按照该分析框架，完全竞争市场结构是一种不能发挥规模经济效益，市场竞争度过高的市场结构，它和有效竞争标准相去甚远。因此，从有效竞争的角度看，完全竞争市场结构不能作为现实经济中理想的市场结构。

在完全垄断市场结构下，整个产业由独家经营，从而为充分发挥规模经济效益提供了可能性。但在这种市场结构下，由于市场集中度和进入壁垒都达到了最高限度，使得市场竞争度处于"底谷"，垄断企业不存在市场竞争的外在压力，往往缺乏创新动力，长此以往，会使企业内部产生"X—非效率"现象，从而丧失追求成本最小化的动机。此外，这种市场结构还可能使企业实际规模超过适度规模，使平均成本上升。所以，完全垄断市场结构虽能发挥规模经济效益，但市场竞争度过低，难以使规模经济和竞争活力达到兼容，也不是一种以有效竞争为特征的市场结构。

在垄断竞争条件下，虽然市场主体不是像完全竞争那样由大量的"原子式"小型企业构成，但企业数量众多，规模较小，竞争激烈，因此，这种市场结构也难以发挥规模经济效益，不适用于规模经济比较显著的产业。企业多而规模小，必然使市场集中度较低；同时，产品差别的存在表明这种市场结构具有一定的进入壁垒，这种进入壁垒有利于促使企业采取差异性市场营销战略，满足不同消费者的需要，通过各种创新活动以取得产品优势，击败竞争企业。但是，由于产品差别不大而产品间的交叉弹性相当小，这又说明由产品差别形成的进入壁垒较低。因此，按照该分析框架，在垄断竞争市场结构下取得规模经济的潜力较小，市场竞争度较高，但与完全竞争市场结构相比，它缩短了与有效竞争标准的距离。因此，垄断竞争市场结构具有一定的适应范围。

在寡头垄断市场结构下，市场主体主要是少数大型企业，这为企业取得规模经济效益提供了可能。由于企业数量少而规模大，其市场集中度较高，新企业要进入市场，必须要有较大的经济实力和雄厚的技术力量才能与原有企业进行竞争，故其进入壁垒较高。但高集中度和高进入壁垒并未阻止竞争的展开。因为寡占市场中少数几家企业势均力敌，可展开更有意义的竞争。可见，就该分析框架而言，寡头垄断市场结构，既能实现较大规模经济，又可保持竞争活力，这种市场结构最符合有效竞争的标准。

通过上述的比较分析可以看出，完全竞争在现实中根本不存在，它仅是一种纯粹抽象；而完全垄断也仅代表一种倾向，缺乏现实性。唯有垄断竞争和寡头垄断才是现实生活中较常见的两种市场结构形式。从企业规模经济、市场集中度和进入壁垒等因素分析，寡头垄断的市场结构较垄断竞争的市场结构更符合有效竞争的标准和要求。

在企业中，具有不能完全可分的生产要素能够产生功能的多样性、经济价值的多重性、组装性能的多重性，以及企业无形资产的可重复使用性。这时，企业在一定规模下同时生产经营多种不同商品的成本低于多家企业分别生产经营其中一种商品的成本总和。即企业实现多角化经营，把大量的外部交易内部化、组织化，就够节省搜寻信息、发现相对价格，以及谈判签约等市场交易费用，减缓和分散市场不确定性所带来的风险。这也是为什么世界上大多数垄断组织都不是单一功能的垄断组织，而是集多种功能于一身的跨行业垄断集团。

经济学家们认为，垄断组织缺乏同行竞争的压力，必然会导致技术上的墨守成规。但这种观点已被现代产业经济实践所改变，垄断本身推动了技术进步，技术进步又促进了垄断的产生。技术进步，一方面使得既定资源投入能够具有更大产出，从而覆盖更多的市场；另一方面能制造出产品差别化。这两方面无疑都促进了生产和市场集中，而在技术进步基础上形成并受到专利保护的垄断，又会促进技术的进一步发展，这不仅因为垄断保护了技术进步的动因，而且为技术进步的发展奠定了雄厚的物质基础。按照熊彼特的观点，垄断是企业家愿意投资于创新活动的前提。加尔布雷斯追随熊彼特，认为由少数大企业所组成的现代工业最有利于激励技术创新，有许多调查的事实也支持这一观点。① 可见，寡头垄断市场结构是普遍的、稳定的和有效的，能最终实现资源配置效率的提高。所以，要优化我国石油产业组织结构，改变过度竞争、集中度低、重复建设的局面，提高企业的竞争实力，寡头垄断应作为市场结构优化的选择。

4.3.3　寡占竞争均衡的效率

寡头结构有寡头垄断均衡和寡头竞争均衡之别，后者作为市场结构自然演化的结果，能够增进组织绩效和提高行业效率，并实现市场稳定。寡头垄断均衡是指市场上仅有的几个企业经过合谋达成协议，通过瓜分市场份额甚至规定区域市场，实现市场控制以索取超过平均成本的垄断价格，达到获得垄断利润的目的。尽管主流微观经济学关于寡头垄断结构的产业效率问题至今没有定论，但我们认为，由于寡头合谋避免了面对面的竞争，使得寡头垄断均衡更趋向于完全垄断结构。从行业效率分析，因为个别寡头垄断企业的利润最大化是通过市场瓜分实现的，长期利润诱惑使得寡头企业愿意合谋限产，并遵守合谋规定。规定产量而不是直接规定价格是寡头企业合谋的必然结果。寡头企业通过共同降低产量可以把价格提高

① 据 OECD 调查，在 OECD 范围内，全部工业研发费用的 2/3 左右是由那些雇员超过 1 万人的大公司完成的。英、美、德、日等国企业的研发总支出的 62%～90% 是由 5000 人以上的公司完成的，在一些高新技术产业中，规模较大、中等水平的寡头垄断最有利于创新。

到超过竞争市场均衡水平以上，从而增加企业利润，但限制产量造成了被称为"无谓损失"的社会剩余损失，该损失被概括为垄断的社会成本，即垄断状态下资源配置的负外部效应。

哈佛学派产业组织理论所创造的 S—C—P 模式认为，具有市场实力的企业在获得垄断价格的同时带来了社会福利净损失。从企业组织效率看，因为寡头企业合谋可以保持寡头的市场维持力，即在保证其实现垄断利润的同时，有实力威胁潜在进入者，令潜在进入者的预期利润为负。这足以防止拥有同等或低级技术的潜在竞争者进入市场分享垄断利润。这时，寡头垄断企业缺乏市场竞争压力，因而也缺乏实现成本最小化的积极性，技术开发和设备更新的动力不足，结果以高于其理论成本曲线的成本生产和供给产品，表现为企业内部 X—非效率。X—效率包括选择最经济的生产过程或投入组合时的内部配置效率以及在选定的生产过程或投入组合基础上实现产量最大化时的技术效率。内部配置效率和技术效率共同决定以最优生产规模进行生产的生产效率（卡布尔，2000）。

然而，笔者认为，行业集中与垄断是完全不同的，一个行业的销售额集中在少数几家企业手中，并不意味着存在行业垄断行为，虽然结构与行为有一定的关系，但二者并不具备必然联系，更不意味着集中就带来行业低效率，规模效益与竞争效益之间的"马歇尔两难选择"并不必然存在。实际上，中外统计资料都表明了竞争与垄断双双被强化的市场发展趋势与特征，（李怀、高良谋，2001）其中市场结构演化的一种趋势就是市场集中度越高，市场竞争反而越激烈，只不过当市场集中度提高到一定程度后，企业的市场竞争策略不再是一味地价格竞争，其他形式的竞争如创新、速度、质量、服务等技术性竞争策略替代价格竞争而成为主要形式。最大的企业可能恰恰是有效率的企业或者是具有创新精神的企业，合适的行业集中度比一个竞争者较多、企业力量更加均衡的市场结构更加有效率。

由于存在着赢得大市场份额和获得寡头地位的诸多渠道，包括优质管理、规模经济和掠夺性策略及政府规制，因此，区分市场控制力的取得和维持，是企业高效率运作的结果还是运用掠夺性定价挤垮竞争对手的结果，是规模经济效应的结果还是政府控制的结果，对于判断市场集中度与行业效率之间关系具有十分重要的意义。掠夺性策略和政府控制所形成的行业集中等非市场自然演进结果，会带来竞争程度的降低和效率损失；但是，如果行业集中度提高是规模经济的体现、企业高效率运作或者创新的结果，那么，只要寡头之间不进行合谋，该寡头结构便属于寡头竞争均衡。

寡头竞争均衡结构能够实现资源配置效率，一方面在于寡头企业规模能够实现规模效益、节约交易费用，有足够的实力进行技术开发；另一方面，也是最为关键的因素在于不实施合谋的在位寡头之间的相互竞争压力以及潜在竞争者的进入压力迫使在位寡头进取。按照鲍莫尔、潘泽、威利格（Baumol，Panzer，Willig，1982）针对自然垄断企业所提出的可竞争性市场理论，如果潜在进入者的竞争压力能够使得即便控制了绝对市场份额的自然垄断企业也照样像竞争企业一样行为，从而使该行业产品保持低价水平并实现资源配置效率和生产效率的话，那么，对于寡头竞争市场而言，在位寡头企业之间的实际竞争无须满足鲍莫尔、潘泽、威利格所列出的三个严格条件即可发挥作用，从而使市场竞争程度近似于完全竞争市场，既推动产业集中条件下的大企业的不懈努力，又避免如上所述的完全竞争均衡和高度垄断框架下的消极后果。在这种情况下，不需要维持较多的企业就可能有好的市场绩效，而政府如果强行降低行业集中度，或者盲目制止可能会导致行业集中度提高的企业合并，反而会因为限制了企业发展而降低规模经济效益和范围经济效益。

4.3.4 寡占竞争均衡的稳定性

著名产业组织理论学家贝恩把市场结构划为极高寡占型、高集中寡占型、中（上）集中寡占型、中（下）集中寡占型、低集中寡占型和原子型六种类型，其中寡占型就有五类。后来，贝恩按照以上分类，对美国当时的产业进行了划分，除纺织、木制品外的其他所有行业都存在寡头垄断。因此，在贝恩看来，寡头垄断市场结构是非常普遍的，这在贝恩时期的美国、英国产业中得到了证实。当代产业组织也证实了这一点。纵观经济经过高速增长后进入稳步发展阶段国家的产业发展，每个产业的发展都与一些明星企业密切相关，从汽车、钢铁、石化到家电、卷烟、日化等，每一个产业都有自己的领头羊，都对行业产品的价格和产量有一定的控制力。即寡头垄断是产业经济运动的必然结果，随着科技的进步，生产和资本的不断集中，寡头垄断市场结构将存在于各个产业，无论垄断的表现形式如何，寡头垄断市场结构还是比较稳定的。

可见，寡头垄断市场是介于垄断竞争与完全垄断之间的一种比较现实的混合市场，它的基本特征是市场上只有少数企业，每个企业在市场上都具有举足轻重的地位，对市场中产品的价格具有相当的影响力；每个企业在市场上都相互依存，任一企业进行决策时，必须把竞争者的反应考虑进去，由于企业经营者都想通过企业的业绩、企业的声誉来表明自身的能力和价值，其指标就是市场占有率的扩大和销售额的增加，科技水平的不断提高，企业利润的增加，整体表现为寡头垄断的加强。同时，由于规模经济的存在，退出成本的巨大以及消费者对大企业产品品牌的理解和接受，企业对很多专利的掌握，要在较短时间内改变一个企业的寡头地位并非易事，除非人为分割。另外，寡头垄断包括的企业数目相对较少，企业之间的行为易于协调，易于达成纳什均衡的稳定状态。市场稳定性可被定义为市场上大多数企业能够跨固定资产更新周期而持续存在。当然，存在少数企业由于各种原因以各种方式退出市场是必然的，但如果这些退出市场的企业，无论数量还是规模对该产业的产出和市场运行不具明显影响，就可以认为是市场稳定的。

从资产组合理论看，多元化经营除能够给企业带来范围经济效应外，还具有分散非系统性风险的功效。当市场上其他企业的产品创新给某一个产品品种带来冲击时，实施多元化经营的大企业具有抗御能力。一般而言，竞争性寡头往往是因为其产品品牌赢得了消费者的理解和接受而获得市场控制力的，在消费者偏好改变之前，企业对许多专利的掌握、规模经济的支撑等都是寡头企业持续稳定的基础。要改变寡头企业如此的市场地位并非易事，除非人为分割（张炳申、李华民，2004）。

从价格形成机制来讲，寡头竞争均衡的本质特征就在于市场上势均力敌的大企业很少，少到一家企业要改变其策略必须考虑其竞争对手的态度。正因为要顾及竞争对手的反应，竞争性寡头企业之间更加容易达成纳什均衡，使市场处于长期稳定状态。寡头竞争均衡企业所面对的带折点的需求曲线，也使得寡头竞争企业不轻易使用价格竞争策略。他们不愿意首先打破市场价格的现存均衡状态，除非具有取胜的十分把握。在各种力量都能够势均力敌时，任何先动企业都会冒巨大风险。图4-4表达了这一模型。假定市场初始的价格是 P_0，如果某一企业在此基础上提高价格，其他企业不会跟着提价。那么，企业一旦提价就会失去很多顾客，因此，需求弹性较大，反映在图中就是 P_0 以上的一条相对平坦的需求曲线；而如果企业降价，其他企业则会跟随与其竞争，那么，企业降价不会带来销售额的显著扩大，因此，需求弹性较小，反映在图中就是 P_0 以下的一条相对陡峭的需求曲线。所以，寡占企业的需求曲线 D 在原价格水平的 B 点处发生了折拐。当需求曲线在 B 点出现折拐的情况下，其对应的边际收益曲线也同样由两部分组成，并且在两部分之间出现间断。在图 4 - 4 中，边际收益曲线的 AC 部分对应于需求曲线的 AB 部分，而 EF 部分则对应于需求曲线的 BD 部分，并且在 C 点与 E 点之间出现一个较大的缺口。如果寡占企业目前的边际成本曲线为 M_{c3}，那么，利润最大化的产量就应该是 Q_0，相应的价格为 P_0。由于在 C 点与 E 点之间留有相当的余地。即使边际成本曲线上升至 MC_1 或下降至 MC_2，只要变化不超过 C 点或 E 点的限度，利润最大化的产量依然是 Q_0，价格也依然是 P_0。所以，在寡占行业，除非成本大幅度变化，企业不会轻易改变产量和价格。

折拐的需求曲线模型被认为是寡占市场的基础模型和一般理论，它比较好地揭示了寡占市场价格比较平稳的现象。具有市场实力的寡头通过其

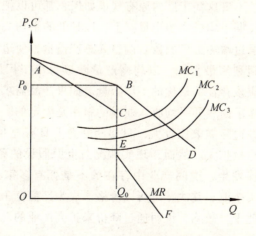

图 4 - 4　折拐的需求曲线

多元化经营，可以应对新技术研究和新产品开发对现存产业及产品带来的冲击。也只有具备规模效应的大企业，才有能力平衡新技术创造所引发的市场局部过快发展所带来的市场失衡，保持经济要素协调惯性（佩罗曼，2003），实现经济从旧产业到新技术产业的平稳过渡。

4.3.5 勾结自律性的经济学分析①

所谓自律也就是行为人自己按照某些标准、价值取向或行为规范约束自己的行为。针对勾结企业来讲的自律行为可分为产品价格自律和企业行为自律。从经济学角度看，自律是在竞争市场环境中行为人对竞争的反应。不管是行为自律还是产品价格自律，实质上都是企业为限制竞争而采取的做法。那么，从行为结果上看，自律对市场结构会产生不同的影响。如果在过度竞争的市场结构中，企业自律能使市场结构趋于合理；在非过度竞争的市场结构中，企业自律只能损害消费者福利，破坏市场结构的有效性。

企业价格自律就是各生产企业要把自己生产的某种产品的市场价格定在行业平均生产成本之上，以保证行业内那些生产成本超过行业平均成本的企业有利润可赚，能够保持生存。假如此产业中只有一个拥有多家工厂的完全垄断企业，不管这些工厂的原有规模如何，都可以把产量调整到短期平均成本等于长期平均成本的产量点上，以最低的平均成本来生产所计划的产量，然后通过增加工厂的数目调整其总产销量，使边际收益等于长期边际成本，达到利润最大化。以均衡产量除以每个工厂的最优规模产量，得出产业中应该存在的最优的工厂数量。如果产品需求曲线是一次曲线，垄断企业的需求曲线即平均收入曲线的斜率是固定的。如果需求曲线的斜率比较大，即边际需求比较大，只要垄断企业具有充足的资金投入，总可以使需求量尽量扩大。然而，现实情况与上面假设的条件完全相反。首先，价格战能够发生，说明产业中存在的不是拥有多家工厂的垄断企业，而是多家寡头企业。其次，之所以价格能成为厂商竞争的焦点，而且竞争企业之间对此十分敏感，说明通过降价来扩大产业的总体需求量的空

---

① 学者关明坤在分析中国铁路产业组织问题时，对寡头勾结过程中的自律性进行了分析。笔者认为，该分析结论也同样适用于石油寡头的分析。

间是有限的，既产品需求曲线不是边际需求固定的一次线性曲线，而是如图 4-4 所示的凹向原点的多次曲线。产业中寡头企业的平均成本是不同的，如果它们在产品售价上能达成卡特尔协议，那么，结果和前面的假设就非常接近了。所不同的是企业的边际收入不同，因而不同企业的利润水平是不同的。但既然卡特尔协议能够达成，这个问题可以通过卡特尔内部解决，企业间暂时相安无事，所谓的行业自律价起的就是这样的作用。

行业平均成本对生产企业有约束力吗？企业愿意接受这样的标准自律吗？自律的动因何在？在自由竞争的市场环境里，产品价格是竞争者获得竞争优势最直接、最明显也是最容易发挥作用的手段，因而企业大多最先想起并实施降价策略，成本优势转变成定价优势。这里有这样一个规律在左右企业的行为：如果企业预期的生产数量在市场上能销售出去，那么，产品价格定得越高越好，产品价格越高，企业获利越多。这种情况显然只有在垄断的市场里才能发生。如果在非垄断的市场里要想实现预期的产品销售量，那么只有产品的价格降到一定的水平，企业的预期产品销售量指标才能实现。① 当然，价格越低，生产企业的利润水平越低，企业欲实现预期的盈利水平，其产品预期销售量必须达到一定的规模。从分析中可以看出，由于价格机制的作用，企业具有不断降低产品售价的动机，因为实现利润的前提是产品必须卖出去，当然，要想实现预期的利润水平，厂商就要不断扩大生产规模。规模扩大的另一个好处就是企业的平均生产成本将像学习曲线反映的那样降低，生产企业将获得更加有利的竞争条件。因此，在竞争的市场环境中，生产企业有不断降低产品的市场销售价格，不断扩大生产规模的冲动。

那么，在竞争的条件下是否可以得出一个结论呢？竞争的结果必然导致行业利润水平越来越少，最终导致行业的整体消亡呢？现实情况是兼并、破产机制在发生作用。由于竞争的结果必然是产品的价格水平越来越低，那么，就会有企业由于受到扩大生产规模的限制，其生产成本高于行业平均成本，最终破产或被别的有能力扩大生产规模的企业兼并掉，从而淘汰出局。这个过程将不断进行，直至出现寡头竞争。如果在竞争中排除其他因素的作用，竞争的结果将过渡到行业垄断。实际上，在寡头竞争阶

---

① 前提条件是产品具有价格需求弹性。

段，寡头间有可能达成某种协议，从而保持寡头竞争的格局，政府为避免垄断的形成往往也要进行干预，现实经济的演变过程往往由于政府的干预而停留在寡头阶段。

由此可见，在利益驱动下，所谓的价格自律是根本没有动因的。即使由于政府干预而形成行业自律价，由于存在"搭便车"问题，企业也有打破自律价的动因，因为谁先越过自律价将先获得市场上的好处，特别是当产品价格与企业的边际成本差距越大时，这种动因越强烈。如果政府公布强制执行的企业自律价，其结果又怎么样呢？谁将从中获益？由于市场中现有企业都将获得一份满意的份额或满意的利润而生存下来，它们是否有进一步降低产品成本的动因和能力呢？表面上应该有，因为虽然价格机制失去了作用，但成本约束的作用还存在。降低成本的途径有两条：一靠技术进步；二靠规模扩张。现在，规模扩张的可能性没有了，似乎技术进步的途径还存在。但技术进步意味着高投入，在现代工业社会里，高投入的成本仅仅靠盈利空间在纵深方向的发展是不能够得到补偿的。现阶段，为取得技术进步，其投入往往是巨大的，没有生产规模上的扩张，这种投入是难以弥补的。因此，技术进步的动因最终还将失去。既然失去了技术进步的动因，毫无疑问，强制价格自律的结果必然是以消费者的利益损失为代价。这样做的结果是，企业利益满意化，社会利益没有最大化，社会资源配置没有达到帕累托最优。如果没有强制性的价格自律，寡头之间会达成协议吗？由于高技术领域寡头企业的投入高，一旦竞争失败将造成高的沉没成本，带来巨额损失，因此，寡头间可能达成协议，但由于存在着打破自律价的冲动，必然伴随着寡头间的经常性摩擦。

4.4　世界石油产业组织演进实证

垄断与反垄断，是我国经济体制改革，也是我国石油工业改革中的一个重大理论问题。在前面，笔者已经从理论上分析了寡占结构的效率问题，并针对石油产业的技术经济特点，阐释了中国石油产业组织目标模式的选择问题。这里，笔者试图从历史实证的角度，通过系统地回顾世界石油工业 140 年的发展历程，以期探求石油产业发展的客观规律性，为中国石油产业组织模式调整提供历史依据。

4.4.1　产业组织发展的一般规律

　　产业发展的过程似乎在沿着这样一个轨迹演变：在产业发展初期，由于个别企业获得了生产某种产品的专有技术而开创了一个新的产业，由于产业发展初期超额利润的刺激，越来越多的企业加入进来，也正是由于众多企业的共同培育，一个新兴产业发展起来。这时，企业间基本上由开始的比较充分的竞争状态过渡到垄断竞争状态①。当垄断竞争达到一定程度时，产品价格成了企业间获得竞争优势的主要手段，价格机制、同时也由于规模经济的作用，企业间的兼并、破产、重组现象频繁发生，结果是缺少竞争优势的企业被淘汰，大的寡头企业逐渐形成，寡头间的价格竞争没有停止，最后，行业内仅剩下几家甚至两家巨型企业。因此，我们可以总结出以下产业发展的轨迹，在工业社会中，工业产业将沿着比较充分的竞争、垄断竞争、寡头竞争直至完全垄断的市场结构模式演变。进入 20 世纪以来，政府与企业间围绕着垄断与反垄断的斗争一直没有停止，近年来世界巨型寡头之间的兼并、合并、重组风潮愈演愈烈，这又怎么解释传统经济理论在这个问题上的命题呢？

　　这里，我们借鉴产品竞争度周期假说，来分析产业组织结构的演化进程（关明坤，2005）。如果我们把完全竞争和完全垄断描述成为市场结构的两个端点，那么，特定产业的市场结构的自然演进趋势并不必然是从竞争到垄断。与产品生命周期相一致，我们认为，产品竞争度也存在着循环周期。在某种新产品投产初期，该产品市场往往由单个企业完全控制，而且产品供给非常小，市场结构处于完全垄断均衡状态。高额垄断收益会吸引大量企业模仿该产品生产。模仿产品或差异性替代产品的出现，使产品竞争度周期进入其第二阶段，即垄断竞争甚至完全竞争阶段。实际上，市场竞争在该阶段因为有大量企业存在而最为激烈。市场竞争加剧的结果是，垄断利润趋向于零，大部分企业将以各种方式从市场退出，市场份额最终由几家势均力敌的大企业瓜分。这时，产品竞争度周期进入第三个阶段，即市场的寡头均衡阶段。产品竞争度周期从完全垄断到垄断竞争，再到寡头均衡阶段的演变，作为市场结构自然进化的结果，正是效率的选

---

　　①　生产任何工业产品的企业都或多或少具有某种差别优势。

择，并不必然带来对组织绩效和行业效率的破坏。在这个过程中，组织绩效和行业效率决定了市场结构，而不是相反（刘伟、黄桂田，2002）。寡头结构，是指拥有少数几个企业的市场结构。企业数量要少到足以使每个企业在改变其行为时要考虑竞争对手的反应。市场可以是寡头均衡的，但寡头均衡并不必然就是寡头垄断的，寡头竞争均衡更是寡头均衡的常态。寡头垄断均衡是寡头之间合谋的结果，与市场自然演进过程中企业以高绩效赢得市场所达成的寡头竞争均衡存在着本质区别，后者是社会所需要的，我们所倡导的。

笔者认为，有以下几个因素在改变着传统经济学的命题条件：

第一，经济全球化改变了传统经济理论发生作用的条件。经济全球化既是各国经济对外开放和国际化的结果，也是各国经济体制市场化的结果。从 20 世纪 90 年代起，经济全球化已成为世界经济的一个基本发展趋势。它的一个主要特征就是跨国公司日益成为高度活跃和迅速发展的经济主体，经济全球化导致了资源的全球范围配置，资金、技术的全球范围流动，而技术开发能力上的差异促使国家、地区间的差距越来越大，最终导致产品的非同质性成为普遍现象。

第二，工业产业对技术积累的要求改变了投入的概念。现代工业生产的一个重要特征是在高技术积累的基础上从事生产活动，由于现代工业产品具有技术复合性和积累性，因此，任何一件现代工业产品几乎都是高技术集成过程的结果，在其中可能融合了各领域的研究成果，从固体物理学到人工智能、从精密机械学到薄膜技术等。凝结在彩电上的技术集成度与凝结在电灯上的肯定不同，同样，基因技术育种与传统农业育种方式的差异是难以想象的。在传统经济里，科学技术发明可以依靠几个爱迪生式的天才人物，在少量资金投入和简单实验条件下完成，今天，不可能再由某个独家公司掌握各类不同的单项技术，高清晰度彩电、液晶大屏幕显示彩电、汽车、飞机、抗虫玉米种子等产品的发明与工业制造过程的完成不知要投入了多少资金，建造了多少现代实验室，汇集了多少学科顶尖级科学技术人员来共同完成。只有跨国公司这样的寡头企业，才能有这样的资金投入实力调拨多学科人员共同攻关的能力。熊彼特第一假定认为，企业规模与研究开发的投入产出存在正相关关系，因为大企业具有进行大规模研究开发的财政实力。熊彼特第二假定认为，企业集中程度和由此形成的市场结构与研究开发的投入产出能力呈正相关，因为，大规模研究开发费用要求企业有强大的财政实力，而这很难通过企业内部增长来实现，客观上要求企业集中。随着企业的集中，不仅有能力投入巨额的研究开发费用，而且由于创新获得优先利润和市场权力，反过来刺激企业在增大的水平上进行研究开发的新一轮投入。在寡头市场结构中，实现了竞争压力与研究开发能力的最佳组合，因而企业集中过程是必要的。因此，熊彼特的观点有巨大现实意义。

当产业发展到寡头竞争阶段时，如果没有政府干预，由于竞争会使行业利润减少，在位者制止进入的积极性比进入者进入市场的积极性高，寡头竞争的结果是行业发展到完全垄断状态。如果没有政府干预，寡头竞争有没有走向完全垄断的可能性？答案是肯定的。在完全垄断市场状态下，由于没有现实竞争，不存在产品价格不断降低的内在机制，政府应通过规制使寡头竞争状态保持下去。政府规制的结果就是使寡头间经常处于摩擦状态，使卡特尔协议时而形成、时而被打破。正是由于寡头间的不断摩擦，才使社会福利保持着不断提高或保持在较好的状态。寡头摩擦状态存在着相互作用的两种作用力：一种力是竞争机制的作用使产品价格保持降低的压力；另一种力是卡特尔协议具有使产品价格保持稳定的作用。这两种矢量方向相反力的相互作用的结果是，保持了社会福利具有不断扩大的趋势。

阿罗在1951年运用集合理论等数学工具，严密地证明了一个竞争均衡市场总是具有帕累托效率的。竞争均衡的一个重要的性质是每一商品都按其边际成本来销售。要达到这样的均衡条件，必须限制在严格的前提条件下，即不存在经济行为人之间的外部性、产品的私有性以及消费者对产品的完全信息。一般认为，只有在完全竞争市场结构模式下，竞争均衡才有实现的前提条件，在寡头市场结构下，由于寡头企业能够控制产品的市场价格，因此，破坏了竞争均衡的实现。但这里笔者要强调的是，如果在寡头市场结构中能够存在竞争，或者通过某种机制保持了竞争的存在，寡头竞争市场能够实现帕累托改进（关明坤，2005）。

从全球范围看，各国的石油产业市场结构都是伴随各国经济和社会发展而形成的，同时根据本国石油安全战略的需要而确定的。以美国为例，美国是不完全竞争型的市场结构。美国的土地属私人所有，地下石油资源归土地所有者所有，政府不行使控制权。自 1859 年现代石油工业诞生以来，美国的石油产业市场结构经历了从自由竞争到垄断，再到打破垄断，进而在国际国内竞争中逐步形成少数跨国石油公司占主导地位和众多中小石油公司并存的局面。学者对美国石油产业市场集中度分析表明，美国石油产业实质上也是一个高度寡头垄断的产业。世界各国的石油产业都实行上下游一体化经营，石油勘探开发、石油加工和销售成为不可分割的一个整体。因此，寡头垄断最能反映石油的产业特征。世界石油产业的总趋势是寡头垄断，而全球性的购并热潮使这一特点更为明显。

4.4.2　世界石油产业演进历程

从 1859 年算起，世界石油工业走过了 140 年发展历程。整个发展过程中充满了垄断与反垄断的斗争。总起来说，大致上可以分为如下三个不同的阶段：

第一阶段：大体上是在 1882～1911 年期间。即以标准石油公司解体为标志的阶段中，在占世界石油产量 95% 左右的美俄两个国家里，分别形成了一家公司对本国石油工业的垄断。世界石油工业发端于 1859 年德雷克在宾夕法尼亚的石油溪旁钻成的第一口油井。1870 年，洛克菲勒创立了标准石油公司，1882 年组成了世界石油工业史上的第一个垄断组织——标准石油托拉斯，拥有 40 家公司。到 19 世纪 90 年代中期，标准石油托拉斯控制了美国石油产品，主要是灯用煤油的生产和销售的 90% 左右，控制了石油管道运输的 85% 左右，控制了原油生产的 20%～30%，也控制了世界石油市场份额的 80% 左右。不仅是在当时世界第一大产油国国内的垄断，而且是世界性的垄断。与此同时，1872 年，阿塞拜疆，当时属沙皇俄国的巴库油田投入开发。到 19 世纪 90 年代中期，也形成了相当程度的垄断，为首的是诺贝尔兄弟石油公司。到 20 世纪初，诺贝尔兄弟公司控制了俄国灯用煤油生产的 65% 左右和石油出口的 65% 左右。即使在洛克菲勒极盛时期的美国石油业，在纽约等地也还有一批炼油商，它们从独立生产商手中采购原油，运输原油，加工后销售油品，并有少量出口。至于在油气上游，即石油天然气的勘探和开采领域，标准石油公司所占的份额最高也没超过 30%，大部分石油是由独立生产商勘探和生产出来的。洛克菲勒垄断了炼油和销售，就迫使大多数石油生产商不得不按标准石油公司的收购价卖给它，因而它就掌握和控制了原油和石油产品的价格。控制市场价格，这是垄断的最重要标志之一。

标准石油公司在美国国内的垄断，受到各方面的谴责，在美国的西部和南部如得克萨斯，有一段时间，标准石油托拉斯被视为不受欢迎的公司，而洛克菲勒本人并不希望搞一统天下。1901 年，得克萨斯纺锤顶大油田投产后，诞生了几个标准石油公司的有力竞争者，其中包括后来"石油七姊妹"中的德士古和海湾石油两大公司。此外，加利福尼亚石油业的兴起也造就了一批标准石油公司的竞争者。事实上，到 1911 年，标准石油公司被强令解散时，它在美国国内的垄断地位已经有相当程度的削弱，炼油业务的控制率大体上已降到 65% 左右，而原油生产的控制率还要低得多。

在国际上，由于巴库石油的滚滚而来①，再加上欧洲罗马尼亚的石油，亚洲印度尼西亚和缅甸的石油，使得标准石油公司在世界市场上的霸主地位不仅受到沙俄诺贝尔兄弟公司和法国罗斯柴尔德家族结盟的挑战，还受到英国壳牌运输贸易公司和皇家荷兰石油公司②的挑战。1911 年，标准石油公司的解体和 1917 年俄国十月革命的爆发，终结了世界石油工业的第一个垄断时期。在美国国内，尽管标准石油公司已经分裂为 34 家独立经营的公司，但是，以新泽西标准石油公司（今埃克森公司）为首的几家地区性标准石油公司，如纽约标准石油公司和真空石油公司（它们后来合并为索可尼真空石油公司，即今美孚公司）、加利福尼亚标准石油公司（今雪佛龙公司）、印第安纳标准石油公司（今阿莫科公司）等，长时期内仍然沿用"标准石油"的名称，而且相互联系紧密。

第二阶段：20 世纪 20 年代至 70 年代初，形成了美欧 7 大石油公司对资本主义世界石油工业的寡头垄断。20 世纪 20 年代，活跃在国际市场上的美国公司主要是新泽西标准石油公司和纽约标准石油公司，前者以欧洲为主，后者以亚洲为主，它主要依靠在印尼自采自销的石油，贩卖包括巴库石油在内的俄国石油。另一家是 1909 年在波斯（今伊朗）起家的英

---

① 1899～1901 年，以俄罗斯的巴库为主要产地所产的石油产量曾超过美国，超过世界石油总产量的一半，后来由于政治动乱等原因而逐步下降。

② 这两家公司 1907 年合并为皇家荷兰/壳牌集团。

波石油公司（今英国石油公司）。美国两家公司同欧洲两家公司之间的争斗十分激烈，发生过两场世界范围的油价战，两败俱伤。于是，在1928年8月，首先是壳牌集团、英波石油公司和新泽西标准石油公司三大巨头在英国阿克纳卡里堡达成"停战协定"，瓜分世界市场势力范围，并且商定以海湾石油公司的得克萨斯原油售价作为世界原油价格，从而宣告了世界石油市场上新的垄断的形成。此后，又有一些美国石油公司参加了《阿克纳卡里协定》，参与对世界市场的分割和共同控制，从而形成了若干家企业的联合垄断，即"寡头垄断"。到第二次世界大战结束时，这一寡头垄断表现为七大石油跨国公司的"集体垄断"。意大利埃尼集团创始人马太伊称它们是"石油七姊妹"，也有作家称它们是七条"石油大鳄"。它们是美国的埃克森公司、皇家荷兰/壳牌集团、美国的美孚公司、英国石油公司、美国的德士古公司、美国的雪佛龙公司和美国的海湾石油公司。1963年时，7大公司控制了资本主义世界原油生产的82％，炼油能力的65％，石油贸易量的62％。当时，几乎所有的主要产油国的石油，都在它们的控制之下。

第三阶段：20世纪70年代以来，在绝大多数石油生产国及一部分石油消费国形成的国家石油公司对本国石油产生的垄断性经营。世界性的寡头垄断一直持续到1973年，延续了45年之久。这一时期中，在社会主义国家，石油工业完全由国家控制和垄断，没有私人经营，也不许外国公司介入。1922年，阿根廷在世界上第一个成立国家石油公司，实行国家石油公司对本国石油工业的垄断经营。1938年，墨西哥实行了石油工业国有化，没收了全部石油公司的资产，成立了国家石油公司，对本国石油工业进行从上游到下游的全部垄断经营。

第二次世界大战结束后，日本、西欧、北美一些石油消费量大的发达国家形成了一股建立国家石油公司的潮流。其直接的原因是第二次世界大战说明了石油这种能源的巨大战略价值，而且战后马歇尔计划导致的廉价石油滚滚而来，迅速改变了这些国家的能源结构，石油成为各发达国家最重要的能源，石油的用途渗入到人们经济和社会生活的各个方面。这样，各发达国家都意识到，如此重要的能源供应，如果完全控制在美、英资本手中，对国家安全会是巨大的威胁。意大利议会经过三年的辩论，通过了法案，成立了国家石油公司埃尼集团，以确保意大利的能源供应，此时奥地利、芬兰等国也先后成立了国家石油公司。

　　另一次发达国家建立国家石油公司的浪潮发生在 1973 年第一次石油危机之后。中东战争引发的第一次石油危机，对发达资本主义国家形成了强大的冲击，使它们看到了过分依赖中东石油的危险。于是下决心成立国家石油公司，其中，英国、挪威和加拿大等国成立国家石油公司是为了开发本国石油天然气资源，掌握本国石油工业的自主权；而日本成立国家石油公司主要是为了支持本国私人企业到海外开发油气资源，并在国内建立国家石油储备。从根本上说，这些发达国家的国家石油公司的建立乃是为了反对"七姊妹"的世界性垄断。

　　战后出现并逐步高涨起来的民族解放运动在石油业上的反映，是发展中国家产油国如火如荼的石油工业国有化运动。战后的第一次石油国有化冲击发生在伊朗。1952 年 4 月间，以摩萨台为首的民族主义势力在人民群众的支持下推翻了国王。之后，议会通过决议，实行国有化政策，成立国家石油公司，接管了英伊石油公司（即原英波石油公司和后来的英国石油公司）。美国为了挤进中东，乘此之机，同英国勾结，先是对伊朗进行封锁，禁止石油公司购买伊朗石油，继而策动军事政变，颠覆了摩萨台政权，以英国石油公司交出 60% 的权益为代价，组成英美石油联合财团，重新控制了对伊朗石油工业的经营权和销售权，仅保留了伊朗名义上的所有权。然而，发展中产油国的石油国有化运动却一发不可收拾，成了"多米诺骨牌"效应。① 从此，世界石油市场原油价格决定权从"七姊妹"手中转到 OPEC，即 1960 年 9 月成立的石油输出国组织手中。接着，OPEC 各成员国纷纷实现了石油工业国有化，并成立了国家石油公司。这样，"七姊妹"对发展中国家原油生产的控制被完全打破，对世界石油工业的垄断也从此结束。到 1975 年，"七姊妹"在资本主义世界石油生产中的控制率下降到了 30%，对资本主义世界炼油能力的控制率降到了 47%，对资本主义世界石油贸易的控制率下降到 45%。1990 年，苏联解

---

　　① 1970 年，上一年革命成功的卡扎菲政权在利比亚发动了对"七姊妹"的第二次冲击，以西方石油公司为突破口，迫使在利比亚的 5 家外国石油公司不得不同意增加纳税和提高石油标价。1973 年 2 月，伊拉克宣布石油工业国有化，伊朗接管石油工业经营权。1973 年 10 月，阿拉伯产油国运用石油武器支援埃及、叙利亚反对以色列的战争，对美国、日本、西欧国家实施禁运、压产，并单方面决定把沙特基准原油标价从 3.011 美元/桶提高到 5.119 美元/桶。

体后，东欧和独联体的20多个国家相继建立起自己的国家石油公司。发达国家的国家石油公司、发展中国家的产油国及其他发展中国家的国家石油公司、东欧和独联体国家的国家石油公司，目前大约已有80多家。它们在反对"七姊妹"的垄断中诞生和成长起来，又形成了对本国石油工业的国家垄断。①

　　发展中国家实现石油工业国有化，把外国公司的油气田、炼油厂等接收过来，让国家石油公司去经营。但是，这些国家民族资本薄弱，科学技术落后，没有可能在国家石油公司之外形成其他有一定实力的石油民族资本，因此，国家独家控制和经营是不可避免的。由于石油工业已成为资金和技术密集的产业，经济和技术落后的发展中国家独自发展石油工业，遇到了越来越多的困难。20世纪80年代后期，英国保守党政府发起了对石油工业的私有化运动，率先取消了英国国家石油公司，并卖掉了政府在英国石油公司和英国燃气公司中的股份。而欧洲一些国家的国家石油公司，如意大利的埃尼集团和法国的埃尔夫阿奎坦公司等已经进入了世界大石油公司的行列，可足以保障本国的石油供应，再加上石油工业的全球化，使这些国家失去了在石油保障方面的危机感。因此，这些国家的政府纷纷出售了在石油公司中的国有股份，甚至完全退出。加拿大和新西兰等也采取了类似的做法。发展中国家产油国的国家石油公司也纷纷进行私有化。成立国家石油公司最早的是阿根廷、巴西、委内瑞拉、秘鲁、厄瓜多尔等国的私有化，主要是在下游出售一些炼油厂或输油管道的资产，允许外国资本投入炼油和销售环节。在上游领域，主要是采取开放政策，欢迎外资参与风险勘探或承包经营产量下降的老油田，但控制权仍掌握在国家石油公司手中。

4.4.3　启示

　　以上就是世界石油工业140年发展的大致过程，然而，世界石油产业

---

　　① 不过，这种国家垄断的程度各不相同。发达国家的国家石油公司的垄断主要在上游。国家石油公司享有政府的特权去勘探和开发本国油气资源。在下游，原来"七姊妹"在这些国家设立的炼油厂和销售体系，并没有都被国家石油公司买过去。例如，意大利国家石油公司垄断的首先是波河谷地区。后来是全国的油气勘探、开采，并垄断了天然气进口和分配，但是，它在石油产品市场上的份额并不大。

的组织变迁并没有停止。从 1997 年至今，一些大跨国石油公司之间的联合与合并，形成诸如埃克森美孚公司、英国石油阿莫科公司和皇家荷兰壳牌集团几个年销售额上千亿美元的石油新"巨头"，它们每家都有 2 亿～3 亿吨的油品年销售量。我们通过回顾世界石油工业史上垄断与反垄断的过程，分析当前的态势，可得到以下几点启示：

第一，垄断是竞争发展到一定阶段的产物。垄断是石油工业发展过程中的客观必然，是不以人们的主观意志为转移的，垄断是竞争的产物。洛克菲勒的标准石油公司在激烈竞争中，由于严于管理，善于经营，通过兼并、联合，发挥规模优势，把当时美国几乎 90% 的炼油业纳入它的控制之下，这体现的是优胜劣汰的市场经济规律。这一垄断乃是经营集约化的结果。"七姊妹"在资本主义世界的"寡头垄断"也是激烈的无序竞争的结果。新泽西标准石油公司（即埃克森公司）、皇家荷兰壳牌集团、英国石油公司等几家为争夺世界市场，几度展开价格战，打得两败俱伤，而很多小企业更是因此遭殃。在势均力敌的情况下，唯一的出路是合作，共同瓜分市场，相互维持市场份额，联手规定一个对各家都有利的价格，这就形成了国际卡特尔。

第二，第二次世界大战后，西欧等一批资本主义国家建立本国国家石油公司，是为了对付"七姊妹"对石油业的垄断和确保本国的石油供应。20 世纪 70 年代，一大批发展中国家产油国建立国家石油公司，是为实行石油工业国有化，收回和保护本国石油主权，保持经济独立，发展民族经济。这些发展中国家经济发展水平低，不可能形成美国那样众多的民族石油资本家。20 多年来，这些国家石油公司不仅坚持下来了，而且获得了发展，说明它是适应发展中国家产油国的国情的，也是顺乎历史潮流的。

第三，从总体看历史上，石油工业的垄断在很大程度上促进了生产力的发展。客观地回顾世界石油工业的历史，应当给垄断以适当的评价。垄断对石油工业、对各国经济究竟起了什么作用？洛克菲勒的标准石油托拉斯形成于美国石油工业的初期。当时，那里一发现石油，数以千计的生产商便一拥而上，抢占土地抢打井，于是石油产量猛增，大大超过了市场需求，[①] 于是油价猛跌，一大批生产商破产，油田也由于无序开采而产量下

---

① 当时的需求只是灯用煤油。

降，油价反复回升。每发现一个较大的油田，都经历一次这样的循环。标准石油托拉斯由于控制了 90% 的炼油能力，也就控制了市场和价格，在很大程度上缓和了无序竞争造成的混乱及其对经济和社会的冲击。而且标准石油托拉斯凭借雄厚的财力，有力量发展科学技术。例如，利马油田发现后，由于原油含硫较高，加工出的油品有臭味，原油卖不出去，油价只有几美分一桶，在这种情况下，标准石油托拉斯敢于把油田连同大量库存原油买下来，建立了世界上第一个石油工业实验室，开发出脱硫工艺，建设了专门加工利马高硫原油的炼油厂，使利马原油体现了应有价值。也正因为标准石油托拉斯实力雄厚，有能力大力开拓海外市场，推动了石油这种能源走向世界。1870 年美国生产原油 526 万桶，1890 年猛增到 4582.4 万桶，与此同时，石油出口量也从 336.3 万桶迅速增长到 2321.7 万桶。

第四，"石油七姊妹"在资本主义石油世界的寡头垄断，一方面固然是对发展中国家资源的大肆掠夺，政治上建立国中之国，体现了殖民主义；另一方面，正是由于这七大公司有雄厚的资本和技术实力，在世界各地找油找气，开发油气田，建设油气管道和炼油厂，开拓了世界市场。世界石油产量从 1930 年的 1 亿吨猛增到 1970 年的 23.3 亿吨，除了苏联、中国等社会主义阵营的贡献，"石油七姊妹"是起了决定性作用的。现在，各发展中国家的主要产油国，从 20 世纪 70 年代初实现石油工业国有化以来，在本国经济、技术相当落后的条件下，把外国资本对石油工业的控制权收了回来，保障了本国的经济独立，各国家石油公司联合抗争，把价格决定权从外国石油公司手中夺了回来，独立自主地发展石油工业，为本国赚取了巨额外汇，向政府上缴了大量利润，对本国经济和社会的发展做出了巨大贡献。

总之，从石油产业组织的演进历史可以发现，世界性的石油产业集中，从总体上看，应该说是有利于石油产业生产力发展、顺应历史发展潮流的。

4.5　本章小结

通过本章的分析，笔者证明了石油产业存在显著的规模经济和范围经济特性，并且石油产业存在较高的技术密集特性和风险性。从总体上说，石油产业应属于竞争性产业范畴，而并不是人们通常所理解的属于垄断性产业范畴。既然属于竞争性产业，那么，其产业组织结构的选择也应是竞争性的，因此，笔者在产业特性和寡占效率的二维分析框架下，得出了中国石油产业市场结构选择应是竞争性垄断的组织结构；在排除了可竞争市场理论通过潜在竞争压力对独占垄断的合理解释之后，笔者得出了中国石油产业竞争性垄断的结构选择之路——寡占。针对寡占结构下潜在的市场失灵，笔者对寡占结构的效率进行了理论分析，并通过世界石油产业组织演进历程，从历史角度对石油产业发展轨迹进行了归纳，进一步证明了中国石油寡占结构调整的合理性。

第五章　中国石油产业规制内生性

第四章笔者沿着产业特性、结构选择及寡占效率的逻辑框架，证明了中国石油产业结构调整的目标模式为寡占市场结构。虽然笔者从理论上证明了寡占效率的存在，但并不能排除寡占市场结构存在的潜在低效率，比如，寡头间的相互勾结，寡头企业间达成某种默契而放弃竞争，由于寡头企业缺乏竞争的激励，愿意维持现状和凭借垄断地位而获取垄断租金等，笔者认为，这些潜在的低效率源于该市场结构下企业特定的决策行为导致的市场失灵。因此，有必要对此引入政府规制，并将此种规制称为结构内生性规制；石油对于任何一个国家来讲，都是一种极其重要的战略资源，而不仅是一种普通的商品。石油行业不同于其他垄断行业的一个最重要的特点，就是其在国民经济中的重要战略地位，在于石油安全的内涵和外延总是与国际政治斗争、全球利益争夺紧密相连。因此，除了结构性规制外，还存在内生于产业属性的石油产业规制。本章从结构内生性规制和产业属性内生性规制两方面探讨中国石油产业规制的必要性。

5.1　市场结构内生性

5.1.1　潜在的寡占市场失灵

经济学家从市场的均衡价格、均衡产量、超额利润、规模经济、技术进步、社会福利、公平等方面对某种市场模式的优劣做出评价。半个世纪以来，对寡占市场的潜在低效率一直存在激烈的辩论。这些辩论主要围绕着"产量受限、管理松懈、对技术创新的态度、寻租"等方面展开。古诺竞争模型、伯川德竞争模型、张伯伦竞争模型等都认为，寡头企业均衡产量比完全竞争条件小。一般认为，寡占在以下几个方面造成效率的损失：①勾结。在寡占市场内，如果一个企业企图通过降价争取顾客很容易引起竞争者的跟进行为即以较大的幅度降价，结果反而使自己丧失顾客。如果该企业再次以更大的幅度降价，必定引起竞争者更强烈的跟进，这不可避免地引起你死我活的价格战，造成两败俱伤。因而，它们会按照"自己活也让别人活"的原则，放弃竞争而勾结起来。这种勾结包括公开勾结和暗中默契。②管理松懈。由于寡头企业间可以达成某种默契而放弃竞争，因而它们缺乏降低成本的动力。这种由于缺乏竞争的压力而表现出来的企业的低效率称为管理松懈。③缺乏创新。由于寡头企业缺乏竞争的激励，愿意维持现状和凭借垄断地位而获取垄断租金，因而缺少技术创新的动因。④经济稳定性。寡头企业滥用垄断力，兴风作浪，影响经济稳定，影响社会福利。它们限制产量，索取高价，干扰政府政策，甚至左右政府。以上是正统经济学家对寡头垄断的评价，虽然也有人提出与此相反的看法，但还缺少理论上的足够支持和普遍认可（关明坤，2005）。

寡头垄断是指由少数几家企业占据整个行业市场的产品生产和销售的一种市场结构，它是市场经济的一种重要的市场组织形式。古诺寡头竞争模型是博弈论中的一个著名模型，它在经济学中最早应用了博弈论的思想，古诺模型和由其演变而来的一些重要模型至今还具有重要意义。但是，这些模型的不足之处是仅仅局限在企业范畴内，讨论各自策略的相互影响，没有进一步研究政府的经济政策和企业的决策行为之间的相互影响。现代市场经济理论认为，政府的调控作用能够促进竞争，提高市场绩效，包括效率、价格、利润和分配。基于这个思想，我们必须扩大原有的研究范围，将政府和企业之间的相互影响作用也纳入我们的博弈分析视野，建立具有政府宏观调控机制的寡头垄断竞争模型，研究该模型的博弈均衡解，从而得出寡占结构下，市场失灵的可能性以及政府的作用空间（林庆元，1998）。

5.1.2　包含政府税收影响的古诺模型

直接引用有几个企业的古诺模型，模型中有 n 个局中人，分别记为企业 i（$i=1$，2，…，n），企业 i 的策略是选择其产量 q_i（$q_i > 0$），假定每个企业都有相同的边际成本 c，且固定成本为零，市场的逆需求函数取线性形式：$p = a - \sum\limits_{i=1}^{n} q_i$，这里 p 表示价格，如此构造出企业 i 的利润函数（支付函数）为：

$$\Pi_i (q_1, q_2, \cdots, q_n) = q_i (a - \sum\limits_{i}^{n} q_i) - c \cdot q_i \quad (i = 1, 2, \cdots, n)$$

$$(5-1)$$

现在，需要在上述模型中增加政府经济政策的制约因素。我们假定政府通过税收政策来影响企业的生产行为，政府的税率记为 t，对企业的征税额为 $t \cdot q_i$，在有政府的税收情况下企业 i 的利润函数为：

$$\Pi_i (q_1, q_2, \cdots, q_n, t) = q_i (a - \sum\limits_{i}^{n} q_i) - c \cdot q_i - t \cdot q_i \quad (5-2)$$

这里，$i = 1, 2, \cdots, n$，在利润函数中，t 作为政府对企业的控制参数。

企业 i 的利润最大化问题：

$$\max \Pi_i (q_1, q_2, \cdots, q_n, t) \qquad (i = 1, 2, \cdots, n)$$

根据那什均衡的定义，上述模型的那什均衡产量 $(q_1^*, q_2^*, \cdots, q_n^*)$ 满足如下一阶偏导方程组：

$$\left\{ \begin{array}{l} \dfrac{\partial}{\partial q_1} \Pi_1 (q_1, q_2, \cdots, q_n, t) = 0 \\[2mm] \dfrac{\partial}{\partial q_2} \Pi_2 (q_1, q_2, \cdots, q_n, t) = 0 \\[1mm] \cdots\cdots \\[1mm] \dfrac{\partial}{\partial q_n} \Pi_n (q_1, q_2, \cdots, q_n, t) = 0 \end{array} \right. \qquad (5-3)$$

从（5-2）有：$\dfrac{\partial}{\partial q_i} \Pi_i (q_1, q_2, \cdots, q_n, t) = a - c - t - q_i - \sum\limits_{i=1}^{n} q_i$（$i = 1, 2, \cdots, n$）

容易求出方程组（5-3）的解为：

$$q_1^* = q_2^* = \cdots = q_n^* = \frac{a - c - 1}{n + 1} \qquad (5-4)$$

根据（5-2）和（5-4）可求得：

$$\sum\limits_{i=1}^{n} \Pi_i (q_1^*, q_2^*, \cdots, q_n^*, t) = \frac{n}{(n+1)^2} (a - c - t)^2 \qquad (5-5)$$

$$(\sum\limits_{i=1}^{n} q_i) \cdot t = \frac{n}{n+1} (a - c - t) \cdot t \qquad (5-6)$$

（5－5）表示在那什均衡产出下各企业的利润总和，（5－6）表示政府的税收总收入。

从模型的结构和均衡解的结果看，政府的税率 t 是模型的外生变量，利用 t 可以讨论政府税收对企业均衡产出的制约关系，但无法显示市场上的产出对政府税收的反向制约关系。上面建立的由政府税收影响的古诺模型，属于典型的计划经济的研究模式，它只把被调控对象作为实现政府调控目标的被动工具，忽略了被调控对象对政府目标实现的反向制约关系，没有反应对策问题的本质，因此难以展开对调控效应的博弈分析，必须改进本节的模型来推进我们的研究。

5.1.3　政府规制的寡占竞争模型

我们知道，政府规制的效应问题本质上应包括下面的研究内容：政府向企业发出调控信号，具有独立经济利益的各企业如何理性地对规制做出最优反应；政府在预测出企业的各种可能的反应后，如何决定最优规制策略以获得最优的规制效果。我们必须详细地研究整个经济活动过程中各个参与者的决策行为的特征、利益目标和决策行为的顺序问题，以此来把握决策活动的全部关系，才能正确建立模型。

笔者建立的博弈模型有 $n+1$ 个参与者，政府和 n 个寡头垄断企业，政府是博弈活动的先行方，n 个寡头企业是后行方。这是一个两阶段的动态博弈，博弈的第二阶段是 n 个企业同时选择行动的有完全信息的静态博弈，这种博弈进程的顺序能体现政府是在企业平等竞争的基础上运用经济政策来影响企业的生产决策行为的规制思想。每个企业的支付函数都与（5－2）式相同，为：

$$\Pi_i(q_1, q^2, \cdots, q_n, t) = q_i\left(a - \sum_i^n q_i\right) - c \cdot q_i - t \cdot q_i \quad (5-7)$$

这里，$q_i > 0$（$i = 1, 2, \cdots, n$），是企业 i 的策略变量，Π_i 是第 i 个企业的利润函数。

政府的支付函数表示为：

$$\Pi_0(q_1, q_2\cdots, q_n, t) \sum_{i=1}^n \Pi_i(q_1, q_2, \cdots, q_n, t) + \left(\sum_{i=1}^n q_i\right) \cdot t$$

$$(5-8)$$

这里，t（$t > 0$）是税率，作为政府的策略变量。

从（5-8）可以看出，政府的目标函数由两部分组成：第一部分是所有企业的总利润，第二部分是政府的税收总收入。可见，政府的目标是社会整体经济利益的最大化。从（5-7）和（5-8）的具体表达式来看，本模型中的政府和 n 个企业都有独立的策略变量和独立的目标函数，所有目标函数不仅依赖于自己的行为策略，而且也依赖于其他参与者的行为策略，完整地表达了规制过程中各个行为主体策略的相互依赖性。

上述模型是两阶段的动态博弈模型，可以使用逆向推法进行求解。首先，进行第二阶段的求解，使用完全信息的静态博弈的求解方法，其过程跟上面的求解过程相同，可直接引用上面的结果，博弈的第二阶段中各个企业的最优策略反映函数为：

$$q_1^* = q_2^* \ (t) \ = \cdots = q_n^* = \frac{q - c - t}{n + 1} \tag{5-9}$$

这里 $q_i^* \ (t)$ 是第 i 个企业的策略反应函数（$i = 1, 2, \cdots, n$）。

接着进行第一阶段的求解。将（5-9）带入政府的支付函数（5-8）中，并利用（5-5）和（5-6）的关系，可得：

$$\Pi_0 \ (q_1, q_2, \cdots, q_n, t) = \frac{n}{(n+1)^2} \ (a - c - t)^2$$

$$+ \frac{n}{n+1} \ (a - c - t) \ \cdot t \tag{5-10}$$

政府的目标函数极大化问题是：

$$\max \Pi_0 \ (q_1^*, q_2^*, \cdots, q_n^*, t)$$

其一阶导数为：

$$\frac{d\Pi_0}{dt} = \frac{n}{(n+1)^2} \ [\ (n-1) \ \cdot \ (a-c) \ -2nt]$$

令 $\dfrac{d\Pi_0}{dt} = 0$，得

$$t^* = \frac{a-c}{2} - \frac{a-c}{2n} \tag{5-11}$$

将（5-11）代入（5-9）可得，

$$\left|
\begin{aligned}
&q_1^* = q_2^* = \cdots = q_n^* = \frac{a-c}{2n} \\
&t^* = \frac{a-c}{2} - \frac{a-c}{2n}
\end{aligned}
\right. \tag{5-12}$$

上式记为该模型的均衡解，可以看出寡头垄断企业的个数是市场结构的一个重要特征，又（5-12）、（5-7）和（5-8）式经简化可得

企业的总利润为：

$$\sum_{i=1}^{n} \Pi_i \ (q_1^*, \ q_2^*, \ \cdots, \ q_n^*, \ t) \ \frac{(a-c)^2}{4n} \tag{5-13}$$

政府的总税收为：

$$(\sum_{i=1}^{n} q_i^*) \ t^* = \frac{(a-c)^2}{4} - \frac{(a-c)^2}{4n} \tag{5-14}$$

社会的总体受益为：

$$\Pi_n^* \ (q_1^*, \ q_2^*, \ \cdots, \ q_n^*, \ t) \ = \frac{(a-c)^2}{4} \tag{5-15}$$

至此，可得出如下命题：

命题 1：政府的支付函数是跟寡头企业数量无关的常量，即博弈均衡解下政府的总税收和企业的总利润之和是常数。

命题 2：政府的总税收是企业数量的递增函数，在 $n=1$ 时，政府税收最小。

命题 3：企业的总利润是企业数量的递减函数，在 $n=1$ 时，企业的总利润最大。

由上述分析可知，从企业一方来讲，为了提高企业在社会总利益分配中的份额，企业具有联合兼并的倾向，这是博弈论对规模经济能提高企业经济效益的理论解析；从政府一方来讲，企业联合将导致政府税收的减少，政府必然会限制企业过度的联合倾向，尤其不能容忍完全垄断市场结构的出现，这就是政府反垄断的依据。因此，在政府反垄断法的约束下，双寡头垄断是市场结构演化的极限形式。容易看出，在这种市场结构下，政府的税收和企业的利润均等，它是在经济总体利益最大化基础上实现利益合理分配的最优市场结构。总之，通过上述模型分析可知，政府对于寡占结构下企业行为的规制是内生于产业结构本身的。

5.2 产业属性内生性

石油是一种战略资源，石油安全是国家经济安全体系中必不可少的重

要组成部分，对一国国民经济发展具有重大意义。所谓国家经济安全，是指一国最为根本的经济利益不受伤害。国家经济安全广义上可以分为安全领域内的经济范畴和经济领域内的安全范畴，前者在于采取合理的经济手段来保障国家安全；后者在于国民经济自身的安全性，其首要意义是国民经济中的重要领域自身能够在竞争中获得生存与发展能力，不会受到重大的威胁。事实上，在当今经济全球化时代，国家安全与否最终也是在经济领域等范畴内有所体现。经济领域的安全范畴强调经济发展的速度和发展的稳定性。从经济领域内的安全范畴考虑，石油安全主要是指一国拥有主权，或实际可控制，或实际可获得的石油资源，在数量和质量上能够保障该国经济当前的需要、参与国际竞争需要和可持续发展的需要。从供求理论视角分析，石油安全的本质是供求矛盾，而这一矛盾的焦点在于均衡价格。换言之，合理的石油价格和稳定的石油供应是石油安全的核心问题。石油安全的根本内涵是在一定的价格水平范围内石油可靠的、安全的和稳定的供应以及满足需求。从国民经济可持续发展角度考虑，石油安全的判断标准主要包括国民经济的独立性、石油供应的经济性和石油供应的可持续性三个方面。

　　石油安全问题主要源自石油这一重要能源所具有的三个天然属性。一是高度依赖性。石油是现代工业和现代文明的物质基础，是国民经济不可或缺、无法替代的重要能源和工业原料，国民经济对石油具有很强的依赖性。例如，两次石油危机使美国经济损失高达 4 万亿美元，平均每个美国国民承担大约 2.5 万美元的损失。现在，美国面对石油危机的冲击仍然表现得颇为脆弱，因为石油还占整个美国能源需求的 37％，占整个运输部门能源需求的 97％。中国运输部门消费中，石油和天然气占 69％。二是稀缺性。石油最基本的特性是稀缺性，是一种不可再生的资源。自 19 世纪中期石油工业诞生以来，由于技术发展的限制，石油储量的探明量有限，人们对于石油资源耗竭的担心一直不断。经济增长和石油消耗存在一定的比例关系，伴随经济增长，世界石油的地质蕴藏总量不断减少，供需矛盾日益突出。两次石油危机从一个侧面凸显了世界石油资源的稀缺性，而这种稀缺性必将伴随强大的需求增长而愈加凸显，到 2020 年，世界石油需求将增长 60％，每年达到 400 亿桶。三是分布的不均衡性。石油资源分布的不均衡，导致石油供需矛盾更为尖锐。世界石油资源的分布主要集中在中东、北非、中亚、俄罗斯和北美地区，其中，中东和北非是石油储量最多的地区，占已探明储量的 68% 和待探明储量的 30%，而这些地区大多是政治、民族和宗教矛盾错综复杂的地区。石油的这些重要属性，使石油成为保障国家经济安全和政治安全的重要战略物资。

　　石油行业不同于一般的竞争性行业，世界各国政府都非常重视对石油资源和市场的监控与管理。但是，因为发展阶段、石油的供求及经济管理体制不同，各国的石油工业管理体制也不同。在一些发达的市场经济国家，特别是那些石油进口依存度较高的国家，石油市场往往是开放的。政府主要通过市场组织政策，例如，制定市场准入标准，建立石油储备体系以及制定反垄断法等，以维护本国石油市场秩序，保护国内消费者的利益和国家石油安全。例如，美国联邦贸易委员会在审查埃克森公司和美孚公司的兼并申请时，为了防止地区市场过于集中，形成区域性垄断，要求两家公司出让其在部分地区的炼油厂和加油站资产，以降低其区域终端市场占有率。而在一些发展中国家，特别是一些曾经是殖民地的石油资源国，则往往直接由国家公司控制石油资源的开采和供应。

5.2.1　产业战略性的计量检验

（1）产业波及效果：感应度系数和影响力系数

　　产品在生产过程中，不仅包括直接消耗，而且还包括间接消耗，两者之和就是完全消耗。在经典的投入产出分析模型中，主要采用直接消耗系数即投入系数表示生产一单位 j 部门产品所消耗的 i 部门的产品量；直接消耗系数的计算公式为：

$$a_n = X_n \Big/ X_i \qquad (i, j = 1, 2, 3, \cdots, n) \qquad (5-16)$$

基本的投入产出模型用矩阵和向量的形式，一般表示为：

$$AX + Y = X \qquad (5-17)$$

其中，A 为 n 阶直接消耗系数矩阵（a_{ij}）

$$(a_{ij}) = \begin{cases} a_{11} & a_1 \cdots a_{1n} \\ a_{21} & a_{22} \cdots a_{2n} \\ a_{31} & a_{32} \cdots a_{3n} \\ & \cdots\cdots \\ a_{n1} & a_{n1} \cdots a_{nn} \end{cases}$$

X、Y 分别为 n 各部门总产品列向量、最终产品列向量：

$$X = \begin{Bmatrix} X_1 \\ X_2 \\ \cdots \\ X_n \end{Bmatrix} \qquad Y = \begin{Bmatrix} Y_1 \\ Y_2 \\ \cdots \\ Y_n \end{Bmatrix}$$

用完全消耗系数表示某产业部门生产某种最终产品时的直接消耗和间接消耗之和，其计算公式是：

$$b_{ij} = a_{ij} \sum_{k=1}^{n} b_{ik} a_{ik} \qquad (5-18)$$

式中：b_{ij} 代表完全消耗系数；a_{ij} 代表直接消耗系数；$b_{ik} a_{kj}$ 代表一种产品通过中间产品 K（$K=1$，2，3，…，n）对于另一种产品的间接消耗量。如果以 b 表示完全消耗系数，经过推导可知，由它们所组成的矩阵 B 和直接消耗系数矩阵 A 之间存在如下关系：

$$B = (I-A)^{-1} - 1 \qquad (5-19)$$

因此，完全消耗系数矩阵又称列昂惕夫逆系数矩阵。它的经济含义是，当某一产业部门的生产发生了一个单位变化时，导致各产业部门由此引起的直接和间接地使产出水平发生变化的总和。一般而言，在产业结构系统中，某产业在生产过程中的任一变化，都将通过产业间的关联关系而对其他产业发生波及作用，这种直接与间接波及效果的总量，我们可以通过感应度系数和影响力系数来表现。通常，把一个产业受其他产业的波及作用叫做感应度，而把它影响其他产业的波及作用称为影响力。显然，不同的产业其感应度和影响力是不同的，那些感应度和影响力都较大的产业，在经济发展中具有举足轻重的地位，这也是国家在制定产业政策时确定主导产业的主要依据之一。

在产业结构研究中，感应度和影响力的强度是可以度量的。在逆系数矩阵表中，行向量的值反映了该行所对应的产业在经济活动中受到其他产业影响的波及程度，也就是感应度系数，用 GYDXS 表示；而列向量则反映了该列所对应的产业在经济活动中对其他产业的波及程度，即影响力系数，用 YXLXS 表示。用公式表示为：

$$\text{GYDXS} = n \left(\sum_{j=1}^{n} q_{ij} \right) \Big/ \left(\sum_{i=1}^{n} \sum_{j=1}^{n} q_{ij} \right) \qquad (i,\ j = 1,\ 2,\ \cdots,\ n)$$

$$(5-20)$$

式中：分子表示某产业在列昂惕夫逆系数矩阵中的行系数均值，分母表示全部产业在列昂惕夫逆系数矩阵中的行系数均值的平均值。

$$YXLXS = n \left(\sum_{j=1}^{n} q_{ij} \right) / \left(\sum_{i=1}^{n} \sum_{j=1}^{n} q_{ij} \right) \qquad (i, j = 1, 2, \cdots, n) \quad (5-21)$$

式中：分子表示某产业在列昂惕夫逆矩阵中的列系数均值，分母表示全部产业在列昂惕夫逆矩阵中的列系数均值的平均值。某产业的感应度系数若大于或小于 1，说明该产业的感应度系数在全部产业中居于平均水平以上或以下；某产业的影响力系数若大于或小于 1，说明该产业的影响力在全部产业中居于平均水平以上或以下。这里，笔者根据 2003 年中国国家投入产出学会的公开数据，得到包含 17 个行业的完全消耗系数矩阵 B，即逆系数矩阵，利用 Excel 软件对我国有关产业的感应度系数 GYDXS 和影响力系数 YXLXS 进行了测算（见表 5 - 3）。其中，感应度系数 GYDXS 和影响力系数 YXLXS 分别大于 1 的产业见表 5 - 4 和表 5 - 5，并将该测算结果与 1987 年的相关数据进行对比（见表 5 - 6 和表 5 - 7）。

表 5 - 1　17 个部门的感应度系数（GYDXS）和影响力系数（YXLXS）（2003）

行　业	GYDXS	排序	YXLXS	排序
农　业	1.33	5	0.55	10
采掘业	1.67	3	0.64	9
食品制造业	0.44	10	0.82	7
纺织、缝纫及皮革产品制造业	1.11	6	1.18	3
其他制造业	0.89	8	1.00	5
电力及蒸汽、热水生产和供应业	1.45	4	0.55	10
炼焦、煤气及石油加工业	1.00	7	1.00	6
化学工业	2.33	1	1.18	3
建筑材料及其他非金属矿物制品业	0.22	12	1.09	4
金属产品制造业	0.89	8	1.27	2
机械设备制造业	2.00	2	1.36	1
建筑业	0.11	13	1.18	3
运输邮电业	0.67	9	0.73	8

续表

行　业	GYDXS	排序	YXLXS	排序
商业饮食业	1.11	6	0.82	7
公用事业及居民服务业	0.44	10	0.82	7
金融保险业	0.33	11	0.36	11
其他服务业	0.22	12	0.82	7

资料来源：根据中国投入产出学会统计数据，作者计算得出。

$$B = \begin{pmatrix}
0.242 & 0.030 & 0.586 & 0.234 & 0.128 & 0.027 & 0.027 & 0.122 & 0.054 & 0.039 & 0.046 & 0.046 & 0.028 & 0.149 & 0.051 & 0.014 & 0.055 \\
0.048 & 0.125 & 0.050 & 0.060 & 0.092 & 0.285 & 0.679 & 0.158 & 0.194 & 0.252 & 0.124 & 0.168 & 0.124 & 0.062 & 0.081 & 0.025 & 0.073 \\
0.089 & 0.012 & 0.171 & 0062 & 0.030 & 0.015 & 0.013 & 0.043 & 0.025 & 0.019 & 0.022 & 0.024 & 0.017 & 0.123 & 0.040 & 0.008 & 0.026 \\
0.030 & 0.036 & 0.034 & 0.783 & 0.190 & 0.030 & 0.032 & 0.132 & 0.080 & 0.051 & 0.062 & 0.051 & 0.036 & 0.055 & 0.067 & 0.019 & 0.056 \\
0.026 & 0.037 & 0.063 & 0.050 & 0.311 & 0.040 & 0.035 & 0.019 & 0.138 & 0.113 & 0.081 & 0.086 & 0.052 & 0.080 & 0.087 & 0.046 & 0.097 \\
0.054 & 0.127 & 0.058 & 0.073 & 0.123 & 0.133 & 0.117 & 0.206 & 0.171 & 0.224 & 0.125 & 0.115 & 0.077 & 0.059 & 0.067 & 0.024 & 0.077 \\
0.049 & 0.089 & 0.045 & 0.052 & 0.009 & 0.206 & 0.153 & 0.127 & 0.129 & 0.171 & 0.097 & 0.172 & 0.167 & 0.068 & 0.088 & 0.025 & 0.069 \\
0.226 & 0.148 & 0.185 & 0.332 & 0.279 & 0.113 & 0.137 & 0.712 & 0.245 & 0.170 & 0.327 & 0.187 & 0.122 & 0.138 & 0.151 & 0.045 & 0.207 \\
0.009 & 0.018 & 0.015 & 0.011 & 0.201 & 0.017 & 0.017 & 0.021 & 0.111 & 0.039 & 0.036 & 0.192 & 0.018 & 0.018 & 0.033 & 0.009 & 0.024 \\
0.037 & 0.116 & 0.049 & 0.055 & 0.133 & 0.102 & 0.095 & 0.089 & 0.179 & 0.589 & 0.412 & 0.326 & 0.109 & 0.077 & 0.100 & 0.033 & 0.089 \\
0.094 & 0.239 & 0.103 & 0.139 & 0.186 & 0.326 & 0.279 & 0.200 & 0.254 & 0.286 & 0.786 & 0.339 & 0.371 & 0.238 & 0.285 & 0.114 & 0.229 \\
0.006 & 0.006 & 0.006 & 0.006 & 0.007 & 0.007 & 0.006 & 0.007 & 0.008 & 0.009 & 0.008 & 0.009 & 0.026 & 0.0152 & 0.044 & 0.018 & 0.037 \\
0.041 & 0.061 & 0.049 & 0.063 & 0.072 & 0.075 & 0.069 & 0.083 & 0.112 & 0.118 & 0.089 & 0.138 & 0.079 & 0.072 & 0.101 & 0.051 & 0.131 \\
0.058 & 0.069 & 0.094 & 0.149 & 0.143 & 0.113 & 0.083 & 0.125 & 0.152 & 0.127 & 0.130 & 0.154 & 0.073 & 0.146 & 0.098 & 0.041 & 0.107 \\
0.024 & 0.031 & 0.039 & 0.045 & 0.048 & 0.041 & 0.034 & 0.053 & 0.050 & 0.055 & 0.057 & 0.073 & 0.065 & 0.106 & 0.116 & 0.098 & 0.089 \\
0.020 & 0.032 & 0.026 & 0.037 & 0.039 & 0.046 & 0.034 & 0.045 & 0.050 & 0.066 & 0.051 & 0.045 & 0.038 & 0.068 & 0.068 & 0.062 & 0.041 \\
0.026 & 0.013 & 0.015 & 0.010 & 0.012 & 0.011 & 0.011 & 0.011 & 0.010 & 0.013 & 0.012 & 0.022 & 0.014 & 0.013 & 0.017 & 0.008 & 0.036
\end{pmatrix}$$

表5-2　　　　感应度系数大于1（GYDXS>1）的产业（2003）

产　业	感应度系数（GYDXS）
化学工业	2.33
机械设备制造业	2.00
采掘业	1.67
电力及蒸汽、热水生产和供应业	1.45
农　业	1.33
纺织、缝纫及皮革产品制造业	1.11
商业饮食业	1.11
炼焦、煤气及石油加工业	1.00

资料来源：根据中国投入产出学会统计数据，作者计算得出。

表5-3　　　感应度系数大于1（GYDXS＞1）的产业（1987）

产　业	感应度系数（GYDXS）
化学工业	2.564
金属冶炼及压延加工业	2.195
农　业	2.062
纺织业	1.790
机械工业	1.529
造纸及文教用品业	1.102
电力及蒸汽、热水生产和供应业	1.072
煤炭采选	1.054
运输邮电业	1.009

资料来源：史忠良主编：《产业经济学》，经济管理出版社2001年版。

表5-4　　　影响力系数大于1（YXLXS＞1）的产业（2003）

产　业	影响力系数（GYDXS）
机械设备制造业	1.36
金属产品制造业	1.27
建筑业	1.18
化学工业	1.18
建筑材料及其他非金属矿物制品业	1.09
其他制造业	1.00
炼焦、煤气及石油加工业	1.00

资料来源：根据中国投入产出学会统计数据，作者计算得出。

表 5 - 5 　　　　影响力系数大于 1 （YXLXS > 1）的产业（1987）

产　　业	影响力系数（GYDXS）
电子及通信设备制造业	1. 278
交通运输设备制造业	1. 222
电机及器材制造业	1. 205
纺织业	1. 200
缝纫及皮革制造业	1. 195
建筑业	1. 186
金属制品业	1. 166
煤焦、煤气制品业	1. 165
其他产品工业	1. 162
机械工业	1. 141

资料来源：史忠良主编：《产业经济学》，经济管理出版社 2001 年版。

从上述各表中的数据可以看出，无论是 1987 年还是 2003 年的数据，都显示出感应度系数较大的部门明显地集中在原材料、农业、能源和运输部门。这一显著趋势表明，感应度系数较大的部门对经济发展起着较大的制约作用，尤其是当经济快速增长时期，这些部门要首先受到最大的社会需求的压力，从而容易造成供不应求的局面。国民经济增长对石油供应提出了严峻的考验，这也从一定程度上反映了石油在国民经济发展中的重要战略作用。而影响力系数较大的部门多集中制造业，说明这些部门的发展对社会生产具有较大的辐射力，特别是在 1987 年影响力系数大于 1 的 10 个产业中并没有石油加工业，而到了 2003 年石油加工业也进入了影响力系数大于 1 的 7 个产业中，说明石油石化工业在国民经济中的战略地位不仅体现在对国民经济增长的强烈制约作用方面，还体现在它对其他产业的发展的辐射作用上，进一步证明了石油产业在国民经济中的战略地位。

（2）石油供求与国民经济发展的回归分析

在中国石油工业史上，有两个极具意义的历史拐点：第一个是1963年，大庆油田开始量产，中国从此摘掉了贫油国的帽子。第二个是1993年，中国开始成为石油净进口国。在1993～2003年的10年间，一方面，中国经济始终保持7%～10%的增长；另一方面，石油工业却发展缓慢，石油产量的增长率仅能维持在2%以下。随着中国成为世界的制造业中心，各行各业对能源的需求日益扩大，而中国的人均产值和人均收入逐年提高，又有力地拉动了汽车家庭化的消费热潮，这一切使中国的能源短缺特别是石油短缺的问题日益突出。1999年，中国的石油缺口激增到4000万吨，进口额达到创纪录的46.6亿美元。由表5－6可以看出，从1994年开始，中国石油的进口依存度持续上升，从目前石油的开发与供需状况分析，中国石油生产的增长将永远无法跟上高速度的经济增长，且缺口越来越大，只有大量进口石油才能确保经济发展对石油的需求。随着中国石油对外依存度不断提高，中国石油供应受国际能源市场制约的程度也越来越高，在步步紧逼的石油风险背后，具有更高的政治和经济风险。表5－6的数据显示，中国石油1994年的对外依存度是1.9%，到了2005年，这一指标上升到了42.9%，中国石油供求不仅是一个商业问题，而且是国家的战略安全问题。中国国民经济对于石油的依赖性在不断增加，石油在中国能源中的地位迅速提高。1978年以来，改革开放以及持续的经济发展导致中国能源需求，特别是石油需求的快速增长。

为进一步验证石油产业在国民经济发展中的重要地位，笔者根据中国国家统计局的《统计公报》及《中国石油工业年鉴》对外公布的有关数据，建立数理模型，进一步检验中国石油产业与国民经济发展、产业结构调整及居民购买力水平之间是否存在相关性及程度如何。在收集到的各种指标中，笔者选取石油产业的对外依存度作为反映石油供求水平的指标。对外依存度就是中国石油的年净进口量与年石油消费量的比值，反映了一国的石油供求缺口程度；用人均GDP综合反映国民经济发展及居民购买力水平；用第二产业产值占GDP的比重反映国家产业结构的调整趋势，国家的产业政策取向。由于中国从1993年开始变成了石油净进口国，因此，该模型中数据的跨期为1994～2005年12年的时间序列。通过表5－6的数据观察，笔者拟建立一个二元回归方程，其中被释变量为石油的对外依存度，用 Y 表示；解释变量分别是第二产业在国民经济发展中的比重和人均 GDP，分别用 x_1、x_2 表示，建立下面回归方程：

$$Y = b_0 + b_1 x_1 + b_2 x_2 + u \qquad (5-22)$$

将表 5-6 中数据用 Eviews 软件进行回归分析，得到的输出回归结果如表 5-7 所示。并在 5% 的显著水平上对该模型的总体回归效果和参数进行检验，如表 5-8 和图 5-1 所示，所有结果均为 Eviews 的输出结果。

表 5-6   国民经济发展与石油需求

年　份	石油对外依存度% （Y）	第二产业比重% （x₁）	人均 GDP 万元/人 （x₂）
1994	1.9	48.5	0.3654
1995	5.4	48.9	0.4767
1996	8.1	47.4	0.5539
1997	17.0	49.2	0.6048
1998	15.4	49.2	0.6374
1999	21.5	49.7	0.6517
2000	25.0	50.3	0.6902
2001	27.7	51.1	0.7517
2002	30.04	51.7	0.7967
2003	33.0	52.9	0.9030
2004	40.0	53.0	1.0502
2005	42.9	47.3	1.3944
2010	53.0	42.0	1.9201
2020	65.9	39.0	2.4000

资料来源：国家统计公报数据：《中国石油工业年鉴》，2005 年以后的数据为根据模型得出的预测值。

表 5 - 7　　　　　　　　　　　Eviews 回归结果

常数和解释变量	参数估计值	参数标准差	t 统计量	双侧概率
被解释变量：Y				
方法：最小二乘法				
日期：2006 年 6 月 25 日　时间：10：55				
样本：1994 ~ 2005 年				
观测数据：12				
b_0	- 1. 226077	0. 221707	- 5. 530168	0. 0004
X_1	2. 288853	0. 451632	5. 067966	0. 0007
X_2	0. 413517	0. 031373	13. 18051	0. 0000
R^2 判定系数	0. 963933	被解释变量均值		0. 222692
调整的 R^2 的判定系数	0. 951959	被解释变量标准差		0. 133407
回归方程标准差	0. 028010	赤池信息准则		- 4. 100226
残差平方和	0. 007061	施瓦兹信息准则		- 3. 978999
似然函数的对数	27. 60136	F 统计量		120. 2689
DW 统计量	0. 991924	F 统计量的概率		0. 000000

表 5 - 8　　　　　　　　　　　模型回归效果

实际值	拟合值	残差
0. 01900	0. 03718	- 0. 01818
0. 05400	0. 09195	- 0. 03795
0. 08100	0. 08958	- 0. 00858
0. 17000	0. 15135	0. 01865
0. 15400	0. 16363	- 0. 00963
0. 21500	0. 18196	0. 03304
0. 25000	0. 21139	0. 03861
0. 27700	0. 25481	0. 02219

续表

实际值	拟合值	残差
0.30040	0.28691	0.01349
0.33000	0.35780	− 0.02780
0.40000	0.42050	− 0.02050
0.42900	0.43234	− 0.00334

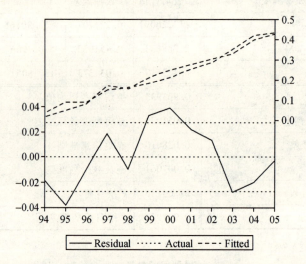

图 5 −1   模型拟合效果及残差分布

根据输出表中的数据可以看出：①回归方程的标准误差的评价 $S.E =$ 0.028010，说明回归方程与各观测点（或估计值与观测值）的平均误差为 0.028010% 。②拟合优度检验 $\overline{R^2} = 0.951959$，说明回归方程的解释能力为 95.19% ，方程的拟合优度非常好。③回归方程的总体显著性检验，从全部因素的总体影响来看，在 5% 的显著水平上，$F = 120.2689 > F_a$ （2，9） = 4.26，说明第二产业比重和人均 GDP 对中国石油对外依存度即石油供需的影响总体上是显著的。④单个回归系数的显著性检验，在 5% 的显著水平上，$t\ (\dot{b_1}) = 5.067966 > t_{0.025}$ （9） = 2.2622；$t\ (\dot{b_2}) = 13.18051 > t_{0.025}$ （9） = 2.2622，说明第二产业比重和人均 GDP 这两个指标对石油供求的影响均显著。并且，从表中数据也可看出，该模型不存在多重共线性问题。因此，该模型的回归结果是可靠。根据该模型，笔者对2010年和2020年中国石油的对外依存度进行了预测，数据见表5－6，长期趋势见图5－2。该数据与国家能源专家的预测数据基本相符①。通过以上分析可以看出，中国石油的供需与人均国内生产总值和国家产业结构调整密切相关，这充分证明了石油产业在国民经济发展中的战略性地位。

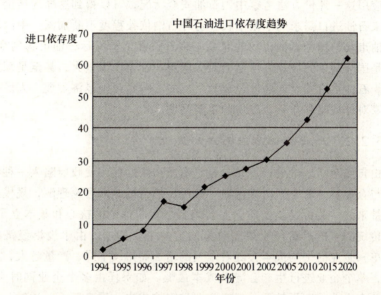

图5－2　中国石油进口依存度走势图

资料来源：1994～2005年数据来自《中国石油工业年鉴》，以后年份数据根据上述回归模型计算得出。

中国对外石油依赖路径已经形成且难以改变，中国石油安全问题日益显现。虽然中国石油的自给率都在50%以上的安全界限以内，能源供应再也不可能像过去那样完全依赖于国外而受制于人。但是，中国由一个石油净出口国变成一个石油净进口国，进口石油不断增加，巨大需求与自给

---

① 日前，我国能源领域专家在乌鲁木齐研讨时，预测中国石油对外依存度到2010年将达到50%，2020年将达到60%。

不足使外部风险因素逐渐增多，中国石油安全问题也由此凸显。对外石油依赖程度是估量一国或一地区石油安全态势的重要指标。在一般情况下，对外石油依赖程度的增长意味着石油供应安全的脆弱性在增加。根据西方的石油安全理论，石油进口依赖所造成的石油安全的脆弱性评价方法分为物质方法和经济方法。其中，最重要的评价方法是石油进口依赖与石油进口脆弱性之间的关系。石油进口依赖的脆弱性是理解石油安全的关键因素。应用这一评价方法考察中国石油安全状况，可以得到这样的结论：中国未来石油进口需求的不断增长，对外石油依赖程度不断加深，中国的国内石油市场与国际石油市场的联系必将日益密切，国际石油市场的变化，特别是国际油价的波动，可能会对中国石油安全产生重大，甚至是深远的影响。石油供应安全问题已经成为了可能影响到中国经济发展、人民生活和国家对外战略利益不容忽视的重要问题。

5.2.2 产业的部分自然垄断属性

由自然垄断理论分析可知，自然垄断产业的存在使政府陷入一种社会福利与企业利益取舍的两难困境。按照传统自然垄断理论理解，规模经济及其带来的"边际定价矛盾"是传统自然垄断理论的核心和基本立足点，也是传统的自然垄断产业规制政策制定的主要依据。由于规模经济的存在，单一企业的平均成本会随着产量的增加而持续下降，产量越大，成本越低，单个企业进行生产会导致成本最低。如果任由多个企业同时生产，由于单个企业的产量较低，每个企业的平均成本会居高不下。这时，政府对市场进入进行干预，赋予特定企业的垄断供给权，有政策上的合理性。但同时也存在垄断企业凭借政府赋予的垄断地位，为获取垄断利润而进行有损社会福利和消费者利益的行为，因而有必要对其实行规制。

对自然垄断的最新研究表明，自然垄断并不一定要求规模经济，只要单一企业的总成本小于多企业的成本之和即可。当自然垄断企业盈利，即边际成本大于平均成本时，引出了自然垄断企业的"可维持性"问题。可维持性指的是自然垄断企业如何防止潜在的竞争者进入市场，分享利润，保持垄断地位问题。夏基（1982）将可维持价格定义为真正能够阻止拥有同等或低级技术的竞争对手进入市场的价格。潘泽与威利格（1977）把可维持价格定义为使新进入者的利润水平为负，垄断者的利润水平为非负的一组价格。市场需求与平均成本相交于平均成本上升过程中，此时边际成本大于平均成本，如果由单个企业提供价格等于平均成本时需求的全部产量，即企业刚好能够补偿其所有成本，此时的自然垄断可称为不可维持。也就是说，在既定前提下，潜在竞争者会受到激励而进入市场，并生产出一定份额的总产品，尽管这样会增加整个产业产品的生产成本。这种前提是竞争者希望目前的企业能在它加入后的一段时期内保持价格的稳定，并能提供剩余的产品。竞争者会发现以高于最低平均成本点但略低于当前垄断企业的定价的某个价格出售产品将可获利润，此时需要政府对进入进行规制。反之，市场需求与平均成本相交于平均成本最低点的左方时，自然垄断是可维持的（见图 5-3）。在这种情况下，竞争者无法抢走当前企业的生意，不存在进入激励因素，不需要政府对进入进行规制。

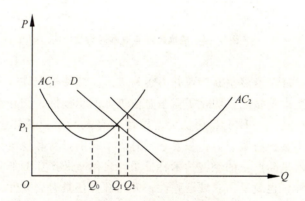

图 5-3　自然垄断的不可维持性

　　可见，可维持性概念与规制者决定是否允许进入多产品自然垄断市场息息相关。新自然垄断理论扩大了自然垄断领域的范围 MM^* 段（见图 5-4），但并不认为都需要政府进行规制，需要根据自然垄断的强弱、进入市场有无障碍和企业是否具有可维持性等因素综合决定，分别采取不同的治理措施。鲍莫尔、潘泽与威利格于 1982 年提出的进退无障碍理论，又译为可竞争性市场理论可说明这个问题。根据该理论，潜在的进入是强有力的约束垄断压力，尤其是进入交叉领域，采取"打了就跑"的进入可使市场近似于完全可竞争市场。尤其在实际上容易进入的条件下，自然垄断会被迫成为有效率的垄断，这时政府规制是不必要的；如果市场力量不够强，则对自然垄断的规制仍然需要。进退无障碍理论开拓了自然垄断治理的新思路，修正了传统对自然垄断治理的看法。

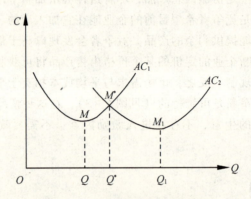

图 5 - 4   规模经济与成本弱增性

事实上，许多自然垄断产业并不容易进入。即使被允许进入，进入和退出也会发生大量费用，弱化了竞争企业进入的积极性，交易费用经济学对此有较多论述。一种观点还认为，即使现有垄断企业总体上讲没有效率，进入也不会很有吸引力，只要它拥有忠实的消费者和稳定供给的必需来源。从自然垄断产业的经济技术特征看，自然垄断产业的产品和服务往往具有必需性，也就是需求缺乏弹性，并且服务还具有公共性，为社会经济发展的基础部门，对宏观经济的运行与人们生活需要的满足具有重要意义。一句话，自然垄断产业成为典型的被规制部门有其自身的经济原理和技术特性的。

综合中外学者对自然垄断产业的研究，笔者归纳出了自然垄断产业的主要特征：①具有传输产品或服务的网络特征，即生产企业必须借助于传输网络才能将其产品或服务传递给用户，用户也必须借助于传输网络才能使用企业生产的产品或服务，故自然垄断产业有时也称为网络产业。②生产具有极大的范围经济效益。③生产或服务的基本技术经济标准具有统一性。④存在大量的沉没成本。⑤商品或服务的需求弹性较小，具有公共产品特性，因此，自然垄断产业商品是公众所需要的基本服务，因而普遍服务特性也是自然垄断产业的基本特征。

在第四章，笔者已经证明石油产业存在明显的规模经济和范围经济的特性，而且天然气管道运输还兼具网络经济特性；由于石油产业的勘探特点及油气运输管网基础投资建设均形成了大量的沉没成本；从石油的供求特点来看，石油需求带有典型的高收入弹性、低价格弹性的特点，尤其是短期的价格弹性接近于零。因为，一是进行节能和开发替代能源，从投资、设备改造到见效的周期较长。二是石油价格变化对最终消费者的影响具有时滞性。三是仅仅通过降低生产生活标准和节约所减少的石油需求极为有限。因此，石油价格的变动不会立即引起石油需求的大幅度变化。因此，通过以上分析可以看出，石油产业链中存在自然垄断环节，但并不等于该产业的所有业务都具有自然垄断性质。发达国家经验证实，除天然气产业的输配环节，因其管网的物理特性决定了具有自然垄断特性外，其他环节均是可竞争的，属于非自然垄断业务。从天然气输配环节看，该环节是网络依赖型领域，输配系统是连接气源和终端市场的桥梁，任何天然气供应企业进入市场的唯一途径都是通过管网。管网是天然气市场的物理载体，没有管网连接的市场物理载体只能是潜在市场而非现实市场。这类系统只有达到一定规模，才能获得经济和环境效益，并且管网运输经济效益要高于专管或单线运输。从天然气消费环节看，民用燃气被认为是具有自然垄断性质的行业。所以，一般认为管网系统属于自然垄断领域，因此，石油产业部分环节的自然垄断特性决定了政府对石油产业规制的必要性。

5.2.3　"马歇尔冲突缓冲区"理论对问题的再认识

有效竞争理论不能获得重大突破是因为人们总是拘泥于其衡量标准的确定，而忽视不同产业技术经济关系下市场竞争程度和经济规模的巨大差异性，以及规模与竞争相互协调过程的动态性。有些产业中，技术发展和规制调节会缓和马歇尔冲突，竞争与规模能够在较大范围内兼容，形成高效的规模竞争。资源利用的有效性称为经济效率，即是否能以有效的生产方式组织生产。市场组织类型则直接影响经济效率的高低。垄断会导致效率损失增大，社会生产悖离帕累托最优。因此，传统理论对规模与竞争相互协调的理解可用图 5－5 表示，其中 $A(q)$ 是效率损失线，曲线向右上倾斜代表随着垄断加深社会效率损失增大。$B(q)$ 为规模经济曲线，假定忽略经济的外部性，生产者成本等于社会成本，则随生产规模的扩大，社会平均成本下降，表现为 $B(q)$ 向右下方倾斜。两条曲线交点对应的产量 q_0 左侧，规模经济带来的成本降低大于垄断造成的效率损失；q_0 右侧则相反。只有 q_0 处收益与损失相抵，规模与竞争才达到最佳协调。令 $A(q) = B(q)$ 便可求出 q_0 点，又因为 $A(q)$、$B(q)$ 皆单调，故 q_0 是唯一解。其实，这种单点极值是不稳定的，达到平衡是偶然的，背离平衡却是必然的。笔者认为，在特定产业、技术和规制条件下，规模与竞争的相互协调可以在较大范围内实现而非只在一点上达到。图 5 - 6 到图 5 - 7 演绎出市场规模与竞争的动态协调过程。

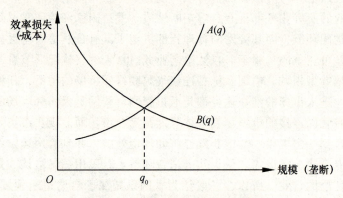

图 5 - 5　规模与竞争活力的协调

图 5 - 6 的 $A(q)$ 代表竞争成本线。企业规模较小时，垄断引起社会成本增加幅度不大，曲线斜率很小。生产集中达到一定程度时，垄断引起社会成本上升速度加快，斜率增大，垄断进一步加深时，社会成本急剧上升，$A(q)$ 变得很陡。$B(q)$ 代表规模经济线。企业建立初期规模扩张能大幅度降低生产成本，因此 $B(q)$ 很陡。当企业规模扩张到一定程度，内部管理成本上升会延缓总平均成本下降，表现为 $B(q)$ 变得平缓。石油行业市场集中度较大，垄断阻碍了市场竞争，企业规模扩大使社会成本上升很快。而企业初始规模较大，规模经济带来的社会成本降低被内部管理成本的上升所抵消。所以，石油产业开始时，$A(q)$ 的斜率一般大于

B (q) 斜率的绝对值。假定初始阶段垄断使社会成本很高,企业处于 1 点,政府放松规制、降低进入壁垒后少量竞争企业进入,使守成者开始注意降低成本,进而使整个社会生产成本下降。但此时,守成者规模近似不变,竞争引入使企业生产由 1 点变至 2 点。随着反垄断政策深化,企业规模缩小,表现为 2 点变至 3 点。为保持利润,各业务内部垄断又有所加强,促使成本在企业规模基本不变时上升,即从 3 点上升至 4 点。随局部业务垄断加剧,企业又有扩大规模的冲动,往往通过兼并重组扩大业务规模,表现为图中 4 点向 5 点转变,这将招致管理层出台新的非对称规制政策加以控制。于是,又一轮新的竞争引入、业务拆分、规模缩小、成本升高、垄断加强、再规制的循环开始,但其总趋势却是向规模与竞争的协调区域收敛。不妨把垄断与竞争相互协调的动态收敛区域称为马歇尔冲突收敛区,图 5 - 6 的循环收敛过程实际上是企业与规制者重复博弈的结果。技术进步和各种规制政策的应用会使规模经济带来的成本下降率与垄断造成的社会成本上升率逐渐趋同,最终企业规模会维持在图 5 - 7 中的 q_1 到 q_2 之间。

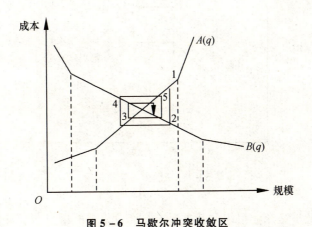

图 5 - 6　马歇尔冲突收敛区

　　在图 5 - 7 这一区域中,企业规模仍会波动,但趋于稳定,而且均衡始终处于 q_1 至 q_2 封闭区域内,其条件是,一定的生产技术水平和规制调节。我们把这一规模与竞争稳定兼容的区域称为马歇尔缓冲区。由于缓冲区内能够实现有效竞争，产业政策将围绕如何确保规模与竞争动态协调过程始终不背离马歇尔缓冲区而制定。这一理论将为我国石油产业规制改革提供了极具参考价值的理论依据。

　　石油产业过去一直被认为是典型的垄断行业，本质上排斥竞争。但是，石油技术的进步逐渐降低了规模经济相对于管理效率、技术能力以及服务质量的重要性，石油行业完全能实现有效竞争。有效竞争的两个决定变量是规模经济和竞争活力。规模经济通常指企业规模扩大而使产品单位成本下降的现象，它是优化资源配置，提高经济效率的一种手段；而竞争活力通过与价格机制、供求机制共同作用发挥合理配置社会资源的功能。可见，规模经济与竞争活力是殊途同归，其共同目的是提高经济效率。从马歇尔缓冲区的研究中我们发现适度竞争与适度规模的协调存在于一个范围而非一个点（见图 5 – 7）。

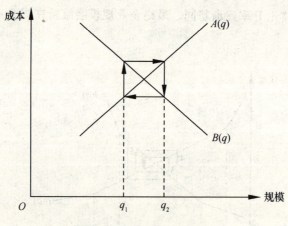

图 5 – 7　马歇尔冲突缓冲区

　　规模经济是产业组织的基本要求，产业组织的活力在于有效竞争。理想的市场效果正是规模经济与有效竞争的协同。而市场结构、市场行为、市场效果分析表明，市场演化本身就具有集中的趋势，集中必然导致垄断，垄断发展到一定程度会遏制市场机制，扼杀企业活力，造成资源的不合理配置。因此，社会无疑面临一种选择：要么牺牲规模经济，保证平等的竞争环境，以求得相应的生产效率；要么牺牲竞争，保证规模经济。如何使二者有机地结合起来则构成产业组织理论的内涵，也构成产业组织政策的主要内容。产业组织政策主要是针对市场自发势力中的两种不良倾向——过度集中和过度竞争，以维护竞争活力和利用规模经济为宗旨。产业组织政策具体分为产业合理化政策（鼓励规模经济和防止过度竞争）和市场秩序政策（鼓励竞争，限制垄断）。通过产业组织政策的实施，能够选择高效益的产业组织形式而使资源有效使用，促进总供给有效增加。

　　由于产业组织政策中的市场秩序政策是覆盖大多数企业的机制性政策，是针对同类产品生产的企业制定的，这样，使同一产业的不同所有制企业能较好地置于同一政策环境中，受同一政策约束，在同一起跑线进行平等竞争。这种公平性使同一产业的不同所有制企业在同一政策约束下，只能通过努力改善经营管理来提高竞争力和经济效益，从而规范企业在市场上的行为。

　　规模经济是产业组织政策的基本目标。规模经济形成能够产生附加利益效应，具体表现在：企业规模扩大后，有利于实行标准化、专业化和简单化生产。有助于提高劳动生产率和降低成本，有可能采用更先进的工艺，使用更大型、高效和专用设备，并充分利用其设备，同时也可以充分利用副产品和节约原材料，节约采购和推销费用等。国际经验表明，充分享有规模经济收益，是促使重化工业时期工业高速增长的重要因素。日本正是充分利用了规模经济，以低成本竞争优势迅速扩大了国际市场份额，并由此带动了国内经济的持续高速增长。

　　市场过程中的产业组织活动，实际上是产权关系运动的结果，产业组织是产权活动的外部表现形式。产权运动使企业在流通领域和生产领域都具有统一的整体行为。产权规定了企业的目标是利润。正是企业的市场行为把产权的要求反映出来。在企业运行中，产权突出地表现在资产的使用权、收益权和处置权的统一上。这三权的统一对产业组织有重要意义。企业对规模经济效益的追求，首先以一定的资产收益权为前提。如果企业没有自己资产的使用权和处置权，就无法根据市场情况对资产的存量和流量做出相应抉择。产权约束使企业组织形式由业主制—合伙制—股份公司演变；使市场结构由完全竞争—垄断—有效竞争演化，从而赋予企业以利润为导向，自主选择企业规模的权力和寻求企业规模优化的动力。

产业组织的活动在于有效竞争。有效竞争是指不存在人为的进入壁垒和资源流动障碍；产品方面存在着比价格更敏感的质量差异；企业的数量在规模经济允许的范围之内；在此种市场结构规定之下，任何卖者或买者集团都不存在合谋或勾结行为；企业在经营上不使用排斥性、掠夺性或强制性的策略手段；在推销活动中不存在欺诈；不存在有害的价格歧视等。国家通过制定公共政策干预市场结构和市场行为，使市场结构富有竞争性，从而保证市场竞争秩序，促进企业间有效竞争，达到产业组织合理化的效果。

产业组织政策通过改善市场结构，规范市场行为，调整市场效果，选择资源有效使用的产业组织形式，选择资源合理分配的产业组织形式，选择资源不被浪费的产业组织形式，建立起大批量的生产体系，组织起资源不被浪费的分工协作关系，创造出有效使用资源的产业竞争秩序，提高规模经济利用水平，防止产业内因过度竞争、低水平竞争及垄断形成的资源浪费，提高资源配置效率。

中国石油产业组织政策的制定应有模型，这种模型可以使产业组织系统的优化得到解释和正规化。从产业组织政策实施的实践看，主要存在两种模型：一是以美国为典型的均衡型产业组织模型。这种模型出现的背景是由于处于市场经济较高发展阶段的国家，产业组织结构的垄断性质突出，因而产业组织政策是以抑制垄断，维护竞争活力为主要内容，通过对垄断的限制，规范企业行为和市场秩序，以取得均衡的市场效果。二是以日本为典型的效率型产业组织模型。这种模型出现的背景是由于处于市场经济发展较低阶段的国家，产业组织结构中组织规模较小，容易形成过度竞争，不利于规模经济的发挥，因而产业组织政策以限制过度竞争和组织规模生产体制。通过对过度竞争的限制，避免资源浪费，通过建立大批量生产体制，享受规模经济效益，以取得经济增长的高效率。我国产业组织政策的模型应该是均衡与效率兼顾。"均衡"的含义在于必须消除企业组织结构中非竞争过程造成的行政性垄断力量，维持并放大市场竞争自组织机制的作用。"效率"的含义在于消除由于市场发育过程中所造成的低水平竞争和过度竞争对资源的浪费。

在市场机制充分发挥作用的情况下，产业组织的调整是自动进行的。西方产业组织政策的制定和实施是对以市场机制为基础的产业进行的干预，是对市场失效的补救政策。我国产业组织政策面临的背景不是市场失效，而是市场不足。虽然在社会经济生活中已日益强烈地感受到市场机制的作用，但市场经济体制还远未成形。在这种情况下，照搬西方的产业组织政策模式自然难以奏效。从这个意义看，我国的产业组织政策必须具有双重功能：既要优化传统体制下刚性化的组织结构，促进产业组织合理化，还要承担培育市场的任务，通过健全市场机制，改善市场结构，塑造市场主体，完善市场体系，从而构成一种能在市场经济制度下稳定发展、灵敏运行的充满效率又富有活力的产业自组织机制。

中国石油产业组织的现状是在经济发展模式、体制等运行环境下长期演变的结果。因此，我国产业组织合理化最终依赖于经济体制改革。从制度上分析，产权制度破损是造成产业组织不合理的深层原因。从现代企业组织、规模、市场秩序的演变过程中，我们可以明显看到产权在企业内部和企业外部所起到的强有力的约束作用。产权缺陷，产权关系模糊，必然削弱市场机制对组织行为的约束，阻碍产业组织内资源的流动，使低效的产业组织刚性化。这是造成我国企业平均规模下降，企业间过度竞争，产业组织不合理的主要原因。因此，必须通过企业改革，建立现代企业制度，塑造产业组织合理化的微观基础，构建规范的产权规则，强化产权约束。

产业组织政策的主要任务是正确处理被称为"马歇尔冲突"的规模经济和竞争活力这个矛盾。但是，规模与竞争的矛盾不可能由单一有效竞争理论解决。产业组织理论所要做的也并非是仅仅找出一套完美的有效竞争市场衡量标准，而应针对不同产业的特征，确定一个规模与经济兼容的规模竞争区间，即马歇尔缓冲区，既能使公众获得规模经济利益，又能维护市场的有效竞争。

从上述理论分析我们发现，要进入马歇尔缓冲区，使规模与竞争相兼容，除了调整市场结构，使之形成多个寡头规模竞争的格局外，还要分析技术进步和规制调节对市场结构、绩效的影响程度，使产业组织政策能根据技术经济关系的演进相机抉择，确保规模与竞争动态协调，收敛于高效率的马歇尔缓冲区。可见，中国石油产业组织运行机制优化的方向应当是进一步发展规模竞争，尽快形成多寡头竞争机制，使规模和竞争收敛于马歇尔缓冲区。

5.4   本章小结

通过第四章的分析，虽然按照笔者所提出的中国石油产业寡占结构调整的思路，从理论上证明了寡占效率的存在，但是，寡头垄断市场结构仍然存在潜在的低效率，因此，在第五章，笔者对石油产业规制进行了内生性分析，经过笔者思考得出中国石油产业规制的内生性源于寡占的市场结构和石油产业自身的特殊性，并运用中国投入产出学会公布的数据对中国石油产业的波及效果进行了计量分析，还将计算得出的产业感应度系数和影响力系数与 1987 年的结论进行了对比研究；笔者利用跨期为 12 年的相关数据，利用计量经济学软件 Eviews3.0 对中国石油产业的对外依存度与中国第二产业产值占 GDP 的比重和中国人均 GDP 间的关系进行了回归分析，在证实了回归结果可靠性基础上，对中国石油产业在 2010 年及 2020 年的对外依存度进行了预测，论证了中国石油产业规制的内生性。运用马歇尔冲突缓冲区理论，论证了适度竞争与适度规模的协调存在于一个范围而非一个点，中国石油产业组织运行机制优化的方向应当是进一步发展规模竞争，尽快形成多寡头竞争机制，使规模和竞争收敛于马歇尔缓冲区。

第六章　制度比较：美欧石油产业规制经验

　　石油产业一直是各国政府实施严格规制的产业，回顾和分析我国石油天然气行业的改革，尤其是 1998 年行业结构调整以来的发展历程，可以看到我国石油行业的政府规制任务依然十分艰巨。欧美一些市场经济国家建立规制机构承担划桨的职责，实现了政事分开，体现了一件事情由一个部门办的要求，在满足社会需要的前提下做到了小政府、大服务，提高了政府管理经济的水平和效能。事实上，规制机构也是政府转换职能和人员分流的重要途径之一。1988 年，英国改善政府管理措施，将政策制定和政策执行职能分开，建立执行局作为执行机构。英国近 2/3 的公务员已转到规制机构。经过 100 多年市场经济的实践，欧美等石油生产国基本形成了一套比较完整的石油工业管理体系，即：国家制定法规，规范政府部门和石油企业的行为；政府部门制定政策和行业规范，约束和引导石油企业的经营活动；石油规制机构对石油企业的业务活动和市场秩序进行监督管理，确保国家的法律法规和政府各项政策的贯彻实施；石油中介组织作为政企之间的桥梁，在行业内部发挥规范、协调企业行为和督促企业自律的作用，石油企业自主经营。欧美国家政府中一般都有明确的石油工业主管部门，如美国能源部、加拿大自然资源部、英国贸工部等，同时又依法设立相对独立的石油行业规制机构，如美国联邦能源规制委员会、加拿大国家能源委员会、英国天然气和电力市场办公室等就是相对独立的规制机构。石油规制机构都有相当规模的人力和智力资源，确保高效运作。如美国联邦能源规制委员会有 1300 多人，其中油气领域有 550 多人。各国石油工业规制的具体范围和组织方式不尽相同，但职能大体相同，主要包括：①规制矿权和资源的使用。②对石油市场的运行实施监控。③组织制定行业技术标准并监督实施，对生产安全、公众健康和环境保护实施规制。④对行业重要公共设施和重大项目实行规制。⑤负责行业基础数据信息的管理，向政府部门和公众提供咨询服务等。

　　美国、英国和加拿大三国均为世界石油天然气生产大国。鉴于石油、天然气等能源资源直接关系到国家的能源供应安全和经济的可持续发展，所以，美国、英国和加拿大等国作为世界经济发达国家和自由市场经济的代表，在倡导市场充分竞争的同时，对涉及国计民生的领域，都推行了较为谨慎的规制。政府对于行业目标及政策制定、行政管理实施和法律裁决的职能划分都有明确的界定，对于规制机构执法的公正、独立、透明和公开，均有相应的制度保证，对于企业经营和市场运行，都有一套行之有效的鼓励、监督和约束机制。通过观察比较发达油气生产国的行业结构，我们可以清楚地看到，各国政府在石油天然气上游勘探、开发、生产和下游的炼油、成品油批发和加油站零售等市场机制可以充分发挥作用的环节，普遍采取了对有资质的企业放开市场，鼓励竞争的政策和措施，以防止垄断，吸引多元化投资和先进的生产技术，促进行业发展。

6.1　美国政府对石油产业的规制

　　美国一直是经济自由主义的代表，但在其石油产业发展过程中，政府却一直重视对石油产业的规制，特别是第二次世界大战和两次石油危机以后，美国政府不断加强和改善对本国石油产业的宏观调控，其中有很多政府规制经验值得中国石油产业借鉴。

6.1.1　资源占有及规制主体

　　美国政府对石油产业规制的主体范围较广，规制主体中最重要的是国家立法、司法、行政在内的中央机构。美国的能源主管部门除能源部外，联邦内政部下属的矿产管理局及联邦环保署、劳工部、运输部等其他政府机构也负有部分参与油气资源规制的责任。能源部是一个庞大的能源管理部门，约有 1 万多名公务人员，分属 14 个职能办公室，主要负责收集、分析和研究能源信息，提出能源政策方案和制定能源发展、安全战略，研究开发安全、环保和有竞争力的能源新产品，管理核武器、核设施及消除核污染，石油政府储备、石油天然气进口，石油资源开发、储运、油品加工、环境治理等方面的规制分析、经济分析和市场分析。

能源部所属联邦能源规制委员会是一个独立的能源规制机构，其委员会主席由总统提名，国会批准，任期5年。委员会共5名委员，下设6个专业规制办公室，有各类专业人员1000多名，主要对190个电力公司和50多个天然气管道公司实施规制责任。在石油天然气领域，规制委员会主要对管道输油公司的运营和费率，审批跨州天然气管道输送项目，天然气管输价格、管道服务的开放，液化天然气接收站的建设和运行等业务环节进行规制。此外，规制委员会还就规制事务进行听证和争议处理，电力和天然气利用的协调、战略和组织管理研究，协调议会、政府、企业和公众的关系。

由于美国为联邦制国家，具体的油气资源管理和天然气配售系统的规制属地方政府管辖，由地方石油规制机构具体负责，且规制机构按产业链上游和下游分设。美国负责上游产业规制的机构包括矿产管理局和国土管理办公室。下游产业的规制机构包括两个联邦级和58个州级机构。美国的土地和矿产资源为联邦、州和个人三级所有。联邦政府拥有的美国陆上土地地面所有权和地下矿产所有权约占全国的1/3。在海上，美国海岸线离岸5公里以外海域的全部资源也归联邦政府所有。联邦各州拥有的土地和资源相对较少，陆上主要包括本州境内的河流、学校占地和其他用地及其地下资源的所有权，沿海诸州拥有本州距海岸5公里以内海域的资源。美国土地和资源的三级所有制结构决定了石油天然气上游领域的竞争性质。

鉴于能源资源在国家能源安全和经济增长方面所发挥的重要作用，美国政府对石油天然气等关乎国计民生的资源开发领域，始终推行普遍竞争、防止垄断与适度行政管理控制相结合的政策。国家矿产资源的开发和管理工作由联邦内政部下属的美国政府对联邦属地的石油天然气资源勘探开发实行招标租赁制。矿产管理局一般每5年组织一轮石油天然气勘探开发区块的公开租赁招标，墨西哥湾区块两年一轮。法律要求管理机构至少在招标会举办30天之前，就出租区块、租赁期限、租赁条件和与招标相关的其他信息发布公告，这种信息公开的做法，可以确保所有合格的行业参与者能够获得全部相关信息并公平地参与投标。在授予租赁权之前，矿产管理局还要组织有关专家，对所有投标企业的技术能力、财务实力和安全、健康、环保水平进行综合评估。另外，还要全面了解企业的地质分析报告、勘探开发及生产计划。经审查合格的企业，即可获得区块租赁权，并在规制机构的监督检查下，在规定的租赁期限内开展业务活动，与其他上游领域的合格参与者展开公平市场竞争。美国各州资源开发租赁权的获得依照州一级的法规进行。在私有区块上从事石油天然气勘探、开发和生产，必须经该区块地面所有者和地下资源所有者的同意，同时也要具备从事相关业务的资质，依法从业，并接受所在州有关管理机构的监督检查。

6.1.2　规制依据及环节

美国的能源规制是依法进行，美国能源规制委员会是依据 1977 年美国能源部组织法建立的，其执法的主要依据有 20 世纪 30 年代制定的《天然气法》，其基本法律条文几十年未变，充分体现了法律的实用性和稳定性；《天然气政策法》、《联邦能源委员会 436 号令》和《放松井口规制法》等也都是能源规制机构依法规制的主要法律法规。美国政府对石油产业进行规制依据的相关法律有两大类：一类是根据一般性法律进行的规制，如《谢尔曼反托拉斯法》。另一类是根据个别法进行规制，如《石油紧急分配法》、《能源政策与节能法》等。

美国政府对石油产业的规制主要是对不受竞争力量约束的企业经营活动所进行的控制与指导。具体来说，重点是对石油产业中的"自然垄断"领域，如对石油管道和天然气配售系统进行规制。由于石油、天然气长输和配送管道属于资本密集型基础设施，并且具有十分明显的自然垄断特点，美国政府为了在实现投资建设的规模经济效益的同时，确保管网使用者和最终消费者的利益不受侵害，都对油气管网建设、运营、准入、安全、环保，以及管道运输配送费率和服务等诸方面实行全面的政府审批和规制。美国联邦和州政府对石油天然气运输管道建设和运营实行行政审批制。

全美跨国和跨州石油天然气运输管道的管理工作由美国能源部下设的联邦能源规制委员会承担。该委员会作为石油天然气行业下游领域的独立规制机构，在管网管理方面的具体职能包括：①负责依法审查国际和州际大中型管道建设和运营企业的经济、技术、环保能力，并据此批准或驳回项目申请。申请建设和经营管网的企业首先要向规制机构证明，它在较长一段时期内可以保证相关管道项目的上游有稳定的油气供应来源，同时下游也有足够的市场需求。企业还要证明自己有足够的资金支持项目建设和随后的正常运营而且必须达到政府制定的技术、安全、环保标准和人员资质要求。②负责审查管道建设地点的选择和审查监督放弃运营后的设施清除，以确保这些活动符合国家和公众利益。③负责监督审查管网运输公司制定运输服务质量与数量标准和服务费率，确保第三方公平获得管输服务，实现企业和消费者利益的有效平衡。在美国，完全位于一州境内的油气运输管道和城市与地方天然气配送公司要在获得所在州油气规制机构授予的特许经营权后，方可在该机构的监督检查之下，依照当地政府的法律法规和国家相关法律法规，在规定期限内参与油气运输和指定地区的配气经营活动。

美国政府对油气产业进行的价格规制，也主要体现在自然垄断环节，对油气产品已基本不实行规制。规制权力的运用主要体现在提供无歧视的管道服务准入，保证石油管道公司按月接受托运，不须签约；天然气管道公司为签约预定管道空间的各方运输天然气。如果天然气管道合同没有续签而管道运输能力有富余，就可以通过对现有未签的管输能力竞标，以获得天然气管道的公开准入、无歧视定价与准入，在相同交易中对所有托运人一视同仁；美国规制机构有鲜明的独立性，为避免利益冲突，规制机构的决策者不得在被规制企业投资，不得在规制服务终结后受聘于被规制企业。

6.2　英国政府油气产业规制改革

6.2.1　规制主体及依据

英国的石油天然气资源依法全部归国家所有。上游油气资源的开发和管理工作由英国贸易工业部下设的石油天然气理事会承担。该机构要依据《1998 年石油法案》，在兼顾环境保护、安全、健康和其他海陆领域使用者利益的同时，管理并推动英国石油天然气资源的勘探与开发，促进上游油气市场的竞争，满足国家能源需求。英国政府组建独立的规制机构，成立行业专门管理机构——天然气供应办公室，具体负责天然气行业的规制工作，依法享有独立规制决策的权力。

英国政府对油气管网建设和运营分别实行审批和许可证制。国内外企业均可以根据石油法规定的申请程序，随时向石油天然气理事会申请油气勘探许可证，在通过资质审查并获得许可证后，可以开始勘探活动。许可证的持有期限一般为3年，经贸工部大臣批准之后允许再延期3年。原油、成品油和天然气运输管道的建设全部需要经过政府能源主管机构英国贸工部组织专家全面审查，最后由贸工大臣批准。英国贸易工业部下属的天然气电力市场办公室，是目前英国石油天然气运输配送管网的规制机构。

在立法方面，纵观英国天然气行业的发展历程，我们可以清楚地看到，在天然气行业发展的各个关键时期，政府一经确定阶段性发展目标，总是立即制定并出台相应的法律法规。事实证明，法律法规建设为英国天然气行业政府规制的改革奠定了可靠的制度基础。石油天然气资源的勘探开发生产许可证的申请和发放每两年进行一次。法律要求许可证的申请、批准和签发过程公正透明，石油天然气理事会要依法事先就待发放许可证的区块、许可期限、发放条件和与申请相关的其他信息发布公告。接到企业申请之后，则根据石油法设定的审查程序，组织有关部门和专家，从财务、技术、安全、健康、环保和生产计划等多角度对申请企业进行审查，然后向合格申请人发放许可证。许可证持有者要依法规范各自的业务和市场经营行为，与其他合格进入该领域的参与者展开公平竞争。

6.2.2　改革经验

英国政府对石油产业的规制主要侧重于天然气行业。第二次世界大战以前，英国的天然气产量微乎其微。城市居民和工业用户主要使用煤制气。从20世纪60年代中期起，随着大量国际资本和先进勘探开发技术的流入，北海油气田已探明天然气储量迅速提高。为了保证天然气行业运营平稳有序，英国政府于1972年成立了英国天然气公司，负责全国天然气下游领域的运输、配售业务，并主管12个地方天然气委员会的日常工作。由于垄断性经营使国家天然气公司长期缺乏竞争压力，结果导致了经营成本和价格过高，服务效率和质量低下，严重制约了整个天然气行业的发展。针对这种情况，从1986年起，英国政府对天然气下游领域进行了全面改革。对国家天然气公司进行私有化改造。根据新的私有化政策，英国政府于1986年底在伦敦股票交易所公开出售英国天然气公司的资产。另外，政府还取消了对公司的所有财政补贴，在财政收入增加的同时，大大紧缩了政府支出。私有化改造之后的英国天然气股份公司通过商业化经营，将实现企业收益和股东收益最大化作为企业追求的目标。

在行业改革中，英国的天然气市场被划分为批发市场、合同市场和收费市场即向中小用户供气的零售市场三部分。通过开放批发及合同市场使这一领域引入竞争，削弱了英国天然气股份公司的市场优势地位，扩大用户灵活选择批量供气商的范围。同时，政府还要求英国天然气股份公司在履行已生效供气合同和完成政府规定的供气义务的前提下，允许第三方使用其管网系统的剩余能力运输质量符合管道设计要求的天然气，从而为新的行业参与者创造了展开市场竞争的必要条件。

由于管道运输和地方配气业务的自然垄断特点，英国在充分放开上游天然气市场价格的同时，目前依然保留了对下游天然气管输服务费率和收费市场费率的规制，要求运输企业严格按照预先公布的受规制费率在一级市场出售管输能力和运输服务，供应企业也要按照不超出价格上限的费率向用户供气。英国政府组建的独立的规制机构天然气供应办公室，具体负责天然气行业的规制工作，依法享有独立规制决策的权力。英国天然气行业从起步到成熟，特别是在1986～1998年行业快速发展的关键时期所采取的私有化改造，建立独立规制机制，放松批发与合同市场规制，限制垄断和引入市场竞争等一系列强有力的改革举措，使天然气价格持续下降，产品与服务质量显著提高，各类消费不断增加，全国供需基本平衡。

由于石油、天然气长输和配送管道属于资本密集型基础设施，并且具有十分明显的自然垄断特点，英国政府为了在实现投资建设的规模经济效益的同时，确保管网使用者和最终消费者的利益不受侵害，对油气管网建设、运营、准入、安全、环保，以及管道运输配送费率和服务等诸方面实行全面的政府审批和规制。英国政府对于其油气管网建设和运营分别实行审批和许可证制。原油、成品油和天然气运输管道的建设全部需要经过政府能源主管机构英国贸工部组织专家全面审查，最后由贸工大臣批准。英国贸易工业部下属的天然气电力市场办公室，是目前全国石油天然气运输配送管网的规制机构。天然气电力市场办公室依法享有发放天然气运输、配送、托运经营许可证的权力。除审批发放经营许可证之外，天然气电力市场办公室还要对天然气运输和配送服务质量、费率、公司运营规范等依法进行规制。申请天然气运输、配送或托运许可证的企业必须通过该办公室的全面审查，方可获得相应的许可证。在持证经营期间，也要随时接受天然气电力市场办公室的规制和检查。

6.3   加拿大政府对石油产业的规制

6.3.1   规制主体及立法

加拿大的陆上石油天然气资源分别归各资源蕴藏省所有。联邦北部等边缘地区油气资源开发由联邦政府规制，海上资源由联邦政府与相关联邦领地、托管地和省政府协同管理。自然资源部为国家油气行业主管部门，其职责是制定国家总体能源战略和政策目标，确保资源的有效、合理、开发利用和国内能源供应。

全国能源理事会是加拿大的能源规制机构，负责依法独立行使规制职能，落实国家的相关能源政策。拥有油气资源的省政府有权对省内油气资源勘探开发和生产等事宜立法。各省有分管能源事务的主管部门和部长，并设有独立的规制机构，以保障省内能源开发利用和市场发展公平合理，并符合公众利益。各省政府对于石油天然气资源的勘探开发实行审批许可制。国内外具备相应资质的油气公司均可根据法律规定的申请程序，随时向有关地区的规制机构提交参与石油天然气上游勘探开发生产的申请，经审查合格并获得许可证后，即可开始作业。

加拿大的炼油厂和成品油批发、零售市场政策非常宽松，除爱德华太子岛省对其境内的加油站总数有一定限制外，市场是充分开放的，通过有效的市场竞争机制，避免该领域内垄断行为的发生，是加拿大对该领域及进行管理的基本原则。国内炼油厂都可以自主选择各自的原油上游供应方，各加油站也可以自主选择自己的成品油批发商。其经营业绩决定其生存能力。

加拿大的能源委员会是 1959 年根据加拿大《国家能源委员会法》设立的国家能源规制机构，隶属国家自然资源部，通过自然资源部部长向议会汇报工作。国家能源委员会独立行使规制职能。该委员会主席向自然资源部长汇报工作，但不受自然资源部的行政领导，自然资源部的各职能司不干预能源委员会的工作。组建该机构的目的在于使决策和执行职能分离，以便归口管理，提高效率。《国家能源委员会法》规定将当时贸易商务部石油天然气和电力出口的职责和运输委员会油气管道的职责一并转给国家能源委员会，同时授予其规制管道运费和"高级法院"式的独立行使职责的权力，1994 年法律修正案又赋予其新区石油天然气开发活动的规制权限。

委员会实施规制的主要法律依据有《能源管理法》、《石油天然气操作法》、《环境评价法》、《石油资源法》等 8 部法律，以及委员会制定的《天然气管道统一会计条例》、《石油管道统一会计条例》、《石油产品牌号规制条例》、《陆上石油天然气管道条例》、《管道穿跨条例》等 70 多项具有法律效力的法规和规定。加拿大能源规制的主要目的是避免垄断对同业企业造成伤害以及造成资源浪费。规制的原则是依法规制、独立规制、程序化规制、透明规制。被规制对象清楚地了解规制的要求与程序，以及违反规定的结果。

6.3.2　规制内容

能源委员会由政府任命的 9 名成员组成。委员任期 7 年，可连选连任，委员会下属约 280 名职员从事具体业务，他们主要是财务分析家、计算机专家、经济学家、工程师、环保专家、地质家、物探学家、律师、人力资源专家和管理人员等组成。

委员会下设 5 个业务部门，向首席运行官负责。①申请部。负责评估和处理原油、天然气及成品油管道建设申请，石油和天然气出口申请，在委员会权限内对石油公司的财务状况进行监督和审计，在工程、经济、环保和财务领域提供专家支持。②商品部。负责评估、供应预测、市场研究、行业规制以及与政府、企业和协会的联络等。③综合服务部。从事委员会人事、财务、设施、供应、培训等内部管理。④信息管理部。负责收集、整理、储存委员会有关信息，进行内外部信息交流，提供图书、文档、邮件等服务。⑤运行部。负责健康、卫生、环保规制，事故调查，新区油气勘探开发活动规制，处理印第安人和北部事务等。

委员会还负责能源行业环境研究基金的发放。委员会有类似"高级法院"的独立行使职责的权力。所谓"高级法院"式的权力意味着委员会的裁决是最终决定，具有法律效力。只有在能够使法院确信委员会超越其法律权限，或以显然不合理的方式行事时，才可对能源委员会提出上诉。委员会的主要职责是在石油、天然气和电力领域实施规制，以保护公众利益。具体包括规制天然气进出口和石油与电力出口。颁发天然气长期进出口许可长达25年，以及石油和电力出口许可。审批丙烷、乙烷和沥青出口。根据国内需求，调控天然气、石油和电力出口；在经济、技术、财务、环保、安全、健康等方面审批跨国和跨省输油气管道即40公里长度以上及输电线路的建设，并规制运行。检查管道附近危及安全的行为。会同运输安全委员会进行事故调查。依法对油气和电力项目进行环境评价。对管道设计、建设、运行、维修和废弃中的人员安全、环保等进行审批和检查；确定公正合理的管输价格，保证管输收费和服务的非歧视性；规制边远地区和海上油气勘探开发活动；加强有关环境、安全、资源的评价和保护，并进行应急处置；研究国家能源状况，向自然资源部部长提出合理、有效利用能源的建议。

国家能源委员会还与加拿大运输安全委员会、人力资源部、自然资源部、阿尔伯达省能源和公共设施委员会、安大略省能源委员会等10多个部门和机构签订谅解备忘录或协议，以明确分工，沟通信息，互相支持，共同构成加拿大的能源规制体系。委员会通过刊物、网站等每月发布油气进出口、市场供求等能源信息，每季发布行业听证会、安全、环保等规制动态，每年发布年报向政府和公众汇报委员会工作和行业生产、供应、建设、安全、环保等情况。委员会的审批工作基本是程序化的，效率很高。① 委员会的经费来源主要是从被规制公司收费和服务收费，另外一部分由政府预算列支，其中90%来自被规制公司收费和服务收费，10%来自政府预算。

---

① 如天然气出口审批在48小时内完成。各种设施的平均审批时间为42天。委员会负责处理行业内的投诉处理。对一般问题要求公司立即整改；确实无法立即整改的，公司必须给委员会写出保证书，说明整改计划，并保证不造成危害。如委员会认为问题严重，可发出立即整改指令，如公司不执行指令，则委员会可给予处罚。

6.4　启示

纵观美国、英国和加拿大三国对石油天然气产业的政府规制可以看出，三国对资源勘探、开发、生产管理的共同宗旨是政府通过适当规制，确保国家和地方资源的有序、合理、高效开发利用，以及企业环境、健康、安全条件符合国家标准。与此同时，为了防止垄断，政府长期维持多家生产企业为上游市场供应油气的竞争格局，积极鼓励符合资质要求的企业参与油气行业上游领域的各项业务，以便为消费者提供多种选择，满足国内能源需求和实现国家经济租金收益最大化。政府在上游石油天然气领域采取的开放政策，增加了三国石油天然气的储产量，降低了勘探开发成本和原油、天然气井口价格，保证了国家的能源供应。

美国、英国和加拿大三国政府对于石油天然气管网规制的共同目标是防止企业滥用自然垄断的市场优势地位，操纵收费价格和限制管网，使用者公平准入管道；提高管道建设和运营的经济效率；在保护管网用户和消费者利益不受侵害的同时，确保企业的财务生存能力，使之能够获得合理的回报，以便提供长期稳定的石油天然气运输和配送服务，并在市场需求增加的情况下，具备提高运输量和扩大服务范围的经济实力。但是，与天然气输配管道相比，各国政府对于石油管道的规制略为宽松，原因是原油和成品油除了采用管道运输的方式外，还可以利用油船和油罐等水路、公路运输渠道，从而对管道运输方式形成了一定的市场竞争压力，削弱了石油管道运输企业的自然垄断权利。美、英两国政府对原油和天然气井口价格、成品油批发及零售价格和商品天然气价格不实行政府定价，除能源供应处于紧急状态之外，政府一般不行使任何价格干预职能。上述产品的价格都通过买卖双方自由协商决定，并随国内市场供需情况和国际市场价格水平不断变动。但是，各国政府对于石油天然气长距离管道运输和天然气城市与地方管道输配费率和服务标准均实行了较为严格的审批和规制，并各有一套科学、合理的运输和配送费率机制。在制定费率过程中，政府一般要综合考虑管网建设投资回收、输配运营和服务成本、管输量及峰谷价差、消费物价指数变化、企业适当经营回报和效率激励等诸多因素，并根据市场情况定期对费率进行调整。

　　美国、英国和加拿大三国石油天然气行业价格形成机制的共同特点是，在市场能够充分发挥调节作用的领域，通过市场自由定价，鼓励竞争，促使企业降低成本，提高效率，以保障供应，稳定和降低价格；在市场机制无法正常发挥作用的自然垄断领域，制定科学合理的价格形成模式，进行价格规制和调控。

　　美国、英国和加拿大三国的炼油厂和成品油批发、零售市场政策比较一致，充分放开市场，通过有效的市场竞争机制，避免该领域内垄断行为的发生，是三国管理该领域共同遵循的基本原则。凡是经过审查，符合政府制定的质量、环保、健康和安全标准的企业，均可以获得政府许可，依照普通商业法从事经营活动。企业在出现垄断迹象时，要接受国家垄断与兼并监督机构的调查。三国的炼油厂都可以自主选择各自的原油上游供应方，各加油站也可以自主选择自己的成品油批发商。炼油厂与成品油批发零售企业的生存完全依赖其经营业绩和市场竞争能力。在美国，人们往往会看到隶属不同公司的两个加油站相距不足几百米的竞争现象。再以英国的零售加油站为例，1990 年前，英国全国的加油站总数为 19465 座，自 1990 年以后，其数量几乎下降了 1/3，减少到 13043 个。倒闭的主要是独立经营者设立的加油站，各大石油公司属下的加油站在全国总量下降的情况下则有增无减。针对这种现象，英国贸工部公平贸易司进行了专门调查，结果证明，油品零售这种市场结构的调整，基本遵循了优胜劣汰的市场规律，石油公司的总体成本优势和其加油站良好的维修、餐饮、商品零售等配套服务条件吸引了大量顾客。而独立经营商则主要是由于本小利薄，经营不善，在激烈市场竞争中被淘汰出局。石油炼化和成品油批发零售市场的充分开放和自由竞争，为各国消费者带来了灵活多样的选择和优质的产品与服务。

　　总之，美国、英国和加拿大三国都分别设立能源主管部门和能源规制部门，能源主管部门主要负责国家能源发展和安全的大政方针及相关政策的研究；而能源规制部门则主要负责具体的规制政策的制定和执行，独立于政府并具有司法审判功能的独立的规制机构，有效地保证了政府能源政策的落实，其公开、公正、透明的执法原则，使其更易于公众的监督，这就是现代所倡导的政策制定与执行相分离的规制模式。另外，美国、英国和加拿大三国对包括石油在内的能源产业的规制最突出和最值得借鉴的是，三国政府在长期的能源规制的实践中都建立了完整的规制法律体系，可以说规制本身就是一个执法过程，从政策制定到履行规制程序，再到最后裁决，无不是法律意志的体现。

规制是市场经济环境下对特定行业加强管理的有效方式。我国已在金融、电力、医药等部门尝试建立了规制部门和规制制度。石油工业是国家的重要能源部门，建立有效的石油行业规制体制势在必行。规制是政府与市场良性互动的有效手段。在市场经济条件下，资源配置的主导力量是市场。但市场失灵现象难以避免，需要政府运用行政力量进行调节，因此，从本质上说，规制就是在以市场机制为基础的经济体制下，以矫正和改善市场机制内在问题为目的，政府干预或干涉经济主体活动的行为。具体来讲，规制就是政府行政规制机构依据法律授权，按照法定程序采取制定规章、设立许可、监控数据、跟踪检查、实施处罚、公开听证裁决等手段，对特定领域的市场行为进行直接控制的活动。

规制是对政府管理方式的创新。国外政府规制体制的突出特点是制定政策与执行政策分开。这种分开在理论和实践上都表明，它是提高政策质量与执行效率的重要途径，是工业化国家政府规制，乃至整个政府管理改革的一条重要原则。立法部门的决策职能与行政部门的执行职能分离，是这些国家决策与执行的第一次分离。随着管理体制的不断演化，两者在行政过程中又出现了决策与执行的第二次分离。其基本模式是政府部门制定政策，规制机构负责执行。

规制一般可分为两类情况：一类是一般性规制，如工商行政管理部门和技术监督部门的规制，其规制的领域主要是一般的市场活动主体、产品交易行为和产品本身。另一类是特殊行业的规制，如证券、电力、航空、铁路、石油天然气和食品卫生等，这些领域都有自身的生产、运行和管理的特殊规律，专业技术性强。一般具备三个明显特征：一是关系人的生命安全。二是容易由于个别或少数参与者形成寡头垄断或交易不公。三是容易因利益驱动或过度竞争造成重大社会资源浪费。

石油行业新形势要求规制到位。我国经济体制改革的目标是建立社会主义市场经济。市场经济的基本特征主要体现在三个方面：一是市场统一开放。市场主体是多元的，对生产要素的使用是平等的，不是垄断的。二是资源主要由市场来配置，价格主要靠市场来形成，生产要素和商品可以自由流动。三是政府要有有效的规制制度，从市场准入到市场行为的全部规则必须完善、透明，规制到位。我国石油工业发展到今天，由计划经济向社会主义市场经济过渡，出现了两个明显的趋势：一是市场化进程不可逆转，形成了多元市场主体。二是国际化进程加快，国外投资者进入我国和我国企业走向海外求发展的情况日益增多。石油工业的新形势对政府管理职能提出了新的要求。

我国作为石油生产大国和消费大国，石油工业的政府管理职能存在一些不足：一是管理职能总体弱化，缺少一个能源综合职能部门，管理职能存在分散和交叉现象。二是政策制定与规制职能没有相对分开，政府部门兼两者于一身，规制力量薄弱。三是政府管理缺乏健全、透明的法规和游戏规则。目前，石油工业的政府管理职能分散在多个部委机构，专职管理人员总数也就是不超50人，难免出现规制缺位现象。由于政策制定与规制职能集于一身，政府机构很难集中精力深入研究和解决行业的重大政策和战略问题，且政府机构限于人力和专业技术力量不足，又缺少健全的、程序化的规制，往往陷入纷繁复杂的协调、审批工作之中，集中整顿几乎成为维护市场秩序的重要方式，整顿过后的情况又不言自明。从我国的实际情况看，建立石油规制体制势在必行。

第一，有效保护和科学开采石油资源是强化行业规制的现实要求。必须有效防止各类企业片面追求经济效益和眼前利益、浪费油气资源、不顾环境健康和可持续发展的开采行为。

第二，限制垄断，建立公平竞争机制是行业规制的重要任务。石油天然气产业不同于一般竞争性行业，在一定环节上具有自然垄断的属性。特别是天然气管道、管网、配送、销售等领域，很容易形成运输通道或区域市场的垄断。我国天然气产业即将进入快速发展时期，既需要大量资金融入，又需要市场的不断开发和规范。因此，必须依靠政府运用相应的法规和健全的规制机制加以引导和调节。

第三，石油产业生产建设和管理过程中的安全环保、技术监督专业性很强，综合性的政府主管部门由于管理幅度大、行业宽，人力有限，难以完全承担具体的规制责任。油气田的开发建设，油气管道的建设和管理，涉及资质、质量、安全、环保等方面的审查、评估和事故处理等大量的日常性工作，需要行业规制部门来做。

第四，市场化发展需要一个专门的调控机构。由于石油工业的重组和三大公司在海外上市，出现了三个重要变化：一是原来在一定意义上，由行业性总公司分别实施的对上游和下游、陆地和海洋的部分规制，出现了缺位。勘探开发技术政策、技术规范、行业标准、地质数据等相关的数据管理实际上也出现了缺位。重组前，某一领域内全行业的问题基本只涉及某一个总公司；重组后，无论是上游还是下游的问题都会涉及其他公司，需要协调解决，而各公司受自身利益的限制，都不再有资格代表政府对其他公司行使协调、规制和数据管理的权力。二是由于重组改制，三大石油公司成为投资主体多元化的公司后，追求利润和保证股东投资回报最大化是它们的主要目标。作为生产者，企业利益与消费者利益不可能保持完全的一致。同时，原来企业内部的协作关系正在演变为交易关系或关联交易，这些大量的交易行为正在逐步并且最终要外部化、市场化。石油企业对加强市场规制的要求会越来越迫切。三是随着我国加入世界贸易组织，国外资本和非国有资本将更多地进入石油领域，最终形成行业的竞争机制。

第五，实施行业规制是减少行政审批的需要。改进政府管理方式的一项重要任务就是要减少行政审批。近几年，政府下了很大工夫清理行政审批，但还是减不下来。事实上，许多审批性工作是不可少的，其中一个有效的方法是将制定政策与规制分开。规制机构按照既定的规范、程序、标准透明操作，其规制要体现三个鲜明特点：一是更大程度上体现为服务是高效的、优质的。二是不仅履行服务的职能，而且具有处置权，能够对于其规制对象实施有效约束。三是具有相对独立性，但政府有关部门对其有一个制衡，公众可以依据法规对规制机构实施有效监督，既有利于加强管理，又有利于提高效率。

6.5　本章小结

世界各发达油气生产、消费国在其上百年的产业发展过程中，积累了大量的政府规制的经验，本章笔者通过对美国、英国和加拿大三国石油产业规制制度的比较，总结出对中国石油产业规制改革具有借鉴价值的改革经验，揭示了中国石油产业规制改革的历史必然性；并据此在第七章提出中国石油产业规制改革的政策建议。

第七章 路径选择：中国石油产业规制改革

行业集中可能是市场自然进化的结果，是企业各种外在因素和内在效率共同推动的结果，这种结果使得行业集中成为效率增进的助推器，因此，不应该否定规模经济及其实现载体——寡头竞争均衡这种适度集中型市场结构的存在意义。其政策意义表明，在信息不完全和不对称的经济世界中，运用政府命令强制推动行业内竞争并不必然能增进效率，反而会导致行业过度进入和过度竞争，扭曲资源配置效率和造成社会福利损失。尤其是分拆竞争性寡头的政府行为对于提高资源配置效率和经济进步以及市场稳定而言，危害极大。因此，针对我国石油产业改革，政府所应该做的，不仅是通过行政性重组形成所谓的寡占型的市场结构，而且还应根据市场竞争原理推动石油寡头之间的市场竞争。市场结构从竞争到寡头的自然进化是效率选择的结果，在这个演化过程中，市场会从不稳定到更加稳定。否定寡头竞争均衡就等于排斥高度竞争和创新，排斥规模经济和范围经济。但是，市场结构的演变总是不偏爱社会公平问题，解决福利分配的社会公平问题需要加入政府这只"看得见的手"。油气行业的政府规制，作为"看得见的手"的具体形式，其规制目标应该兼顾产业运行的经济效率和国家石油安全。随着社会主义市场经济体制的逐步建立，石油产业政府规制改革的步伐逐步加快，政府一直在寻求既能使企业富有活力，又不失政府控制的规制体制，但现行规制体制运行的实际效果并不理想，笔者对中国石油产业现行政府规制中存在的问题进行了梳理和归纳。

7.1 规制现状描述：规制主体及职能

目前，中国石油产业政府规制的范畴涵盖了资源保护、价格和进出口、行业准入、投资审批以及环境、安全等多方面内容，在我国油气勘探、开发和销售过程中，石油、石化产品的生产和销售受到国务院和多个政府部门的规制。涉及的政府部门包括国家发改委、商务部、国土资源部、外经贸部、财政部、国家环保局、国家税务总局、国家海洋局等，甚至中石油和中石化也承担着某些本不该承担的职责，参与石油产业规制的中央政府部门多达十余个。

国务院决定油气行业发展战略和重大方针政策；审批限额以上重大投资和对外合资、合作项目；批准油气行业重大重组方案；授予油气企业在中国勘探开发石油和天然气的经营资格等。

国家发改委负责制定和实施政府有关石油和石化行业的大部分政策，如原油、天然气和石油产品的年度生产和进出口数量指导计划；制定原油管输费、计划内天然气井口价、计划外天然气井口指导价以及国内汽油、柴油零售指导价；审批天然气管输费；审批限额以上重大投资和对外合资、合作项目；指定可以用于对外合作开采的区块等。

商务部负责协调油气企业的发展及改革；制定和分配原油和石油产品进出口配额；签发进口原油限量登记证；维护油气市场秩序；对油气生产的安全和质量进行监督等。

外经贸部负责审查和批准油气企业与国外石油公司签订的产品分成合同及中外合资、合作合同；为获得国家经贸委进出口配额的企业签发成品油进出口许可证。

国土资源部拟定有关油气勘探开发的法律法规、政策以及有关技术标准；组织编制油气资源管理规划；管理油气勘探和开发许可证的登记发放、转让事宜；审查油气勘察年度计划并监督执行情况；审批对外合作区块；管理矿产资源补偿费的征收和使用；依法调处油气重大探、采矿权争议纠纷。

财政部制定油气企业税费标准及优惠政策，其中，资源税、勘探许可证费、开采许可证费、对外合作勘探开发项目的矿区使用费由国家税务总局收取。

建设部主管城市燃气系统，负责制定城市天然气利用规划及其配输管网建设规划；签发天然气配送和销售企业、天然气工程设计和建设企业的资质证书；规制天然气配送和销售的安全、质量；协调供需关系等。

环保、安全、质量等方面的问题则分别由国家环保总局、国家安全监督局和国家质量监督局规制。

通过以上分析可以看出，参与油气行业管理的中央政府部门，管理职能分散、交叉，并有多方面的重叠。例如，有关油气资源勘探开发计划和管理政策的制定，是国家发改委与国土资源部共同拥有权力的领域；而在对外合作勘探开发方面，国土资源部和国家发改委共同审批合作区块，但产品分成合同则要经过国土资源部和外经贸部两个部门批准。不仅如此，职能分散、重叠的情况还存在于部门内部。例如，在国家发改委内部，有若干个司局涉及油气行业管理职能：基础产业司负责管理油气的勘探开发；产业发展司负责在油气运输、石油石化产品生产和销售领域行使管理职能；价格司在油气以及部分石油石化产品定价方面拥有审批或指导权；投资司制定投资政策并审批油气企业限额以上投资项目，等等。由于缺少一个职能相对集中的专门规制机构，不仅增加了油气企业与政府的交易成本，制约了企业对市场变化的快速反应能力，而且也因政出多门而影响了政策的协调性、统一性，降低了政府规制的有效性。

尽管如此，但在有些方面却存在空白。1999 年国务院办公厅转发国家经贸委等部门《关于清理整顿小炼油厂和规范原油成品油流通秩序的意见》，赋予两者及中海油有关石油的开采、炼制、进口、批发和零售几乎所有方面的垄断权。然而，在赋予两大石油集团和中海油垄断权的同时，都几乎没有提出任何相对应的责任或义务，也没有规定相应的规制。权力和责任的不对称规定，使得两大石油集团获得了关系国家命脉的垄断权力，却没有对称的如避免油荒和向一切下游企业和消费者提供石油产品的法定义务。①

7.2　存在的问题：规制效果评价

7.2.1　非公平竞争

虽然中国石油产业通过 1998 年的产业结构重组，已形成了三大国有石油公司在陆上、海上的勘探开发、管道建设、油气运输及销售领域相互

---

① 相当于不间断服务和普遍服务。

竞争的格局，但由于这种重组是以行政手段实施，划地域而治的改革方案，使三大国家石油公司的市场控制力极不均衡。

在上游领域，三大国家石油公司之间划地域而治的做法以及对外合作的专营权使行业的准入存在一定的障碍，矿产许可证管理方式尚未更多地引入市场竞争机制。现行的石油矿产权制度是：首先，由国有企业向国土资源部申请勘探开采许可证，并根据申请的先后顺序获得这些许可证，除非该区块留作其他用途。然后，国有企业决定是自己勘探，还是通过产品分成合同方式与国际石油公司进行合作。国际石油公司只能通过产品分成合同的方式参与中国石油天然气的勘探开发。目前，只有5%的陆上区块采用了产品分成合同方式，而大部分海上区块都采用了产品分成合同方式，并且现有公司的许可证很容易延期，持有大区块勘探权的费用比较低。现行的石油矿产权制度的弊病是还未普遍采取招标方式发放矿产许可证，也没有规定严格的矿产许可证延期条件，以促使拥有许可证的公司积极勘探。

在下游领域，自1998年以来，政府多次发布整顿成品油市场的文件，清理批发企业，取缔不合格者，而合格者必须由中石油或中石化进行重组，除两大公司以外任何人都不得新建加油站；只有中石油股份公司和中石化股份公司及其授权的子公司，拥有加油站特许人资格，并公布了有关企业名录，准入门槛越抬越高。在成品油市场秩序的混乱，以及对加入世界贸易组织后放开石油终端市场所产生后果的担忧，遏制成品油走私的需要的背景下，政府在这些以行政命令为主的措施整顿市场的同时，也造成了非公平竞争的市场环境，有着不可忽略的负面效果。一些确有实力且运作规范的成品油流通企业，失去了在两大公司之外生存的空间，甚至连中海油这样的国家级石油公司，也被堵住了向该领域拓展的道路，这显然是极不公平的。另一方面，这种政策客观上也助长了两大公司进行非理性的加油站争夺战，并不利于两大公司从提高营销水平，提高商品和服务质量，降低成本的角度来提升自身的竞争力。

7.2.2 政企不分

特定的时代背景和特定的油气资源管理体制，使石油从一开始就成为国家权力的有机组成部分，与国家战略、实力、安全及全球政治紧密地交织在一起。石油企业作为国家权力的附属物，只是实施国家能源战略的工具，而不是独立的利益主体，在客观上决定了石油企业意识缺失，价值取向错位，失去作为市场主体的角色感。1998 年，中国石油重组的一个重要目标是，实行政企分开，塑造具有完全自主经营权、以利润为目标、自负盈亏的公司，同时也要配合政府职能转换和机构改革，重构行业管理体制。但现实中的国有控股石油公司，既是其他市场参与者的竞争对手，又是市场规则制定的参与者。

在中国石油产业传统的政府规制体制下，石油产业的主要业务由中央政府垄断经营。政府既是规制政策的制定者与监督执行者，又是具体业务的实际经营者。这就决定了这种垄断的性质是一种典型的行政性垄断，而不是基于自然垄断要求的经济性垄断，这种高度政企合一的政府规制体制的主要弊端是石油企业没有市场主体地位，当然就没有生产经营的重大决策权；垄断经营使企业缺乏竞争活力；石油价格的形成机制不能刺激成本效率；相对单一的投资渠道使石油产业投资不足，其结果使石油产业的供需矛盾十分严重。

尽管中石化和中海油都拥有在中国海域勘探开发石油天然气的权力，但只有中海油同时还拥有对外合作勘探开发海上油气的专营权。这意味着，如果中石化要与外国公司合作勘探开发海上油气资源的话，除了要获得有关政府部门的批准外，还要由中海油出面与外国公司签订合作合同。由于中石油、中石化两大集团公司在行业中的传统地位，在整顿成品油流通领域过程中，它们不仅参与了有关规则的制定，甚至其内部文件被有关部委作为部门规章转发，而且还直接参与了整顿工作，有些地方政府的成品油流通秩序整顿办公室就设在两大公司的地方石油公司，国有公司的这种双重身份阻碍了公平竞争的市场环境的形成。此外，国有石油公司目前依然承担着沉重的社会负担，这也影响它进一步实施重组和相应的减员增效措施，影响优化产业组织结构和产品结构，影响其降低成本，提高竞争力。

对于大型天然气管道的建设，国外通常的做法是，根据与承运人签订的运输合同，决定是否需要建设以及建设多大规模的管道，并由财团根据订单提供融资。在订单没有拿到之前，规制机构不会批准项目建设，财团不会提供融资，投资者也绝不会启动项目。但我国的西气东输管道项目却是在市场还没有落实、一张订单都没有的情况下启动的。① 因此，该项目带有极浓的政府主导色彩。由于有中央政府的支持，管道投资和运营人的市场风险大大降低，因此，尽管迄今为止，与外方合资的正式协议还没有签订，但中方已经义无反顾地开工建设了。此外，这种政府的行政性行为也使企业不恰当地使用垄断权力的可能性大大增加。

炼油和批发业务的竞争仅限于中石油和中石化，没有完全向竞争各方开放零售业务，并且在进口、出口上还存在着政府控制。虽然原油和成品油的定价机制已进行了改革，且价格也已经与国际石油市场价格水平接轨。但是，一些法规和做法还是限制了石油市场参与者的商业经营活动。这种控制体制使国有企业无法完全按照商业方式经营。目前，炼油厂的原油到厂价格是参照国际价格，由公司之间的指导性原油供应协议来确定。在企业之间无法达成协议时，由国家发改委对这些定价协议进行协调，国家发改委同时负责对汽柴油零售价格的指导性规制。虽然公司之间的原油数量分配并不是强制性的，但目前的法规也为政府机构提供了强制的权力。天然气作为一种具有竞争力的商品，长期缺乏合理的市场定价机制。不仅在天然气的生产、管输、销售等各个环节实行政府定价，而且定价的原则并不合理。比如，天然气定价主要采取生产成本法，生产企业因此而缺乏降低生产成本的动力，市场也因天然气与其他能源之间的比价关系缺乏竞争力而难以拓展；缺乏灵活的定价机制以吸引可均衡用气的大用户；价格结构也不合理，扭曲了天然气各生产环节的利益关系等一系列问题。

7.2.3　缺乏完整的规制法律框架

目前，中国石油产业规制主要以行政审批和部门规章为规制的基本依据和手段。中国现行的石油法规主要由《矿产资源法》及其配套法规如《矿产资源开采登记管理办法》、《矿产资源勘察区块登记管理办法》、《探矿权采矿权转让管理办法》、《对外合作开采海洋石油资源条例》、《对外合作开采陆上石油资源条例》以及《中华人民共和国环境保护法》、《中

---

① 尽管根据预测，未来10年，仅长江三角洲地区天然气需求量，将由目前的20亿立方米增加到200亿立方米，但在城市配气网络缺乏、面临可替代能源强有力竞争的背景下，上述潜在需求到底有多少能变为现实需求，至今各方的看法还难以统一。

华人民共和国海洋环境保护法》、《中华人民共和国价格法》、《石油、天然气管道保护条例》、《国家发改委原油、成品油价格改革方案》等组成，主要涉及油气资源管理体制、油气矿权及转让、对外合作、管道安全、税费、土地、环保、质量、安全等领域，初步形成了以石油上游为主的法规体系。但由于没有专门的石油天然气法，无法以石油天然气法为核心形成统一且涵盖行业各个领域的法律框架，石油产业政府规制缺乏完整的法律基础。

7.3　俘获与合谋：现行规制体制剖析

在规制思想的演进过程中，"公共利益理论"认为，规制应出现在市场失灵的行业，这一理论现在更多地被称为"对实证理论的规范分析"，简称"NPT"。理解规制应该出现在什么时候属于规范分析，这与理解规制什么时候出现的实证理论不同。作为实证理论的规范分析（NPT）使用规范分析产生一个实证理论，即阐明规制是回应公众要求对市场失灵或者很不公正行为进行纠正的需要。然而，从19世纪以来美国规制历史可以发现，规制并不是和市场失灵紧密联系的。至少直到20世纪60年代，一个经验规律是规制是有益于企业的，它总是趋向于提高产业利润，而非公众利益。由于经验证据与NPT存在很大程度的不一致，经济学家和政治学家建立了俘获理论，简称"CT"。俘获理论认为，不论是不是出于预谋，意欲对某一行业进行规制的机构都会被这一行业所俘获，规制的供给是应行业的规制需求，即立法者被行业俘获；或随着时间的推移，规制机构变成被行业控制，即执法者被行业俘获。而这一演变过程往往与被规制企业的寻租行为紧密相连。寻租是和政府对经济的干预联系在一起的。哪里有垄断、特权和规制，哪里就有租金。

寻租行为是现代社会中影响较广的非生产性经济行为，即个人或利益集团为了谋取自身经济利益而对政府决策或政府官员施加影响的行为。从社会收益的角度看，非生产性的有损社会福利的行为，不但不能增进社会福利，反而耗费了社会的经济资源。虽然经济生活中较为常见的是生产性的行为，但非生产性的行为在近20年也越来越受到经济学家的关注。他们提出寻租行为的概念来描述那种维护既得经济利益或对既得利益进行再分配的非生产性行为。

在现代社会中，更为常见的，也是更为高级的寻租行为则是利用行政手段来维护既得的经济利益或对既得利益进行再分配。这类寻租行为往往涉及采用阻碍生产要素在不同产业之间自由流动、自由竞争的办法来维护或攫取既得利益。比如，当一个企业开拓了一个市场后，它可能寻求政府的干预来阻止其他企业加入竞争，以维护其独家垄断的地位，确保它创造的租不致消散。这时，它的行为已不再能增进社会福利了，反而阻止了社会从市场竞争中获益。同时，阻止其他企业加入竞争的行为本身也消耗了社会的经济资源。寻租造成的社会损失可用图 7-1 来解释。在没有政府规制的自由竞争状态下，由生产的供给曲线和需求曲线决定均衡产量 Q^*，均衡价格 P^*。此时，消费者以 P^* 的价格消费 Q^* 的产品。企业按照产品的边际成本定价。在完全竞争状态下，平均成本等于边际成本。此时，企业没有垄断利润。自由进入的竞争状态下没有企业设定"租金"。然而，如果企业想要获取租金，就必须花费资源游说政府的规制主体"设租"。政府规制主体有权利通过有关法规等手段把现实产量定在 Q_1处，此时，社会消费需求量是不变的，但由于产量减少，社会上的消费者支付的价格为 P_1，此时，社会的净收益损失数量可以用图 7-1 中的 ABP^*P_1 的阴影部分来表示。

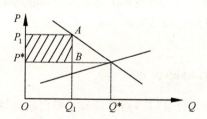

图 7-1 寻租造成的社会损失

寻租行为造成了经济资源配置的扭曲，阻止了更有效的生产方式的实施；它们耗费了社会的经济资源，使本来可以用于生产性行为的资源浪费在对社会无益的行为上；这些行为还会导致其他层次的寻租行为或避租行为。如果政府官员在这些活动中享受了特殊利益，政府官员的行为会受到扭曲，因为这些特殊利益的存在会引发追求行政权力的浪费性寻租竞争；与此同时，利益受到威胁的企业也会采取行为避租来与之抗衡，从而耗费更多的社会经济资源。

规制者与被规制者之间的互动表现，一方面被规制者以各种方式极力影响规制者，以得到于己有利的规制政策，寻租是常用的手段之一。另一方面，在被规制者的寻租过程中，规制者也并非只扮演一个被动的角色，它会以它所掌握的公共权力进行政治创租和抽租。前者是指政府官员利用行政干顶的办法来增加私人企业的利润，人为地创造租，诱使企业向他们支付利益来作为得到这种租的条件；后者是指政府官员故意提出某项会使私人企业利益受损的政策作为威胁，迫使私人企业割舍一部分既得利益与政府官员分享。政治创租和抽租的存在，更增添了寻租活动的普遍性和经常性。寻租行为的蔓延具有恶性循环的趋势。因为寻租的存在，市场竞争的公平性被破坏了，使人们对市场机制的合理性和效率发生了根本怀疑。于是人们更要求政府干预来弥补收入分配不均的现象。这样，反而提供了更多的寻租机会，产生了更多不公平的竞争。

只要政府有授予租金和其他特殊优惠的权力，企业和个人就会发现，从事寻租活动是合算的。政治家为了自身的利益，会对特殊利益集团的寻租行为做出反应，政府决策因而被扭曲。各种利益集团都会对政府规制产生一定的影响。例如，一些利益集团对政府规制者制定垄断企业的规制价格的压力是十分明显的。消费者希望价格尽可能低，而企业则要求制定尽可能高的价格。

7.3.1　施蒂格勒的观点

诺贝尔经济学奖获得者施蒂格勒是最早提出政府规制俘虏理论的经济学家，他在 1971 年发表的《经济规制理论》一文中指出：规制通常是产业自己争取来的，规制的设计和实施主要是为受规制产业的利益服务的。一产业的诸企业，或一职业集团的诸成员，会从效用极大化目标出发，进行成本收益比较，来选择自己从事经济活动的环境。如果放任竞争，那么，成本为零，实现竞争性结构无须各企业或各职业集团成员支付费用，但收益较低，即只能获得竞争性报酬。如果组织卡特尔或类似团体，则可以获得较高的收入，但各企业或各成员必须为这类组织的发起和顺利运行支付费用，也就是说，构成这种经营环境会发生成本。如果要求政府保护如控制进入，也能由政府规制而获得较高的报酬，但政府规制并不是免费提供的，政府规制的需求者必须向供给者及政府官员支付价格。例如，为能够提供有利规制的政党或政治家提供活动经费、竞选经费，为其当选组织选票。该产业或该职业集团在进行了上述各种选择的成本收益比较后，必然选择净收益最大者。当然，如果他们得到了政府保护或组成了卡特尔，必有损其他有关集团比如消费者的利益。后者也面临着类似的选择，或听之任之，或自己组织起来对抗，或也要求政府保护。它们也按照同样的原理做出自己的选择。由于各集团的情况不同，成本收益也就不相同，从而选择的结果也不同。因此，在经济中，某些集团的要求得到了政府的保护，但另一些集团则不要求或未能得到政府的保护，一些集团得到的保护多一些，另一些集团则少一些。这样，规制就成了经济系统的一个内生变量，它就像一种特殊商品，也是供求互相作用的结果，可以根据供求条件来推测规制究竟为谁服务。

施蒂格勒认为，一个产业至少可以通过四种政策途径而谋求利益：一是该产业谋求获得政府直接的货币补贴。二是谋求政府对新竞争者进入的控制。三是谋求政府对那些能影响它的替代物和补充物的干预。四是谋求固定价格。

7.3.2　佩尔兹曼模型

芝加哥学派的另一位经济学家佩尔兹曼进一步发展了施蒂格勒的理论，他在1976年发表了一篇题为《走向更一般的规制理论》的文章。他在文章中建立了一个规制者政客的行为模型。该模型有三个基本假定：第一，规制立法在社会成员之间重新分配财富。第二，规制者的行为受保住职位欲望的驱动，为保住职位，规制者的效用最大化将是寻求最广泛的政治支持，规制立法也将由规制者的政治支持最大化所决定。第三，利益集团以提供它们对规制者的政治支持作为获取有利于它们自己的规制立法的交换条件。

在佩尔兹曼的模型里，利益集团被简化为企业与消费者两方，规制机构通过调节利益集团之间的价值转移达到自己的效用最大化即选票数量的最大化，在图7-2中，横轴表示消费者剩余，纵轴表示产业利润，分别代表消费者和企业的偏好①。追求选票数量最大化的规制者就在企业和消费者之间寻求价值转移。曲线 V_1、V_2 代表规制者的无差异曲线，曲线 AB 表示企业利润与消费者盈余之间的对立关系，也称政治生产可能性边界，且 $V_1 > V_2$。在 A 点上，厂商的利润为 O，意味着这是纯粹竞争的产业；在 B 点上，厂商的利润达到最大，意味着这是完全垄断的产业。如果规制价格选择在 A 点或 D 点上，都不能达到一种政治均衡，除非企业和消费者的利益可以完全忽视。因此，一个规范的政治均衡是由 E 点给出的，在这一点上，规制者使自己的边际替代率②等于无差异曲线 V_1 与政治生产可能性边界 AB 切点处的斜率。

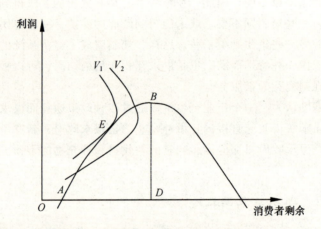

图 7-2　最优规制政策：佩尔兹曼模型

7.3.3　贝克尔模型

佩尔兹曼模型的一个前提条件是：立法者或规制者选择规制政策的出发点是寻求最大化政治支持。与规制经济理论相一致的是，贝克尔模型也假定规制倾向于增加更有影响力的利益集团的福利。与佩尔兹曼模型不同的是，贝克尔模型关注的是利益集团之间的竞争。

---

① 价格与消费者剩余成反比。
② 利益的变化带来选票的变化。

　　假定有两个利益集团，即集团 1 和集团 2，它们可以通过影响规制政策来提高自己的福利。集团 1 得到的转移福利决定于它施加给立法者和规制者的压力 P_1，以及集团 2 施加给立法者和规制者的压力 P_2。压力的大小决定于集团中成员的数量和集团施加影响所使用的资源。集团 1 的压力大或集团 2 的压力小都意味着集团 1 对政治进程有更大的影响力。更大的影响力将使集团 1 得到更大的福利转移。设 T 为集团 1 由规制而获得的福利转移，则 $T = I$（P_1，P_2），即其中，I（P_1，P_2）是影响函数。假定影响函数 I（P_1，P_2）的值当集团 1 的压力增加和集团 2 的压力减少时增加，为使集团 1 得到 T 的转移福利，则集团 2 的福利必须减少（$1 + x$）T，其中，当 $x > 0$ 时，则集团 2 损失的福利将大于集团 1 从集团 2 处获得的转移福利。这个损失的福利为 xT，即为因规制而造成的社会福利净损失。

　　贝克尔在其模型中假定集团 1 和集团 2 的合成影响是固定的。其隐含意义是，集团 1 和集团 2 的影响力的相对大小是决定规制政策的决定性因素。每个集团在给定对方集团施加压力的水平下选择施加一个能最大化自己福利的压力水平。因为施加更多的压力意味着使用更多的资源，所以，每个集团不会施加太多的压力。这样，随着 P_1 的减小，集团 1 的相对影响力下降，其得到的转移福利下降。考虑压力的成本和收益，在给定任意 P_2 的情况下，可以得到一个 P_1 的最优选择值。这里，集团 1 的最优压力水平以 R_1（P_2）表示，即 R_1（P_2）为集团 1 的最优反应函数，它表示当集团 2 的压力水平为 P_2 时，集团 1 的最优压力水平。例如，当集团 2 选择施加压力 P_2，集团 1 的最优压力水平是 R_1（P_2），即 P_1。由于 P_2 的值越大，也就是集团 2 的压力越大，则集团 1 的影响力就会越小，集团 1 也会选择更大的压力来抵消集团 2 的压力，因此，R_1（P_2）是 P_2 的增函数。当每个集团都不再有动机去改变它们所施加的压力水平时，就达到了一个政治均衡。即当集团 2 选择 P_2^* 时，P_1^* 是集团 1 此时的最优选择，且集团 1 选择 P_1^* 时，P_2^* 是集团 2 此时的最优选择。此时的政治均衡是 R_1（P_2^*）和 R_2（P_1^*）的交点 E^*，见图 7 – 3。

　　根据贝克尔模型可以推出如下结论：当规制的边际净损失 x 增加时，规制的活性①将减少。x 增加意味着集团 2 损失的福利比集团 1 得到的转

---

　　①　以转移福利 T 来衡量。

移福利大。这一潜在的福利损失激励集团 2 在任意可能的集团 1 的压力水平下施加更多的压力。这将导致集团 2 的最优反应函数由 R_2（P_1）处移动到 R_2^0（P_1）处。比如，当集团 1 施加 P_1^* 的压力时，集团 2 现在选择 P_2，因为此时集团 2 的损失由于 x 的值增加而比任一给定的 T 值大。x 值增加，这意味着集团 1 将得到较少的转移福利。因此，集团 1 施加压力的动机减弱，其施加的压力也将减少。这样，集团 1 的最优反应函数将由 R_1（P_2）处移动到 R_1^0（P_2）处。这样，新的政治均衡将是 E^0 处。集团 2 施加了更大的压力，$P_2^0 > P_2^*$，而集团 1 施加了更小的压力，$P_1^0 < P_1^*$，因为 $T = I$（P_1，P_2），而 I（P_1，P_2）的值当 P_1 增加和 P_2 减少时增加，所以 I（P_1^0，P_2^0）< I（P_1^*，P_2^*），即 $T^0 < T^*$，说明当规制的边际净损失增加时，规制能带来的转移福利将减少，即规制活动将减少。

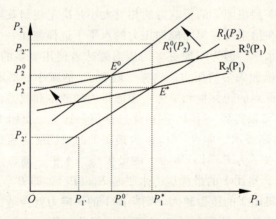

图 7 - 3　政治均衡：贝克尔模型

贝克尔模型所推出的这一结论给我们的启示是，政府更有可能选择增进福利的规制政策。西方国家许多经济学家通过大量的实证研究，发现规制的实际效果与政府所宣称的或传统的规制理论所认为的保护公众利益、制约企业的不正当获利行为的规制目标并不一致，在许多情况下，是被规制行业中的企业支持规制，有时甚至特意寻求种种规制。

7.3.4　博弈分析

由于我国与西方发达国家的政治体制不同，导致了我国政府规制机构的规制目标与西方发达国家规制机构的规制目标存在较大的差异。假定企业的目标是追求利润最大化，而规制者追求的是自身效用最大化（包括灰色收入和政绩）。假定我国规制者效用函数为：$maxu = u(r, t)$，其中，r 表示灰色收入，假设其全部从被规制企业处获得，也就是被规制企业的支出；t 表示政绩，这里假设为各种税收之和；$\frac{\partial u}{\partial r} > 0$，表示灰色收入越多，规制者效用越大；$\frac{\partial u}{\partial t} > 0$，说明垄断企业上缴的各项税收越多，规制者的政绩越大，效用相应也就越大。

现以价格规制为例，假定规制者有制定高价和低价两种策略；垄断企业也有向规制者行贿和不向规制者行贿两种策略，并且，垄断企业在高价时获得高利润，低价时获得低利润，得到如下博弈矩阵（见图7-4）。其中，π_2 表示规制机构制定高价时的企业总利润；π_1 表示规制机构制定低价时的企业总利润；t_2 表示规制机构制定高价时，垄断企业上缴的各项税收之和，也是规制者的政绩；t_1 表示规制机构制定低价时，垄断企业上缴的各项税收之和，也是规制者的政绩。很明显，$\pi_2 > \pi_1$；$t_2 > t_1$。根据以上假设，我们有 $u(r, t_2) > u(r, t_1)$，$u(0, t_2) > u(0, t_1)$。解上述博弈模型，得到占优战略均衡为（制定高价，不行贿），规制机构和垄断企业的支付为 $u(0, t_2)$，π_2，得到如下命题：不管垄断企业向规制机构行贿还是不行贿，制定高价格都将是规制机构的占优战略。

垄断企业

		收买	不收买
高价		$u(r,t_2)$, $(\pi_2 - r)$	$\underline{u(0,t_2)}$, $\underline{\pi_2}$
规制机构			
低价		$u(r,t_1)$, $(\pi_1 - r)$	$u(0,t_1)$, $\underline{\pi_1}$

图7-4　规制机构与垄断企业的博弈

在正式的经济模型中，市场是由消费者和企业两类经济单位在多种价格下进行的交换来定义的。被规制者也就是指企业和消费者。作为被规制的企业，可以是单个的垄断企业或企业集团，也可以是一个产业或产业集团。而消费者，无论是作为个体还是一个分散的集团，在很多场合它并不是被规制的直接对象，它更多的是受规制政策影响的对象。斯蒂格勒、佩尔兹曼以及贝克尔的模型符合西方发达国家的实际情况，但不能完全解释我国政府规制机构、垄断行业以及消费者三者之间的关系。

对于被规制企业来讲，企业总利润越高，上缴的税收就越大；而对于规制机构来讲，企业上缴的税收越大，其政绩相应也就越大，就越容易升迁。因此，利润最大化就成为规制机构与被规制企业追求的共同目标，这直接导致规制机构与被规制企业联合起来，组成一利益共同体，制定高昂的价格来榨取广大消费者的消费者剩余，如图 7-5 和图 7-6 所示。在图 7-5 中，规制者与被规制企业追求的是最高点 A 点所对应的利润，此时，企业是按边际收入（MR）等于边际成本（MC）来制定垄断价格而使利润最大化，消费者剩余被榨取得所剩无几，即图 7-5 中的 OS_A；与图 7-5 相对应的是，被规制企业将按图 7-6 的价格 P_m 来销售产品，消费者剩余为三角形 HEP_m 的面积。在图 7-5 中的 B 点，企业按平均成本（AC）制定产品价格，利润为 0，消费者剩余为 OB，在图 7-6 中，即是按曲线 AC 与需求曲线 $D(p)$ 的交点 F 所确定的价格 P_2 来制定价格，此时的消费者剩余为 HFP_2 的面积。在图 7-5 中的最低点 C 点，企业按边际成本（MC）制定价格，消费者剩余为 OS_C，按经济学原理，此时达到帕累托最优效率，但由于垄断行业 MC 曲线在 AC 曲线的下方，企业将出现 π_C 的亏损，这样，政府必须对其进行补偿以使企业能正常运转。在图 7-6 中，即是按需求曲线 $D(p)$ 与 MC 的交点 G 所确定的价格 P_1 来制定价格，此时，消费者剩余为 HGP_1。只要规制者追求自身效用最大化，他就不会要求企业在图 7-5 中的 B 点或 C 点制定价格，必须是在企业利润最大化的 A 点，而此时消费者必定是输家。

对消费者来讲，他们也可以联合起来向规制者行贿，当规制者从消费者处得到的效用大于从被规制企业处得到的效用时，规制者就会做出对消费者有利的规制决策。但是，消费者数量众多，非常分散，存在大量"搭便车"的消费者。因此，最终结果将是规制者与被规制企业联合起来

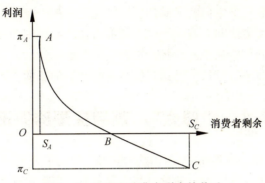

图 7 - 5　利润和消费者剩余的关系

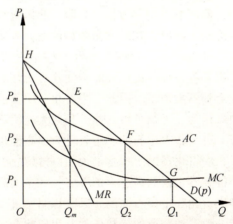

图 7 - 6　三种定价方式下的消费者剩余

共同损害消费者权益。或者说，在中国政府规制制度的均衡中，消费者的
地位基本上可以忽略不计。[①] 目前，中国石油行业的原油生产、炼油和油
品分销环节主要由中石油和中石化两大集团垄断。在石油行业，国家出于
对能源开发的保护，基本上将国内所有石油开采和炼制能力纳入到中石
油、中石化旗下。两大集团垄断了国内的全部炼油能力后，形成了对成品
油供应渠道的完全控制，虽然非石油系统的石油产品经销商也占据了一定

---

① 他们就像奥尔森（1995）所说的"被人遗忘的、忍气吞声的集团"，这在中国石油产业
表现得极为明显（盛洪，2005）。

的零售市场份额，但它们的成品油供应却完全依赖于两大集团。由于在零售市场上，两大集团和非石油石化系统的石油产品经销商是竞争关系，所以，两大集团就可能利用其在批发市场上的垄断地位对非石油石化系统的石油产品经销商进行排挤，已达到提高自身利润的目的。

7.4　"油荒"：规制失灵的见证

2005 年 8 月，当麦莎等台风肆虐华东、华南沿海时，一场油荒也随之登陆；而不断高涨的国际油价，则更使上海、广东等地经受了无油的煎熬。其间，中石油、中石化已基本不对外供应汽油、柴油，上海的一些社会加油站无油可供；而广东，则因为油运吃紧、使用量增加等原因，持续了近一周的油荒也达到了高峰，在广州多个加油站，排队加油的车龙达到了近一公里长。排队加油的数百辆摩托车和小轿车占据了几百米的人行道，一些加油站挂出了各种标号的汽油和柴油均告无油的牌子。广东的所有社会加油站已经全部不卖油了，因此，中石化、中石油的加油站显得人满为患。社会加油站认为，无油可供的原因是两大集团不对外批油了。对于华南出现的油荒，有人指责中石油、中石化为提高油价而故意制造的事故，面对公众指责，中石化提出了成本之说加以辩解。

可以判断的支持成本之说的最有力的事实，就是国际油价的上升。如果考虑到中石油和中石化在中国石油的开采、炼制、进口和销售的垄断地位，以及超出国外一般石油企业的优越条件，我们就会知道，国际油价的飙升给两大石油集团带来的不只是成本上升，还有利润滚滚。这是因为，国际油价并不是充分竞争的市场中的价格，它的上升并非是生产成本上升所致。由于存在着 OPEC 这样的国际石油垄断组织，通过对产量的控制会使油价高于市场竞争的均衡价格。西方国家一般称这个高出的部分为 OPEC 税。在 OPEC 的垄断行为背后，是石油作为一种自然资源的可耗竭的稀缺性质。因而 OPEC 税的实质是因资源稀缺而产生的经济租，它与成本一点关系也没有。即使这一次 OPEC 努力提高产量，价格的上升也与成本没有关系，而是需求的大幅度增长遭遇了资源的有限性，是经济租在上升。

此外，两大石油集团加上中海油并非只是进口外国原油进行炼制的公司，它们还垄断着国内的油田开采，以及与若干其他公司一起对石油产品的进口权。2005年上半年，我国虽然进口了6342万吨原油，但已生产出近9000万吨原油。国际油价上升在提高两大石油集团的炼制成本的同时，又使它们的原油参照价格同步上升。同样的，这种价格的上升也并非成本上升所致。即使成品油的零售价格没有随着国际油价调整，仅从进口原油数量和自产原油数量的对比来看，两大集团因油价上升所带来的收益也要大于成本。更何况，我国成品油的零售价并非对国际油价无动于衷，而是由国家发改委参照三家国际交易所的价格进行调整。考虑到炼油企业的正常流程，总是先购进原油，并有相当数量的储备，再进行炼制，从总体上看是没有显著的成本问题的。

更进一步看，如果考虑到两大石油集团在我国获得的特殊条件和垄断地位，成本之说更是荒诞不经。由于石油资源是一种稀缺的自然资源，不同油田之间又存在着级差地租，因而在大多数国家，资源所有者都会向石油公司收取矿区使用费，费用的高低依油田的地理和地质条件的不同而不同。例如，美国政府为其在外大陆架拥有的油田资源收取约1/6的矿区使用费；在中东经常是产油国与石油公司之间平分。收取形式多是石油公司与资源所有者按比例分配产出的原油；价格的上涨会使资源所有者也受益。按照1/6的比例来算，假定油价为60美元一桶，一吨原油的矿区使用费大约应是73美元。而在我国，虽然石油资源归国家所有，但两大石油公司却没有向国家交付相应的矿区使用费。它们只象征性地按照每吨8~24元人民币的固定数额交付资源费，最近才上调为约30元人民币。原油价格上涨的好处几乎全都落到了两大石油集团和中海油的口袋里。仅这一项，它们比国外石油公司的成本低出许多。

另一方面，虽然成品油零售价受到政府的规制，但是，以两大石油集团的地位，经常可以与政府进行规制和被规制的博弈，且颇有成效。事实上，虽然许多国家的成品油零售价高于我国，但那是因为含有燃油税的价格，如果将燃油税扣除掉，价格并不明显高于有时甚至低于我国的零售价格。例如，8月1日，美国的汽油零售价约合人民币5.33元/升，但扣掉燃油税则约合人民币4.49元；德国的汽油零售价约合人民币12.58元/升，而不含税的价格则约为人民币4.39元；法国汽油零售价约为11.9元人民币，不含税约为4.09元；英国约为12.7元，不含税约为4.13元；

与中国同期的汽油零售价 4.26 元（93 号汽油）没有显著差别。关键在于，我国没有征收燃油税，不仅没有抑制需求的功效，而且给了垄断集团较大的讨价空间。因为，从长期看，石油产品的价格弹性是较大的，向消费者征收的燃油税会部分地转嫁给石油企业，因而在大多数国家，尽管成品油价格由市场决定，企业也必须约束自己的定价才能化解加税带来的需求减少。

可以看出，在我国石油产业现有体制下，两大石油集团可以乘国际油价之风，坐收垄断之利。随着这两年国际油价的持续上涨，中石油 2003 年的净利润达 696 亿元，2004 年更高达 1029 亿元；中石化也在 2003 年盈利 190 亿元，2004 年又一跃而为 322 亿元。因而国际油价上涨一般会带来两大石油集团的利润上涨。只是令人奇怪，它们却说国际油价上升给它们带来了亏损，对在它们的垄断体制下出现的油荒毫无反省。因为中石油和中石化是企业，并且是在境外的上市公司，它们的内在逻辑是必然要追逐利润的最大化。它们只支付低得可以忽略不计的石油资源使用费是它们正常的权益，而国内生产的原油的机会成本就是国际市场上的原油价格；如果在某个短期内国际市场上的价格更有利可图，它们有充分的理由将国内的成品油销往国外；而国内的成品油价格显然是越高越好。因为企业的目的就是增加收益和减少成本，换成法律术语就是争取权利和规避义务。

更重要的是，两大石油集团不是一般的企业，而是垄断企业。垄断是一种能力和力量，垄断企业可以通过控制数量而影响价格。即使成品油零售价受到政府规制，两大集团却拥有出厂价和批发价的定价权。它们的理性的领导人可以将批发价定得很高，甚至等于或高于零售价，以挤垮下游竞争对手。它们之所以能够这样做，是因为两大石油垄断集团有控制供给量的能力，如这次停止向社会加油站供油。

对于政府规制的零售价格，两大集团也有提请权。它们可以向规制部门提出自己的成本问题以及相关的社会问题，申请价格调整。作为一种游说技巧，两大集团可以强调某些局部问题，而对国际油价上涨带来的好处避而不谈。例如，相对于中石油而言，中石化有更多的炼油能力，而有较少的油田，乘风涨价的好处较少，而更多的要进口外国原油，从而增加的成本较多。中石化可以只提及炼油部分的亏损，而闭口不谈它的采油部分的盈利增加。这时，如果出现油荒现象，不管是不是两大集团有意而为，也是它们的领导人乐于见到的。因为这增加了提价的社会筹码，符合两大集团的利益。因此，事实恰恰证明，不是个别领导人的道德水准问题，只要两大集团只按照追逐利润的原则行事，且同时居于垄断地位而没有相应的公共义务，就不可避免地会出现油荒，决定他们行为的是石油产业体制本身，即在赋予两大石油集团和中海油垄断权的同时，几乎没有提出任何与这一权力相对应的责任或义务，也没有规定相应的规制。

我们知道，授予垄断权是对企业的一种特殊对待，只有在特定领域和为实现某些公共目标，且接受相应的规制时才能如此。被授予特许权的公司要承担普遍服务和不间断服务的责任。这意味着，获取特许权的企业要超越一般的盈利视角，而具有某种公共责任。它不能因一时的亏损而中断服务，也不能借口不赚钱而不进行普遍服务。由于权力和责任的不对称，使得两大石油集团获得了关乎国家命脉的垄断权力，却没有对称的法定义务。

我们一直以效率低下为理由反对石油产业中的垄断，然而，我们猜测它们之所以继续存在是因它们承担了某些公共责任。中石化的书面答复拒绝为华南的油荒负责，也等于公开宣称，它也没有避免油荒的责任，油荒现象说明，垄断企业既可以向消费者要价，也可以要挟社会和政府，它使我国石油供应更加不安全（盛洪，2005）。

7.5 改革路径

通过以上的分析，政府规制失灵导致中石油和中石化两大集团利用垄断地位，挤压下游企业利益，排挤下游竞争者，维持垄断高价而获得垄断利润，造成财富分配扭曲和资源配置恶化，使消费者利益遭受损害。由于石油企业的垄断地位，使其缺乏改进效率和服务的意识。发达的市场经济国家成功的石油产业规制经验对我国石油产业政府规制改革有一定的指导性，因此，中国石油产业的规制改革，应当立足于中国的实际情况，吸取和借鉴国外的成功经验，进行适合中国国情的石油产业规制改革。

7.5.1 规制目标

一般来说，规制目标应该是实现社会福利最大化。但是，各国具体的政治、经济、文化和历史及被规制产业在国民经济发展中的地位等因素会影响到规制的具体目标的确定。我国学者在分析我国政府的规制目标时也有不同的看法。[①] 石油是国家经济发展的命脉，是人类社会赖以生存和发展的重要能源，是人类现代文明的基础，石油不是一种普通的商品，而是一种极其重要的战略资源，石油行业不同于其他垄断行业的一个最重要的特点就是其在国民经济中的重要战略地位，在于石油安全的内涵和外延总是与国际政治斗争、全球利益争夺，甚至社会意识形态、人权、民族宗教冲突和矛盾如影随形，因此，本书认为，中国石油产业规制的目标是兼顾国家石油安全、产业效率和消费者利益。

7.5.2 规制依据

在前面讨论的规制模型和寻租模型中，政治家的作用不完全是被动的。政治家在利益集团的游说下，按照利益集团的偏好进行立法和制定政策。政治家掌握规制的供给，对私人的租金需求做出反应。而且政治家自身也有对租金的需求，他们可能会进行抽租和创租，政府的这种主动的抽租和创租称为公共权力的寻租。

公共权力寻租起源于公共权力的多层委托与掌握公共权力的官员的效用函数的结合。接受广大民众公共权力委托—代理运行的国家或政府，在很大程度上只不过是概念化的象征，其真正的职能需要通过有关部门及具体的官员来负责执行，因此，官员就成为广大民众公共权力的终极代理者，即公共权力多层委托给官员，由其负责公共权力的执行，使广大民众与政府公共权力初始委托—代理关系进一步复杂化。一方面，从广大民众到官员之间公共权力委托—代理的链条进一步加长，因此，加大了对公共权力委托—代理监督的成本及难度；另一方面，广大民众对这样多层委托下的公共权力监督没有积极性。这样，由于委托—代理链条加长，导致监督成本增大及监督者的机会主义，所以，代理者具有为自己利益而扭曲公

---

① 如很多人赞同我国政府的规制目标应为了公共利益，实现社会福利最大化；也有学者论证了我国政府的规制目标是实现政企同盟的利益最大化（余晖，2000）；还有学者提出了我国政府的规制目标是实现政企同盟的利益最大化约束下的消费者利益最大化（鲁再平、许正中，2003）。

共权力运行的积极性。

官员是内生于社会经济之中的，其行为与一般社会经济微观主体行为的经济学原理基本相同，但内容与结构稍有差异。社会经济中的其他微观主体，它们运用自己的权利获利时，不存在委托—代理关系，因此，它们的效用目标函数只有它们自己经济利益的内容。而对于广大民众公共权力终极代理者的官员，他们的效用目标函数，除有自己的经济利益外，还要有给广大民众创造的经济利益。否则，民众可以收回对他们的公共权力委托—代理权，罢免他们的职务，而这样会使他们连自己的经济利益也实现不了。这样，就可以得到官员行使公共权力的效用目标函数：行使公共权力给自己带来的合法的经济利益如工资、补贴、奖金等和为广大民众创造的经济利益组成。

官员们利用公共权力运行的垄断，可以在信息不完全的情况下，较容易地利用经济规制政策从事寻租活动。他们常用的手段是政治创租与政治抽租（麦克切斯内，1987）。在这一点上，官员就是出卖政府政策的企业家。官员们可以将垄断政策出卖给生产企业，也可以将价格补贴政策出卖给消费者。官员寻租活动的另一种手段就是政治抽租，对一些具有较高利润的产业，以对它们不利的经济规制政策相威胁，迫使这些产业的利益集团向官员让渡一部分利润。这种威胁经常采用两种形式：降低价格威胁与增加成本威胁，即所谓的成本掠夺战略。成本掠夺战略可以采用不同的形式，其中最常见的形式是政府提出威胁，取消对某个产业的规制。由政府规制所创造的预期政治租金很快被资本化为企业股票的价格，如果政治家后来不履行他们的承诺，出乎意料地投票取消规制，股票持有人将蒙受财富损失。在这种情况下，股票持有人与其蒙受取消规制的成本损失，不如向政治家支付一笔报酬，这笔报酬在数量上等于如果取消规制他们所损失的财富数量。官员的寻租活动与利益集团的寻租活动不同。被规制者向规制者寻租，以让后者为自己提供有利的规制制度，当然，在这个过程中，官员也得到了经济利益。而规制者的创租与抽租的直接对象是产业中的有关利益集团，无论是在竞争性结构还是在垄断性结构的市场中，官员的创租活动都会导致经济绩效下降。这也就暗含了这样一个结论：规制者的权力必须受到有效的监督，规制机构的行为必须受到司法审查。

寡头竞争市场结构的稳定离不开政府与有效的法律保证，因此，政府需要完善有关石油产业的法律体系，形成适应新型规制需要的法律框架，这个法律框架要适应社会主义市场经济的特征，为建立和加强规制制度提供法律依据。应给予政策制定者对规制机构合适的监督权力，同时也给予规制机构独立处理具体个案的权力。法律框架应对规制程序的透明性和科学性做出概括性的规定，并对规制决策的申述做出规定。

为确保中国石油产业有序竞争和政府对石油产业的有效规制，与石油产业相关的法律法规应分为两个部分：一是普遍适用型的反垄断法。用以促进市场竞争，规范经济领域所有企业的经营行为。防止并打击限制市场不正当竞争和垄断行为，以及企业带有垄断意图的兼并重组行为，通过正式的法律手段，限制和防止勾结、共谋、排挤和掠夺等垄断行为，为企业公平竞争提供必要的制度保障。二是产业专门法律法规。在产业立法方面，笔者认为，应遵循立法先行、依法规制、规范经营的原则。行业的法律法规无论对管理机构的设置、管理人员的责权、实施规制的原则和程序、对规制机构权力和行为的约束，还是对企业经营的条件和要求、争议的调解和处理、不服规制决定的投诉、企业违规的惩处，都有明确的规定和限制，应减少行政管理的不确定性和管理人员实施规制的随意性。

总之，中国石油产业的政府规制应该通过反垄断和促进竞争的通用法律法规和行业性的专门法律法规，为规范政府对石油产业的规制和企业的经营行为，维护消费者的利益和合格企业的正当经营权利，营造公平有序的市场竞争环境，推动中国石油产业的健康发展奠定可靠的法律制度基础。

7.5.3 规制主体

长期以来，我国政府对石油产业实行国家垄断经营，政企高度合一是这一体制的基本特点和主要弊端。随着我国石油产业市场化改革和对外开放的不断深入，石油产业的规制主体也应符合国际惯例。既包括政府作为主体的宏观层面的规制，也包括以行业协会为主体的中观层面的行业自律。通过政府的独立规制机构和行业自律组织的合作，可以有效地减少政府与企业间的信息不对称，防止石油寡头间的勾结，从而提升规制效果。

中国石油产业新的规制体制的建立应遵循独立规制的原则。即政府规制与政策制定相分离，规制机构独立地进行规制决策，取消国有石油企业在政策制定和规制方面的职责。对企业活动的全面控制是中央计划经济的主要特征。在这种模式下，政策和规制职能是合并在一起的。但是，在社会主义市场经济日益发展的形势下，企业的活动越来越受到市场的支配，那些不由市场控制的活动要受到独立的规制。政府的主要政策手段不再是对投资的审批。取而代之的是，作为一项整体职能，它将集中精力为行业和整个国民经济的发展创造宏观政策环境。在社会主义市场经济中，有关政府在石油天然气产业中的政策角色主要涉及如下几类问题：①保障石油天然气的长期供应。②管理国内资源，保障市场公平运行。③创造吸引外国投资的有利环境。④行业就业和社会福利问题。政府在上述方面制定政策和政策原则。这些政策和政策原则在很大程度上是通过某种形式的独立规制来实施的。为了有效地实施规制，规制政策制定和实施职能必须从组织上相互分开。政策制定者不能做出影响具体企业的规制决策；规制者在做出具体决策时，必须考虑宏观政策，但是没有制定政策的职能。

规制决策应只能由规制机构做出，而宏观政策环境则由政府政策层负责。但是，在一定权限范围内，政策制定者保留了对规制机构重大决策，比如，天然气的大宗进出口、大型管道建设等的否决权。企业不能对规制机构施加不恰当的影响；规制行为应当具有很高的权威；规制者要有任期保障，以减少其由于做出的决策可能不受企业或政府欢迎，而产生的失业的恐惧；规制机构应有足够的经费，以保证其有必要的人力资源和财力，完成它们所承担的职责。相对于由政府预算提供经费而言，规制机构从服务收费或对行业经营活动收费中获得经费，是一种更好的方式。这种条件下的独立规制，比如，由规制机构在不受外界影响的情况下独立对环境进行规制和对垄断进行控制，对公众而言会增强信心，对企业而言有助于为所有参与者提供公平竞争机会，从而改善投资环境。重要的是，规制机构能够对管道收费和服务准入条件等做出自主决策，并且只能以申请人提出的具体事实为依据。自主决策一般是指决策者能够在各个方案中进行选择。例如，管道公司投资项目不同的回报率可能决定了与之有关的商品或服务的价格。这与行政决策形成鲜明对照，行政决策依据的是申请人是否符合预先设定的主要事实标准或条件。自主决策的独立性对受规制设施的投资者和使用者来说是重要的。独立性保证了各种来源的压力，无论政治的还是商业的，不会影响具体个案中的决策。这是在被规制的公用设施行业中树立信心的重要因素。

为了维护独立性，规制机构不应接受政府政策层的指令，并且所有的沟通和提交规制机构的证据都应公开。最终一定要依据这些公开信息做出决策。独立性也能通过如下一些方式得到保证，如规制人员的任命期限要固定，通过服务收费或对行业经营活动收费，比如，按管输量收费为规制提供费用，而不依赖于政府预算。独立的规制机构应该受到政府政策的影响，无论这些政策是针对一般经济还是专门针对这个受规制的行业。例如，当国家处于快速通货膨胀时期，政府要求所有规制机构将其规制的所有产品的价格增量限制在政府规定的最高限量范围内，能源规制机构在价格决策中应考虑这个最高限量。

取消国有企业在政策和规制方面的职能，只要国有企业拥有参与规制的职责，并且在政策制定中也发挥一定作用，那么，市场就不会是公平的。政策制定是政府政策层的专门工作。自我规制，即使能够得到自觉遵守，但仍存在被滥用的可能性。国有企业参与规制是其他竞争者无法接受的。国有企业的经营管理必须是自主的，并将精力集中在商业活动。解决的办法是，取消国有企业制定或参与制定政策的任何职能，并尽可能将规制职能移交到独立的规制机构。

根据前面的分析，为使中国石油产业形成寡占有效竞争格局，就必须防止石油寡占企业的勾结，防止潜在的寡占低效率，政府独立的规制机构可以在宏观层面，通过规制政策对石油寡占企业进行适当的规制；然而，由于政府规制机构与石油寡占企业存在信息不对称，降低了政府规制的效果。笔者认为，产生这一问题的关键在于仅有宏观层面的规制是不充分的，缺乏与之相配套的中观产业层面的行业自律。而且，随着中国加入世界贸易组织，中国石油产业面临更加开放的市场环境，目前，我国石油行业在立法、管理模式、管理体制等方面较世界贸易组织的有关规则要求还有相当大的差距。尽管作为战略性物资和不可再生的资源，国家可以对石油资源进行某种程度的垄断经营，但从世界上看，特别是在下游环节，大多数国家都选择了逐步放开市场，鼓励竞争以提高经营效率。我国现行的政策壁垒虽然在一定时期和一定程度上可起到净化市场的目的，但这种做法不仅不符合世界贸易组织的基本原则，而且也滋生寻租现象。加入世界贸易组织后，随着政府职能的进一步转变，行业协会的地位和作用将越来越重要。

从国际经验看，石油行业协会能够充分发挥对行业内部企业引导、服务、约束和规范的职能。可以通过制定石油商品质量、计量等标准和具体的石油行业规范来规范石油企业行为；可以在深入调查石油企业的生产规模、生产条件、产品结构和技术水平的基础上，及时传递石油技术经济信息，组织石油企业技术交流和有偿转让，预测产销趋势，引导石油企业调整产品结构；收集报道国外石油产业技术经济动态；在石油企业出口产品数量、品种和价格方面也可以进行协调，在价格调控方面，行业协会可请有关专家根据市场相关信息并考虑成本及合理利润等因素，提出合理的价格方案及一定时期的参考价格，由协会听取各企业成员的意见后确定，并及时将信息传达给政府规制机构；石油行业协会应采取公告制度或行业内企业缴纳保证金等手段，促使石油企业遵守行业规章。

石油行业协会，作为石油行业自律组织，应由石油业内企业及各方面的资深专家、政府部门有关人士、法律顾问、财务专家等人员组成。石油行业协会，作为一种市场中介组织，是在企业自愿基础上建立的。它将石油行业管理工作建立在可靠的基础之上，同行业中的企业协商共事，沟通信息，相互支持，既能维护石油企业的合法权益，又便于在政府部门的指导下，通过民主协商制定行规、行约，来引导企业服从全行业的利益，从而适当约束企业的短期行为。行业协会是规范国内石油市场的需要，我国要建立社会主义市场经济体制，在微观上，必然要求建立现代企业制度。现代企业是独立的法人实体，对于其生产经营活动，国家不应再直接管理，应尽快完善石油石化行业协会，让其承担规范行业、规范市场的职责。根据国际惯例，石油石化行业协会，是通过立法和行政手段建立的石油、石化行业的管理、协调和服务主体，是行业自律组织，具有行业权威地位。行业协会负责在国家政策法规的框架下，对油气资源、市场准入、价格调控、服务标准、信息交流、安全、质量、环保等方面实行统一管理、协调和服务，而政府对石油行业的管理则集中在宏观层面，侧重于政策和规划，负责综合平衡和市场规制。

行业协会成立后，应尽快建立中国石油、石化商品交易所，建立和完善我国石油现货和期货市场，对市场的供应量、交易情况及时公布，从而真正实现国内石油、石化商品定价机制与国际接轨；应通过对国内石油石化主要产品重要指标的监测，为国家宏观调控提供依据，并使信息监测成为国家石油储备系统必不可少的配套措施之一；应创造更为贴近国际惯例的市场环境，以有利于国内企业提高市场竞争力；同时，提高信息透明度，增强企业根据不同情况，采取灵活多样的交易方式来规避风险的应变能力。可以在对外开放中与国外同行业民间组织建立联系，收集报道国外同行业技术经济动态，分析评价本行业拟引进技术设备的性能、质量和价格，组织对引进技术和设备配件实施国产化攻关活动。

总之，完善石油行业协会可以打破不同部门、地区和所有制之间的界限，将全行业的企业统一纳入协调、服务和引导的范畴，削弱和防止石油寡占企业的勾结。因此，中国石油产业规制主体应是独立的政府规制机构，辅以行业自律组织，通过二者协同配合，促进中国石油产业的健康发展，确保政府规制改革目标的顺利实现，营造符合市场经济规律的中国石油产业运行环境。

7.5.4 规制内容

（1）自然垄断环节和非自然垄断环节的差别规制

石油产业，既不是纯粹的自然垄断性产业，也不是纯粹的竞争性产业。因此，中国政府在制定石油产业规制政策时，可考虑采取产业自然垄断性环节与非自然垄断性环节相分离的差别规制政策。根据上下游各环节的技术经济特点，有序引入竞争，采取不同的规制机制。由于石油天然气产业各环节的技术经济特点不同，市场组织结构和竞争性也不相同，因此，规制重点也不相同。

上游石油天然气资源开采环节，在实行许可证制度的基础上，建立储量市场，促进储量流动，提高资源开采效率。勘探开采环节引入竞争的主要目的是，一方面，一个区块允许两家或两家以上的企业勘探开发，可以减少资源的区域性垄断，增加下游的竞争；另一方面，勘探环节引入竞争有利于增加石油天然气资源储量，防止一些企业长期控制一些区块而不进行勘探投入，促进企业增加勘探投入和储量资产的流动。

石油加工业的规模效益比较明显，国外的大型乙烯企业的生产能力是80万吨、上百万吨，而我国的乙烯企业的规模较小。因此，石油加工企业的主要问题是提高技术和管理水平，实现经济规模，提高竞争力。同时，通过反垄断和反不正当竞争法规维护公平竞争。

下游销售环节，特别是加油站是竞争性市场，主要靠市场准入制度，通过安全标准、环保标准、产品标准、设备能力标准等进行控制，在标准面前各种所有制、各种投资者人人平等。销售网络是占领石油市场的关键。目前，国际上大型石油公司重组的一个主要战略就是整合下游市场，向销售环节延伸。销售网络规模效益比较明显，特别要防止区域性垄断。一些市场经济国家对地区石油零售市场份额有限制，如世界上一些大型石油企业尽管在全球具有庞大的销售网，但在一个地区的市场份额是有限的。因此，我国石油产品的零售环节面临如何相对集中和防止垄断的双重任务。

天然气管道运输环节具有一定的自然垄断性。管道运输的垄断和竞争与市场规模有关系，我国的天然气产业还在发展初期，输气管道还没有形成网络，大部分生产者和用户之间都是单线联系，而且需求规模有限，目前还不可能像欧美国家那样引入竞争。因此，首先应该实行管道运输特许经营权的公开招标制度，引入竞争。同时，实行运输与销售分离，加强对管道运输定价原则的规制。石油管道运输与天然气管道运输有所不同，因为石油管道有其他运输工具平行竞争，其垄断性要比天然气管道弱。对于产业中的非自然垄断性环节鼓励寡占结构下的有效竞争。

竞争对经济效率的促进作用表现在它能刺激生产效率和资源配置效率。在一个竞争性环境中，只有效率较高的企业才能生存和发展，优胜劣汰规律会迫使企业想方设法努力降低生产成本，提高生产效率。同时，在信息不完全的现实中，竞争还能产生一种信息发现机制，打破任何企业对信息的垄断，迫使企业按照包括正常利润在内的成本定价，从而促进社会配置效率。竞争还使政府规制者能获得较多的规制信息，缓解规制双方的信息不对称问题，从而有利于提高政府规制效率。政府应允许有规模的企业进入，控制进入非自然垄断性业务领域的企业数量，并要求这些企业必须达到最小经济规模的要求，以避免低水平的过度竞争现象。通过政府的反垄断规制，防止和纠正寡占结构下可能的市场失灵，使竞争机制充分发挥作用。对产业中的自然垄断性环节，由于这些业务需要大量的固定资产投资，其中相当部分是沉没成本，如果由多家企业进行重复投资，不仅会浪费资源，而且会使每家企业的网络系统不能得到充分利用。因此，政府应根据产业技术经济特性，对产业中的自然垄断环节进行经济性规制，运用进入规制和价格规制等规制政策，严格控制企业数量，督促企业公平定价，获得合理利润。

在规制实践中，需要解决两个基本问题：一是如何区分自然垄断性环节和非自然垄断性环节。二是如何分离这两类业务。

对于第一个问题，根据自然垄断的性质，石油产业的自然垄断性业务主要是指固定网络性操作业务，即油气管道等输送网络业务。其他领域的业务则属于非自然垄断性业务。

第二个问题，相对而言比较复杂，这在相当程度上取决于企业对自然垄断性业务和非自然垄断性业务实行垂直一体化经营的范围经济。如果这种范围经济性不显著，那么，经营自然垄断性业务的企业就不宜同时经营非自然垄断性业务，即政府应对这两类业务实行企业经营权的分离，以有效地抑制企业利用自然垄断性业务领域的垄断地位，运用企业内部业务间交叉补贴，如对垄断经营业务制定高价，对竞争性业务制定低价等战略手段，排斥在非自然垄断性业务领域的竞争企业的市场行为。但是，如果自然垄断性业务和非自然垄断性业务之间的范围经济相当显著，若对这两类业务实行经营权的垂直分离，就会增加产业的生产经营成本。因此，在这种情况下，政府可允许企业实行垂直一体化经营，但要求企业对自然垄断性业务和非自然垄断性业务分别实行财务上的独立化，以监督和控制企业运用内部业务间交叉补贴等反竞争战略。

可见，对自然垄断性业务和非自然垄断性业务的分离，既可以采取经营权的分离，也可实行企业财务上的分离。对这两种不同程度分离方式的抉择，主要取决于垂直一体化经营的范围经济性。总之，通过在石油产业内区分自然垄断性环节和非自然垄断性环节，实行差别化规制，可以在总体上使整个石油产业处于规模经济与竞争活力兼容的有效竞争状态。

（2）激励性价格规制

传统规制理论的思想基础是假定政府规制机构与被规制企业在规制方案的制定与实施过程中具有同样多的信息，双方进行的是对称信息博弈。建立在这种规制理论基础上的规制方式比较常见的是服务成本规制或报酬率规制，它允许被规制企业利用服务收费回收总成本，并允许有一个合理的资本报酬率。它的优点是，可以保证被规制企业回收成本，保证企业的正常运营；但它的缺陷也很明显，由于收费取决于成本基础，因此，被规制企业缺乏降低成本的激励，完全费用分担的个别成本核算方法，增加了规制必需的信息量，加剧了信息的不对称性。这种规制方式使被规制企业面临一个扭曲的要素价格比率，即发生所谓的 A—J 效应。以上缺陷也被认为是自然垄断行业运营效率低下的主要原因。

激励规制理论的形成和发展源于博弈论和信息经济学在规制理论中的运用。人们意识到了规制过程中的信息不对称问题，具体来说，就是规制机构知道的有关企业的信息要远远少于企业自身所知道的相应的信息。除了存在信息的非对称性外，在规制过程中，规制机构与被规制企业的行为目标也存在一定的差异，政府规制机构关注企业效率和社会福利即消费者剩余与生产者剩余之和最大化的实现；而企业则主要追求自身利润的最大化。

由于存在信息的非对称性和规制双方行为目标的差异，规制问题就演变成为了一种委托—代理问题，在这种委托—代理关系中，规制机构是委托人，被规制企业是代理人，规制机构同样面临来自企业隐藏行动的逆向选择和道德风险问题。由于传统理论没有认识到规制过程中的信息非对称性，也就不能制定出能够有效克服逆向选择和道德风险问题的规制方式。激励规制理论以信息不对称性为前提，把规制问题当做一个委托—代理问题看待，借助于机制设计理论的有关原理，通过设计诱使企业说真话的激励规制合同，提高规制有效性。[①]

建立在激励规制理论基础上的规制方式所面临的核心问题是解决信息不对称条件下的最优激励问题，问题的关键是规制者要设计出一组既能为企业提供适度激励，又能有利于实现社会福利最大化的机制。在信息不对称条件下，规制合同设计面临提高激励强度与企业信息租金即企业所获超额利润获取之间的两难选择。根据信息经济学和机制设计理论，针对这个两难选择，激励规制合同的设计需要考虑两个基本约束：参与约束和激励

[①]　它指的是 LM 模型（M. Loeb, and W. Magat, 1979），这个模型是一个简洁的激励合同模型，用以说明规制过程中的"说真话机制"的含义。这个模型与拍卖理论中的激励相容偏好显示机制及公共品理论相联系。

相容。① 从社会福利看，规制者支付信息租金以诱使企业说真话可以为社会带来较低的价格并降低配置的低效率，实现一个帕累托改进。（杜传忠，2003）

目前，我国石油产品的定价机制是按照国家的规定，国产原油基准价格由国家发改委根据上月国际市场相近品质原油的离岸价格加上关税确定，贴水或升水由购销双方根据原油运杂费负担和国外油种的质量差价及市场供求等情况协商确定。国内原油定价滞后于国际市场价格一个月。国内成品油价格则以纽约、新加坡和鹿特丹三地市场的一揽子价格加权平均值为定价基础，根据基本杂费及国内关税，加上由国家确定的成品油流通费用，形成由国家发改委制定的国内成品油零售基准价。按照规定，只有纽约、新加坡和鹿特丹三地成品油加权平均价上涨幅度超过8%，国家发改委才会在三地加权价格的基础上加运费制定国内成品油零售中准价，而这个中准价就是石油公司调价的依据。可以看出，我国油品的定价机制是一种政府引导的定价机制，这种价格规制形式实质上是以国际石油价格为基础的成本加成合同。这种规制形式的好处是，在被规制企业与规制机构成本信息不对称的情况下，用国际市场价格信息作为定价基础，可以在一定程度上避免规制俘获的产生，降低了定价的社会成本，在我国国内市场发育不健全的情况下，利用国际市场价格作为定价基准就成为一种次优选择，在国际石油市场价格波动不大的情况下，该定价机制有利于维护国内石油价格的稳定。

然而，从长期来看，这种价格规制使国内油价变动滞后于国际油价变动。国家现行确定的成品油销售中准价，是在国际市场三地价格加权平均变动超过一定幅度时才做调整的，每次调整至少在一个月左右。因此，形成的价格是滞后价格，不能及时地、灵敏地反映市场变化。这样，国内外石油价差的存在造成了石油进口企业的亏损，鼓励企业出口稀缺的石油资源，造成石油供需缺口的进一步扩大，这也是油荒事件深层次原因所在。

中国是一个发展不平衡且幅员辽阔的发展中国家，影响国内成品油供

---

① 前者意味着规制机构所设计的合同必须能够保证规制企业得到的最低效用不能少于其保留效用或机会受益；后者意味着规制机构所设计的合同必须能够有效地甄别被规制企业的不同成本类型，要求规制者给予说真话企业一定量的信息租金作为补偿。

求的因素很多。单一与国际价格接轨，不能真实地反映国内市场的供求状况。国际石油市场价格主要是基于期货市场价格，原油期货是一种金融资产，不是实际的交易价格，也不是现货的交割价格，它带有许多投机资金的炒作及政治目的。因此，国际石油市场价格有可能不是真实的供求关系的反应，这种定价机制无法真实地反映国内石油供给方的生产成本，无法真实地传导国内需求的真实变化。这种定价机制给投机者制造了便利，使他们能够准确获得预测国内成品油价格走势的机会，从而加剧了成品油市场供需双方的扭曲，油荒包含了对成品油继续涨价的预期。实际上，现在的油荒不是没有油，而是在油价上涨的预期下，很多加油站有油也不会卖，囤积起来，从而加剧了市场供需矛盾。原油价格与成品油价格接轨不对称，影响了成品油生产经营的正常安排。原油完全按照国际油价变动情况，每月 1 日进行调整，而成品油价格调整则有一个稳定的区间。因此，生产企业原油进价与成品油售价不匹配，形成了目前我国原油和成品油价格倒挂的局面，[①] 华南油荒事件正是在这种状况下，石油企业消极战略选择的必然结果。就是说，石油出口而不是在中国销售是更有利可图的事情。

　　好的规制机制设计应该给予被规制企业足够的激励与约束，取得激励强度或效率与信息租金的平衡，使激励合同的实施结果达到帕累托次优状态。但在目前的石油定价机制下，价格没有反映石油企业的生产成本，国际市场价格信息作为成本信息依据无法激励石油企业降低生产成本，国际石油价格的上涨，完全可以通过与国际市场价格接轨的形式转嫁给消费者。[②] 政府规制的目标应该是国家石油安全、产业效率和消费者剩余之和最大化的实现。显然，在目前这种定价机制下，形成了效率损失与信息租金高昂并存的规制失灵局面，违背了政府规制的初衷。

　　根据中国石油产业现行价格规制体制存在的问题，并借鉴国外的经

---

　　① 2006 年 3 月份，美国纽约 93#汽油价格从 55 美元/桶直线上升至 78 美元/桶（每吨合8.4 桶），涨幅达 41.8%的情况下，4 月份，我国华东地区 93#汽油价格仅从 3750 元/吨提高到了4050 元/吨，涨幅为 8%。按当时的外汇牌价算，一吨 93#汽油在纽约要比在中国华东地区贵1200 元左右，而且国际、国内成品油价格有一个多月的时间差。

　　② 国家发改委在 2007 年 3 月份宣布的成品油价格上调方案，将使国内私家车平均每月增加 50 元的油费，出租车司机每天则要多工作一个小时。

验，中国石油价格规制体制改革可采取的一种基本思路是：以经济原理为基础，建立高效率的价格规制体制。目前，特别要重视以下几个基本问题：

其一，规制价格应具有刺激企业努力降低成本，提高生产效率的功能。由于被规制石油企业具有市场垄断力量，这就要求规制价格制定者首先能识别企业的两种利润来源，即较高的生产效率和市场垄断力量；然后，客观评价企业应该达到的一般成本水平。在此基础上，确定一个已基本剔除企业利用市场垄断力量谋取利润的因素的最高限价，以维护社会分配效率。企业在规定的最高限价下，要取得较多的利润，不断得到自我发展，其前提条件是只有通过技术革新，加强内部管理等途径以降低成本水平，提高生产效率。

其二，确定一个适当的规制价格调整周期。由于科学技术的发展及其在生产实践中的应用，石油产业的生产效率将会不断提高，成本水平会相应地下降。这就要求政府对规制价格进行周期性调整。规制价格的调整周期对企业利用政府规制滞后效应以降低成本、增加利润的积极性会产生直接影响。如果规制价格调整周期太短，由于石油产业的投资回报期较长，这就会抑制企业通过大规模投资进行技术革新，降低成本，提高生产效率的积极性。相反，若规制价格调整周期太长，这虽然会以取得投资的长期效益，但会使现实的成本水平大大低于当时核定的成本水平。这就不仅会使企业取得过多的利润，也会因企业能轻易取得利润而削弱进一步提高生产效率的刺激。而具体的规制价格调整周期则应根据石油产业的特点而定。

其三，价格规制要因石油产业不同性质的业务而异。如前所述，在石油产业存在自然垄断性业务和非自然垄断性业务，价格规制主要应针对自然垄断性业务，以防止石油企业滥用其市场垄断力量，谋取高额利润；而在非自然垄断性业务领域，由于多家企业竞争性经营，竞争机制会自动调整价格，因此，政府只需制定指导性价格，这有利于加强价格规制的针对性，提高价格规制效率。

其四，听证会基础上的政府主导定价方式。从理论上说，石油采购企业对国内企业的供货价格是一种风险价格而非简单的利益均衡价格。由于这个价格与国民经济整体运行密切相关，该价格若直接由供求双方的竞争或谈判机制决定，显然不利于政府对这种特殊商品的价格管理。从长期来看，很难避免价格的频繁波动。为此，可在政府有关部门、石油公司及有关专家等参加的听证会基础上采取政府主导下的统一定价方式。为使这一定价方式有效实施，首先，要建立遴选优秀的价格听证会参与者的机制，选择价格听证会参与者不仅要强调其代表性，更要重视其价格决策水平，要吸收一定数量的经济、技术和法律等方面的专家学者参与价格听证会。也可以在举行价格听证会的同时，实行专家评审制，以更充分地发挥专家学者在制定价格决策中的作用。其次，价格决策的重要依据是有关成本资料，而这些资料主要是由企业提供的。为了保证成本信息的真实性，就需要对企业提供的成本资料进行严格审查，通过比较石油产业不同地区企业间的成本，剔除虚假成本，以反映真实成本，作为制定价格决策的依据。再次，价格听证会在程序上应具有轮番性。我国目前举行的价格听证会通常是一次性的，听证会结束后，由价格主管部门制定最终价格，缺乏反馈性。而在一些经济发达国家，对某些重要产品或服务的价格听证会往往举行多次，轮番征询社会各利益集团和专家的意见，以充分反映价格听证会的公开性、民主性，提高价格听证会的有效性，这也值得我国借鉴。

（3）石油政府储备政策的制定

从 20 世纪 70 年代国际石油储备开始建立迄今已有 30 多年的历史。实践表明，石油储备在防范风险、保证石油供应安全、调节供需、平抑油价、保障经济等方面都起到了积极的作用。如今，中国已进入石油进口大国行列。随着中国石油对外依存度的加大，面临的国际风险也逐渐加大，国际石油市场的风云变幻必将直接损害中国石油产业，甚至危及整个国民经济的正常运行及可持续发展，应加快建立战略石油储备，提高应对突发事件、缓解国际油价波动影响的能力。我国石油供需矛盾将长期存在，对外依存度不断提高，同时国家石油应急反应系统还没有形成，这样，国际上一旦发生突发事件，就有可能出现外供石油中断或因油价暴涨，严重影响我国的经济安全。因此，应抓紧建立应对突发事件的石油储备体系，尽快建立中国石油的政府储备制度。

我国现有的石油储备主要是民间储备即商业储备或企业储备，其中，包括中石油和中石化的原油及成品油的储备即加油站点、消费者的库存等，这些企业和个人的储罐主要是石油生产周转和营销储备的罐容，真正为应付石油供应危机而建立的战略石油储备在我国还是空白。

政府储备一般为政府拥有，属于政府行为，因此也称战略储备或国家储备。只有拥有政府储备，才能在应急时统一投放，及时解决与平息全国性的石油供应短缺与油价保障问题。因此，政府储备具有一般的商业储备无法取代的特殊作用，是政府对石油产业进行规制的一个重要方面。根据国际石油储备建设的经验，笔者认为，中国石油政府储备应注意解决以下几方面的问题：

第一，国际石油储备要有法律保障。立法先行是国际石油储备建设的成功经验，中国石油储备建设，必须走"要储备，须立法"的道路。在石油储备建设前，必须制定《中国石油储备法》，明确石油储备的法律地位，明确中国石油储备的目的、目标、规模、体制、管理、资金、方式、布局与动用等问题，使中国石油储备建设的全过程有法可循、依法实施，有法律保障。

第二，从我国的国情出发，借鉴国外的管理经验，我国的国家石油储备应该实行政府储备与民间储备相结合的储备模式，实行高度集中、统一管理的管理体制。中国石油的政府储备政府实施宏观调控的重要手段，储备的目的在于保障国家的国防和经济安全。国内外政府储备的历史和实践证明，为确保国际石油储备资源真正掌握在国家手中，确保国家石油储备功能的正常发挥，必须实行高度集中管理。

第三，政府石油储备不同于一般的商业储备，体现的是国家意志，追求的是最大的社会效益，不以营利为目的，不能用于一般的商业活动。必须从维护国家的整体利益出发，兼顾社会各方面的利益，坚持民主集中的科学决策机制，稳定储备资金的来源。成立国家石油储备专项基金，并实行封闭运行。

第四，为防范石油供应中断，石油储备基地，特别是政府拥有的战略石油储备基地必须是一个进出皆便的储运分配系统，即平时能够便捷地吸纳进口原油填充入库，应急时能够快速地把储备原油分配输送到各个炼油厂。因此，石油储备基地的建设绝不能是孤立的，而是一个与石油石化中心、转运站、输油管线有机结合为一体的储运分配系统。

第五，国际能源机构认为，石油供应中断量达到需求量7%，就是能源安全的警戒线。为应付石油供应中断的突发事件，石油进口大国都制定了应急战略石油储备目标，一般为 90 天的进口量，目前，亚洲只有韩国和日本达到了这个水平。当然，目前石油储备量的计算也有按本国年消耗石油量的 90 天量存储，其安全性也将会更好。

根据国外经验和中国实际情况，中国战略石油储备量的确定可以循序渐进地进行，由现有企业建设起步，到建立大型国家石油储备基地。另外，从石油储备品种来看，笔者认为，政府储备应该以原油为主，兼具一定数量的石油产品。因为原油比其他任何油品和天然气都容易运输和储存，并且进口原油在国内加工有比较好的经济效益，可以充分利用我国的原油加工能力，储备一定量的石油产品主要是考虑到在危机初期，可以不用加工就可以将石油产品迅速投放到市场。

石油安全战略抉择的基本分析决定了中国石油安全战略可以归纳为"应急的石油储备"和"多元化的石油来源"两个核心。石油安全从时间维度考察可分为短期安全和长期安全，两个核心正好与此相对应。如果把经受得起暂时的供应中断作为石油安全的目标的话，则建立和维持应急石油储备应该是最直接的解决方案；如果石油安全的目标是要捍卫国家经济免受石油资源枯竭和油价上涨的影响，则应该在全球范围内寻求充足的供应来源，其解决之道是使石油安全战略建立在鼓励寻求充足资源的安全、有效地开发利用的基础之上。应急石油储备可以解决短期石油安全问题，平抑石油价格波动，减少石油供给突变对国民经济的冲击；而多元化的石油来源则可以有效解决长期石油安全问题，保证石油供给，支持国民经济长期稳定发展。

中国石油安全战略固然应该是一个系统性、全局性的战略，包括各个领域、各个层面战略的协调配合，但是，在石油安全战略中，必须抓住关键环节或关键点，而这一关键点就是中国石油企业的国际竞争力。石油企业的国际竞争力反映了企业生产能力与效率，因此，不仅对于提高国内石油产量至关重要，而且更加重要的是决定了其跨国投资控制境外石油资源的能力。石油企业的国际竞争力决定了中国石油产业竞争力，是中国石油企业参与国内外市场竞争的前提，是拓展石油进口来源的利器。石油企业的国际竞争力是中国石油安全战略体系的营养根系，不仅是石油安全战略这棵大树赖以生存的支撑动脉，而且还能够繁衍滋生出更多更有生命力的国家石油安全战略的繁茂枝叶。因此，中国政府必须面对这一现实，在石油安全战略制定和实施中，更加重视和支持石油企业国际竞争力的提高。为此，可以借鉴发达国家的成功经验，强化政府在其中发挥的作用，加强石油企业体制的改革与完善，在国内形成有效的石油企业竞争环境。

7.6　本章小结

回顾和分析我国石油天然气的行业改革，尤其是 1998 年行业结构调整以来的发展历程，笔者对目前中国石油产业规制体制进行了深入剖析，通过对油荒现象的解析，客观地评价了中国石油产业规制效果，进而揭示了中国石油产业规制改革的历史必然性。通过第六章笔者通过对美国、英国和加拿大三国石油产业规制制度的比较，总结出对中国石油产业规制改革具有借鉴价值的改革经验，并据此提出了中国石油产业规制改革的政策建议。总之，石油产业是战略行业，各国政府都对石油产业进行必要的规制。尤其在开放竞争的市场上，需要建立规范、透明的制度和规则，对政府管理的要求更高。

要建立国家能源管理体制，实行石油战略管理。目前，国内的电力、煤炭、石油天然气等分散在不同的部门管理，没有一个部门制定统一的能源政策和战略。石油天然气工业作为能源工业的一部分，其发展要服从能源总体发展战略，在国家能源整体战略的基础上，制定石油发展战略。石油战略管理包括石油供应和消费政策、能源安全和储备政策、石油天然气技术政策等，主要手段是财税政策、政策性金融、资助研究开发、制定技术和环境标准，等等。

建立市场准入制度，严格执法。通过制定环境标准、技术标准、产品标准、设备能力标准等进行行业规制，在标准面前，各种所有制、各种投资者人人平等。例如，上游开采领域采取许可证制度，实行公开竞争招标；下游销售环节建立统一的市场准入标准。针对石油行业制定有关促进竞争和反垄断的政策。除了天然气管道运输环节以外，石油天然气行业的其他环节都是可竞争的。因此，主要靠竞争政策限制垄断和不正当竞争行为，维护市场公平竞争。在自然垄断环节实行政府规制，限制垄断力量。规制不一定就是控制价格，而应要求垄断企业按公平定价原则，公平对待所有用户。

进行石油市场供求信息服务。一方面，政府根据石油市场信息服务和分析来制定能源政策；另一方面，政府发布市场供求信息，为企业决策提供依据。加快国有石油企业改革，建立现代企业制度。形成有效竞争市场的一个重要前提是企业必须是一个真正的企业，按照市场机制来运作，否则，竞争压力不会变成提高效率的动力，可能导致企业伸手向政府要政策，或者可能出现不计成本的恶性竞争。

要使石油企业成为真正的企业，应该整体解决现有企业的社会包袱，而不是每个油田企业自己解决；建立合理的企业治理结构，实现责权利相统一的所有权与经营权的分离；明确国有企业的考核目标，建立有效的激励和惩罚机制，实行职业经理人制度。

结论及引申

总之，本书论证的基本结论是：中国石油产业的市场化改革的关键，在于竞争性的市场结构调整和与此相匹配的规制改革并举，石油产业市场化改革的意义在于优化产业的运行机制。根据笔者的观点，中国石油产业组织运行机制优化可以看成是政府规制与产业组织结构之间相互调适的过程，而这个过程的实现必须同时依赖于寡占基础上的产业竞争机制和相应的政府规制，中国石油产业市场化改革必须是竞争性的结构调整和规制改革同步进行。由于作者学术水平所限，本书仅仅分析了中国石油产业目标市场结构的选择问题，而对于产业寡占模式的具体分析与选择并没有做进一步的分析及论证，对中国石油产业规制改革的具体政策建议也只进行了粗线条的描述，这些问题都将是我在未来研究中的努力方向。

参 考 文 献

1. 王慧炯：《产业组织与有效竞争》，中国经济出版社 1996 年版。

2. 马建堂：《结构与行为——中国产业组织研究》，人民大学出版社 1994 年版。

3. 毛林根：《结构、行为、效果——中国工业组织研究》，上海人民出版社 1996 年版。

4. 于立：《产业经济学理论与实践问题研究》，经济管理出版社 2000 年版。

5. 魏后凯：《市场竞争、经济绩效与产业集中》，经济管理出版社 2003 年版。

6. 彭德林：《新制度经济学》，湖北人民出版社 2002 年版。

7. 中国经济体制改革研究联合专家组：《中国法垄断案例研究》，上海远东出版社 2003 年版。

8. 张维迎：《博弈论与信息经济学》，上海三联书店 1996 年版。

9. 李怀：《自然垄断理论研究》，东北财经大学出版社 2003 年版。

10. 肖兴志：《自然垄断产业规制改革模式研究》，东北财经大学出版社 2003 年版。

11. 王俊豪：《政府规制经济学导论》，商务印书馆 2001 年版。

12. 杜传忠：《寡头垄断市场结构与经济效率》，经济科学出版社 2003 年版。

13. 杰奎斯·克莱默：《石油市场模型》，北京大学出版社 2004 年版。

14. 白兰君：《天然气经济学》，石油工业出版社 2001 年版。

15. 王学庆：《规制垄断》，中国水利电力出版社 2004 年版。

16. 沃尔特·亚当斯：《美国产业结构》，中国人民大学出版社 2002 年版。

17. 约翰·M. 弗农：《反垄断与规制经济学》，机械工业出版社 2004 年版。

18. 朱迪·丽丝：《自然资源分配经济学与政策》，商务印书馆 2003 年版。

19. 夏大慰：《产业组织：竞争与规制》，上海财经大学出版社 2002 年版。

20. 苏东水：《产业经济学》，高等教育出版社 2000 年版。

21. 戴伯勋：《现代产业经济学》，经济管理出版社 2001 年版。

22. 金碚：《产业组织经济学》，经济管理出版社 1999 年版。

23. 马昕：《规制经济学》，高等教育出版社 2004 年版。

24. 马庆国：《管理统计》，科学出版社 2002 年版。

25. 徐国祥：《管理统计》，上海财经大学出版社 1996 年版。

26. 殷醒民：《论现代产业组织学的研究方法和体系》，《世界经济文汇》1998 年第 1 期。

27. 陈效政：《石油工业经济学》，石油大学出版社 1992 年版。

28. 植草益：《微观规制经济学》，中国发展出版社 1992 年版。

29. 石宝衍：《石油知识文萃》，石油工业出版社 1992 年版。

30. 吴磊：《中国石油安全》，中国社会科学出版社 2003 年版。

31. 于民：《石油经济研究报告集》，石油工业出版社 1999 年版。

32. G. J. 斯蒂格勒：《产业组织与政府规制》，上海三联书店 1997 年版。

33. 小艾尔弗雷德·D. 钱德勒：《看得见的手》，商务印书馆 1997 年版。

34. 唐·埃斯里奇：《应用经济学研究方法论》，经济科学出版社 1998 年版。

35. 卢现祥：《西方新制度经济学》，中国发展出版社 2003 年版。

36. 盛洪：《现代制度经济学》，北京大学出版社 2003 年版。

37. 严绪朝：《中国石油大重组》，石油工业出版社 1998 年版。

38. 关明坤：《中国铁路运输产业经济理论问题研究》，中国文史出版社 2004 年版。

39. 刘宁元：《论保护有效竞争的基本方法》，《河北法学》2002 年第

12 期。

40. 王新安：《企业竞争优势的产业组织来源》，《当代经济科学》2005 年第 1 期。

41. 《建立战略联盟：优化石油产业结构》，《生产力研究》2002 年第 6 期。

42. 王才良：《世界石油史上的垄断与反垄断》，《国际石油经济》1999 年第 6 期。

43. 朱起煌：《国外石油公司近期并购活动的特点与趋势》，《国际石油经济》1998 年第 11 期。

44. 吕薇：《也谈石油工业的竞争与重组》，《国际石油经济》2004 年第 5 期。

45. 彭庆：《后石油工业重组》，《石油管理干部学院学报》2001 年第 10 期。

46. 张曦：《自然垄断行业的有效竞争》，《工业技术经济》2003 年第 3 期。

47. 闵宗陶：《国有企业自组织能力的培育与产业组织优化》，《福建论坛》2003 年第 2 期。

48. 杨嵘：《石油产业政府规制改革的国际经验》，《生产力研究》2004 年第 10 期。

49. 石油化工产业结构调整课题组：《关于调整石化产业结构几个问题探讨》，《石油化工动态》1998 年第 2 期。

50. 白雪峰：《开放条件下中国石油产业集中度初探》，《科技与管理》2003 年第 6 期。

51. 邵德刚：《从产业组织理论看中国石油石化集团的重组》，《国际石油经济》1999 年第 9 期。

52. 杨涛：《我国产业组织合理化的途径——有效竞争》，《财经科学》2001 年第 5 期。

53. 林庆元：《寡头垄断市场的调控和市场结构优化》，《福州大学学报》1999 年第 10 期。

54. 郭立宏：《产业组织政策效应与产业组织优化》，《生产力研究》1995 年第 2 期。

55. 韩德强：《有效竞争与规制概念辨析》，《世界电信》2002 年第 8 期。

56. 唐鸿志：《有效竞争与技术创新的因果链效应》，《中国科技论坛》2003 年第 1 期。

57. 叶生洪：《论规模经济的本质：结构经济》，《财贸研究》2003 年第 1 期。

58. 曹建海：《试论有效竞争》，《北京师范大学学报》1999 年第 6 期。

59. 杜传中：《从分散竞争到寡头垄断》，《人文杂志》2002 年第 1 期。

60. 赵先进：《评国际竞争力理论》，《经济学动态》1997 年第 11 期。

61. 陈晓舜：《我国原油、成品油价格改革方案的政策效应》，《国际石油经济》1999 年第 1 期。

62. 李晓东：《阿根廷天然行业的改革》，《国际石油经济》2001 年第 1 期。

63. 李晓东：《英国石油天然气的改革及对我国的启示》，《国际石油经济》2001 年第 8 期。

64. 孙天琦：《寡头主导，大中小共生的产业组织结构研究》，《企业管理》2001 年第 2 期。

65. 王皓：《论市场结构优化》，《求索》2004 年第 3 期。

66. 陈尚前：《规模经济：市场选择的结果抑或有效竞争的起点》，《经济学家》1997 年第 6 期。

67. 邢宏建：《对三大石油集团关联交易的再认识》，《中国石化》2004 年第 7 期。

68. 米文通：《完善产权交易市场，促进产业组织有效竞争》，《经济与管理》2004 年第 10 期。

69. 曹晓晞：《中国石油石化产业持续重组与〈反垄断法〉》，《国际石油经济》2002 年第 8 期。

70. 黄松：《论反垄断法的效益观》，《石家庄经济学院学报》2005 年第 2 期。

71. 彭武元：《论自然垄断产业的有效竞争》，《华中科技大学学报》

2003 年第 10 期。

72. 庞雅君：《完善行业协会迎接 WTO 挑战》，《国际石油经济》
2001 年第 12 期。

73. 刘岩：《加拿大的能源规制机构》，《国际石油经济》2002 年第
2 期。

74. 鲁晓东：《后规制时期石油产业的市场结构分析——新西兰成品
油市场为例》，《国际石油经济》2004 年第 11 期。

75. 张树民：《自然垄断行业规制理论评述》，《财贸经济》2003 年第
4 期。

76. 宦国渝：《对加快我国天然气行业立法的建议》，《国际石油经
济》2002 年第 3 期。

77. 宦国渝：《OECD 国家促进天然气行业竞争及规制改革经验》，
《国际石油经济》2005 年第 2 期。

78. 郭晓群：《产业组织优化的误区及选择》，《财经科学》2000 年第
1 期。

79. 陈夫良：《政府规制中的多重委托—代理遇到的风险》，《财贸经
济》2004 年第 12 期。

80. 杜传中：《激励规制理论研究综述》，《经济学动态》2003 年第
2 期。

81. 张辉恒：《论政府规制机构形式的选择》，《经济社会体制比较》
2005 年第 3 期。

82. 李雯：《西方规制理论评述》，《南开经济研究》2002 年第 3 期。

83. 余东华：《激励性规制的理论与实践述评》，《外国经济与管理》
2003 年第 7 期。

84. 张宗盛：《激励性规制理论在电力产业的应用》，《外国经济与管
理》2003 年第 1 期。

85. 任剑心：《反垄断经济学的新发展》，《经济学动态》2004 年第
4 期。

86. 白兰君：《自然垄断行业定价的经济分析》，《经济学动态》2003
年第 8 期。

87. 黄尉：《我国汽车产业有效竞争模式》，《现代管理科学》2004 年

第 6 期。

88. 宋立：《现代规制理论及其演进》，《经济学动态》1997 年第 9 期。

89. 彭元正：《给关联交易支招》，《石油企业管理》2001 年第 5 期。

90. 王学庆：《中国电信业重组：改革的目标、步骤及方案设计》，《管理世界》2001 年第 6 期。

91. 汤立信：《产业组织合理化与国有企业改革》，复旦大学博士论文，1999 年。

92. Editorial, A Good Energy Policy, *Oil &Gas Journal*, Oct. 9, 2000.

93. Jesse W. Markham, An Alternative Approach to the Concept of Workable Competition, *American Economic Review*, Vol. 40, June 1996.

94. J. M. Clark, Toward A Concept of Workable Competition, Vol. X X X, June, 1940.

95. Joe S. Bain, Industrail Organization, Lst (1959), 2nd (1968).

96. Joe S. Bain, Economics of Scale, Concentration and Conditions of Entry in Twenty Manufacturing Industries, *American Economic Review* 44.

97. Nigel Diffield, Chritos Ioannidis, Effectiveness and Effects of Attempts to Regulate the UK Petrol Industry, *Energy Economics* 22 (2000).

98. William. Baumol, Contestable Markets: An Uprising in the Theory of Industry Structure, *American Economic Review*, March 1982, Vol. 172.

99. Adelman Moris, *A The World Petroleum Market*, *Baltimore*: the Johns Hopkins University Press.

100. Adelman Moris, A., the Clumsy Cartel, *the Energy Journal*, Vol. 1.

101. Adelman Moris, A., An Unstable World Market, *the Energy Journal*, Vol. 6.

102. Applebaum, E., Testing Price Taking Behavior, *Journal of Economics*, Vol. 9.

103. Benard, Andre, World Oil Land Cold Reality, *Harvard Business eview*, Nov – Dec. 1980, Vol. 58.

104. Blair, John, The Control of Oil, New York, Vintage Books.

105. Blitzer, Charles, Meeraus, A Dynamic Model of OPEC Trade and

Production, *Journal of Development Economics*, 1975.

106. Bohi, Douglas, R. and Montgomery, W. David. Oil Price, Energy Security, and Import Policy, Washington, D. C. : Resources for the Future.

107. Choucri Nazli, *International Politics of Energy Independence*, Cambridge MIT Press.

108. Eckbo, Paul, L. , The Future of World Oil, Cambridge, Mass Ballinger.

109. Griffin, James, M. and H. B. Steele, *Energy Economics and Policy*, New York: Academic Press.

110. Lewis, Tracy R. , Matthews, Steven, A. and Burness H. Stuart, Monopoly and the Rate of Extraction of Natural Resources, *American Economic Review*, 69 (1) .

111. Lewis, Tracy R. and Schmalensee Richard L. On Oligopolistic Markets for Nonrenewable Natural Resources.

112. Macavoy, Paul, W. , Energy Policy: An Economic Analysis, New York. Mead, Walter, The Performance of Government Energy Regulation, *American Economic Review Proceedings*, May, Vol. 69.

113. Osborne, D. K. , Cartel Problems, *American Economic Review*, 66 (5).

114. Petroleum Intelligence Weekly, Special Supplement, Oct. 21, 1985.

115. Salant, Stephen, W. , Imperfect Competition in the Oil Market, Lexington Books.

116. Singer, Hans, W. Prospects for the World Oil Market, *The Energy Journal*, January 1985, 6.

117. Singer, Fred, S. The distribution of Gains between Borrowing and Investing Countries, *American economic Review Proceeding*, May, 40.

118. Tirole, Jean, *The Theory of Industrial Organization*, Cambridge, massMIT Press.

119. Verleger, Phillip, K. , Oil Markets in Turmoil, Cambridge, Ballinger.

120. Spiller, Pablo, T. and Favaro E. , The Effects of Entry Regulation on Oligopolistic Interaction, the Uruguayan Banking Setor, 1984.

121. Stobaugh, Robert, B. , The Oil Companies in Crisis, in R. Vernon, ed. The Oil Crisis, Norton .

122. Heal, Geoffrey, and Graciela Chichilnisky. *Oil and the International Economy*, Oxford: Claredon Press, 1991.

123. Horsnell. Paul, and Robert Mabro. *Oil Markets and Prices*, Oxford University Press, 1993.

124. Schneider, Steven A. *The Oil Price Revolution*, The Johns Hopkins University Press, 1983.

125. Tarbell, Ida M. *The History of The Standard Oil Company.* Pisssburgh: McClure, Philips and Co.

126. Turner, Loius. *Oil Company in the International System*, 3rd ed. George Allen & Unmin.

后　记

　　本书是在我的博士论文基础上修改而成的，是我近四年的学习和研究的阶段性成果。在此我怀着无比感激的心情向多年来所有给予过我关心、帮助、鼓励和支持的人们致以最诚挚的谢意！

　　我将我第一份感谢送给我的导师唐晓华教授。从论文的开题论证到最后修改成书，整个过程凝聚了导师很多心血。2003年秋天，我有幸成为唐老师的一名博士研究生，开始了我人生中最为珍贵而难忘的一段求学历程。三年的学习和研究生活，充实又愉快，也使我对导师有了更深入的了解，也更加深了我对导师的敬意。唐老师为人直爽、重情重义，在学术及工作上兢兢业业，永远追求完美，当然，对学生的要求也十分严格，特别是在与唐老师合作撰写论文及我的博士论文开题及写作过程中，唐老师在学术上追求尽善尽美的个性发挥得淋漓尽致，近乎苛刻。然而，我曾有的压力及抱怨，现在回想起来是那么肤浅可笑，老师润物无声的鼓励及良苦用心使我深深地体会到做唐老师的学生是多么的幸运！也正是因为有了导师的支持和鼓励，我才有将我的博士论文出版的勇气和信心！三年的博士学习生活使我不仅在学业上有了进步，更收获了一份人间真情，浓浓的师生情谊将是我一生都最值得骄傲的回忆和最珍视的财富！

　　我还要感谢辽宁大学的高闯教授、黄继忠教授、姚海鑫教授、王伟光教授，感谢他们多年来对我的帮助、指导和教诲。在辽宁大学求学的日子里，是他们让我感受到浓厚的经济学学术氛围，特别是在我博士论文开题及写作过程中，黄老师、姚老师和伟光师兄对论文细节的指导，正是他们中肯的建议、无私的帮助和真诚的鼓励，使我的博士论文写作能够顺利地进行，为这本著作的最后出版奠定了良好的基础。在此，谨向他们表达我最衷心的感谢和最美好的祝愿！

　　在本书的写作过程中，我还得到了许多老师和同学的帮助，他们是我同师门的兄弟姐妹和我的母校辽宁石油化工大学经济管理学院关明坤等老师和同事，他们都不同程度地在我的学业和工作中给予了帮助和支持，我要对他们衷心地说声"谢谢！好人一生平安！"

感谢中国社会科学出版社，能在中国社会科学出版社出版这部著作我深感荣幸！

感谢我年迈的父母和公婆。多年来，他们默默地为我承担着我本应承担的繁重的家务，照顾我可爱的儿子，每每想起他们，我总是满心的感恩，我会用一生的时间报答他们无尽的父母恩情！我还要感谢我深爱的丈夫和儿子，是他们让我有了不断进取的动力，感谢他们对我永恒不变的爱！

本书引用了大量的珍贵文献和学术观点，在此一并表示谢意！由于本人水平所限，文中难免存在疏漏之处，恳请学界前辈批评指正。

王　丹

2007 年 3 月